Unterrichtsideen Geschichte
Textarbeit im Geschichtsunterricht der Sekundarstufe II

Unterrichtsideen
Textarbeit im Geschichtsunterricht der Sekundarstufe II

Didaktische Kommentare und methodische Anregungen zu ausgewählten Quellen aus Antike, Mittelalter und Neuzeit

Manfred Herzog / Winfried Pesch
unter beratender Mitwirkung von Jürgen Grzesik und Manfred Jung

Ernst Klett Verlag für Wissen und Bildung
Stuttgart · Dresden

Als Ergänzung zu den vorliegenden Unterrichtsideen ist erschienen:
Manfred Herzog / Winfried Pesch: Quellentexte und Materialien. Unterrichtsideen Textarbeit im Geschichtsunterricht der Sekundarstufe II.
Klettbuch 922629

Gedruckt auf Papier,
welches aus Altpapier hergestellt wurde.

Die Deutsche Bibliothek - CIP-Einheitsaufnahme

Unterrichtsideen Textarbeit im Geschichtsunterricht der Sekundarstufe II:
didaktische Kommentare und methodische Anregungen
zu ausgewählten Quellen aus Antike, Mittelalter und Neuzeit /
Manfred Herzog ; Winfried Pesch.
- Stuttgart ; Dresden : Klett, Verlag für Wissen und Bildung
(Unterrichtsideen Geschichte)
[Hauptbd.]. - 2. Aufl. - 1995
ISBN 3-12-922628-1

2. Auflage 1995

Satz: Steffen Hahn GmbH, Kornwestheim
Druck: W. Röck, Weinsberg. Printed in Germany.
Einbandgestaltung: BSS Werbeagentur Sachse und Partner, Bietigheim
ISBN 3-12-922628-1

Inhalt

Jedes Kapitel hat den gleichen Aufbau:

- Didaktisch-methodischer Kommentar
- Methodenkonzept für den Unterricht
- Erweiterungs- und Vertiefungsmöglichkeiten
- Literaturhinweise für die Unterrichtsvorbereitung

Einleitung

Der vorliegende Band möchte seinen Lesern in wenigstens zweifacher Weise nützlich sein. Zunächst bietet er den Geschichtslehrerinnen und Geschichtslehrern *Anregungen für eine inhaltliche Erschließung* wichtiger Quellentexte. Die vorgestellten Beispiele sind in ihrem Umfang, ihrer gedanklichen Komplexität und im Schwierigkeitsgrad der erforderlichen Interpretationsschritte repräsentativ für die Möglichkeiten des Geschichtsunterrichts in der Sekundarstufe II. Die Autoren haben bewußt Quellen ausgewählt, die eine ganz zentrale Bedeutung in ihrem epochalen Umfeld haben und deshalb auch bei unterschiedlicher thematischer Anlage von Kursreihen der Sekundarstufe II im Unterricht behandelt werden. Um die vorgestellten Interpretationsbeispiele auch untereinander wenigstens in lockerer Form thematisch zu verknüpfen, wurden sie alle aus dem politischen Entscheidungsbereich ausgewählt, den wir mit moderner Begrifflichkeit als „Außenpolitik" bezeichnen. Durch die Auswahl von Quellen aus allen Epochen soll deutlich werden, wie sich Inhalte, Methoden, Ziele und Wertvorstellungen politischen Handelns verändert haben. Die Autoren möchten damit aber zugleich auch ein Signal setzen, den thematischen Rahmen des Geschichtsunterrichts in der Sekundarstufe II auch auf Antike und Mittelalter zu erweitern. Bei der Geschichte des 20. Jahrhunderts soll der Blick auch auf globale Zusammenhänge geöffnet werden. Durch gedankliche Anstöße aus den vorgestellten Beispielen sollen die Leser angeregt werden, weitere wichtige Quellen in Eigenarbeit zu erschließen. Die Autoren haben versucht, Wege zur Erweiterung und Vertiefung aufzuzeigen und weitere Quellentexte beigefügt.

Das Hauptgewicht des vorliegenden Bandes liegt aber auf der *Anregung für den methodischen Umgang mit Quellen.* Die Interpretation von Textquellen steht nicht nur im Zentrum des Unterrichtsgeschehens der Grund- und Leistungskurse der gymnasialen Oberstufe, sondern auch alle Formen der Leistungsüberprüfung setzen bei den Schülern methodische Fähigkeiten zur sachgerechten Verarbeitung historischen Quellenmaterials voraus. Die Art der behandelten Texte ist in der Regel sehr unterschiedlich, und neben der Arbeit mit Texten gewinnt auch die Interpretation von Bildquellen zunehmende Bedeutung. Die Autoren haben sich deshalb entschlossen, an wenigstens einem Beispiel die Arbeit mit einer Bildquelle darzustellen und dabei auf die Besonderheiten des Bildverstehens aufmerksam zu machen.

Die Anregungen für den methodischen Umgang mit Quellen betreffen die zwei Ebenen der Reflexion, die von allen Geschichtslehrerinnen und Geschichtslehrern laufend beachtet werden müssen: Zum einen ist schon der Umgang mit Quellen – gleich welcher Art – durch eine Fülle didaktischer und methodischer Schwierigkeiten bestimmt. Die Quellen sind zwar der Ursprung aller historischen Erkenntnis, regen auch zu weiteren Fragen an die Geschichte an, aber sie repräsentieren die Vergangenheit niemals unmittelbar. Die *historia* ist stets nur ein gedankliches Konstrukt der unwiederbringlich vergangenen *res gestae.* Der Rekonstruktionsprozeß historischer Erkenntnis setzt ein Subjekt voraus, das, geleitet von bestimmten Interessen und vor dem Hintergrund gegenwärtiger Sach- und Wertentscheidungen, Fragen an die Geschichte stellt und damit historische Gegenstände unter spezifischen Aspekten thematisiert. Die Quellen ermöglichen selbst bei größter Quellendichte niemals einen Einblick in die Totalität des historischen Geschehens, sondern bieten zunächst nur Bruchstücke, sind bestenfalls „eine Momentaufnahme historischer Wirklichkeit“ (Bergmann/Schneider in: Pandel/Schneider 1985, 409). Es kann sein, daß der Verfasser einer Quelle uns als Zeitzeuge, Beteiligter oder Betroffener unbewußt Einblick in den Teilausschnitt eines Geschehens ermöglicht, aber der Verfasser kann auch absichtsvoll über ein Ereignis berichten, sich selbst und seine Rolle im Geschehen mit einer bestimmten Zielsetzung darstellen, er kann die Wirklichkeit verzerren oder gar verfälschen. Die wissenschaftliche und fachdidaktische Literatur zur Quellenarbeit hat diese Probleme ausführlich behandelt und über Instrumentarien der äußeren und inneren Quellenkritik (vgl. u. a. Renz 1971, 541 f.) Verfahren aufgezeigt, mit denen die Aussagen von Quellen überprüft werden können. Die Kenntnis dieser Methoden wird hier vorausgesetzt, da sie von jedem Geschichtslehrer schon im Studium erworben wurde. Die weiterführende Frage gilt den spezifischen Bedingungen der Quellenarbeit im Unterricht. Dabei sind die Verfahren der äußeren Quellenkritik nur ausnahmsweise von Bedeutung; Ausgangspunkt der Überlegungen sind für die Schülerinnen und Schüler Verfahren der inneren Quellenkritik. Die Quellenauswahl selbst ist das Ergebnis einer vorgängigen didaktischen Entscheidung des Unterrichtenden, die der Quelle einen wesentlichen Aussagewert im Kontext der Fragestellungen der Einzelstunde oder einer Unterrichtsreihe unterstellt. Der Prozeß der historischen Erkenntnisgewinnung verifiziert somit in der Regel nicht mehr die Quelle als solche, sondern sieht diese von Anfang an in einem gedanklichen Beziehungsgeflecht, das durch eine enge Wechselbeziehung von Vorverständnis, entwickeltem Fragehorizont und gewonnenen Ergebnissen bestimmt ist. Textimmanente Informationen werden dabei ständig in Beziehung gesetzt zu den Erkenntnissen, die schon in anderen Zusammenhängen, z.T. auch fächerübergreifend, gewonnen wurden. Die ausgewählten Interpretationsbeispiele versuchen aufzuzeigen, vor welchem Hintergrund historische Quellen ihre didaktische Relevanz für den Geschichtsunterricht gewinnen, und die Autoren haben auch versucht, die gedanklichen Prozesse sichtbar werden zu lassen, die sich bei der Interpretation von historischen Quellen vollziehen.

Die andere Ebene der didaktischen und methodischen Reflexion über den Umgang mit Quellen geht aus von der Notwendigkeit, die Schülerinnen und Schüler im Geschichtsunterricht in den möglichen Formen des Text- und Bildverstehens zu schulen. Die inhaltlichen Erkenntnisse über historische Sachverhalte und Zusammenhänge können nur durch den Erwerb einer methodischen Kompetenz abgesichert werden. Dieser Anspruch kann aber nur eingelöst werden, wenn der Unterricht den Schülerinnen und Schülern tatsächlich ein Repertoire unterschiedlicher Zugangswege zum Verständnis historischer Quellentexte bereitstellt. Die methodische Variation ist dabei nicht nur wünschenswert zum Erhalt der Motivation, sondern erst durch Bewußtmachung unterschiedlicher Zugangswege und der Erprobung ihrer jeweils spezifischen Möglichkeiten und Grenzen gewinnt der Interpret Einblick in den Verständnisprozeß selbst und erarbeitet sich so eine eigene methodische Kompetenz. Die Autoren haben deshalb ein mögliches Spektrum textverstehender Operationen vorgestellt und durch die Darstellung unterschiedlicher Zugangswege zu ein und derselben Quelle mithelfen wollen, auch bei den Geschichtslehrerinnen und Geschichtslehrern wieder das Methodenbewußtsein zu schärfen.

Bei den Formen der methodischen Schulung des Verstehens von Texten folgen sie dem Stand der Leseforschung, wie er von Jürgen Grzesik in seinem Grundlagenband „Textverstehen lernen und lehren“ (1990) für unterrichtliche Verwendungszusammenhänge aufgearbeitet worden ist.

Operationen und Methoden des Textverstehens. Eine informative Übersicht (von Jürgen Grzesik)

Jedes *Verstehen von Textsinn* ist das Resultat einer bestimmten Kombination von textverstehenden Operationen, zu denen der jeweilige Leser nur dann fähig ist, wenn er die einzelnen Operationen und auch ihre Kombination zu simultanen und sequentiellen Verbänden zuvor gelernt hat, z. B. beim Wortverstehen die Kombination von Buchstabenidentifikation, Übertragung des geschriebenen in das gesprochene Wort, Kontextoperationen und Rückschluß auf situative und wortgeschichtliche Voraussetzungen für den mitgeteilten Wortsinn.
Für diese *Auffassung vom Prozeß des Textverstehens* und seiner Schulung sind folgende Überzeugungen kennzeichnend:

Erstens: Textverstehen vollzieht sich keineswegs immer in gleicher Weise, sondern die jeweilige *Leseabsicht* bestimmt, welche Verfahren, d. h. welche textverstehenden Operationen, aus dem Repertoire des Lesers für die Verwirklichung der Absicht eingesetzt werden. Von Individuum zu Individuum, von Fall zu Fall - und auch noch im Einzelfall in mehr oder weniger schnellem Wechsel - gibt es sehr unterschiedliche Interessen an Texten, die darüber entscheiden, wie der Verstehensprozeß verläuft. So unterscheiden sich z. B. drastisch voneinander: das Interesse an einer ungeduldig erwarteten Nachricht, an der Individualität des Autors, am absoluten Textsinn, am Wahrheitswert der Mitteilung, am Gesamtzusammenhang der dem Text abzugewinnenden Information, am Beitrag des Textes zu einem bestimmten Thema usw.

Zweitens: Jede Information, die einem Text zugeschrieben wird, ist eine *subjektive Konstruktion.*
Sie kommt dadurch zustande, daß der Leser zur Verwirklichung seiner Leseabsicht bestimmte Operationen auswählt. Die Objektivität der so gewonnenen Information - das heißt ihre Entsprechung mit dem vom Autor sprachlich codierten Sinn - kann nicht als unmittelbare Übereinstimmung aufgefaßt, sondern nur durch Kontrolloperationen zunehmend wahrscheinlicher gemacht werden. Dies geschieht insbesondere durch die Kontrolle von Sprachkonventionen, durch den Vergleich mit anderen Texten desselben Autors, durch den Vergleich mit eigenem Weltwissen für den dargestellten Sachbereich, das aus anderen Quellen stammt, durch den Vergleich mit Selbstzeugnissen des Autors und durch die Verständigung über die Zuverlässigkeit des eigenen Textverstehens mit anderen Lesern. So

muß auch die Objektivität von Textsinn subjektiv konstruiert werden, weil Textsinn nicht intersubjektiv wahrnehmbar ist und weil kein Text ein bestimmtes oder gar nur ein einziges Verständnis erzwingt, sondern jeder Text ein Spektrum von Verstehensmöglichkeiten eröffnet.

Drittens: Jedes Verstehen von Textsinn ist abhängig vom *Welt- und Selbstwissen*, über das der Leser schon verfügt.
Dies gilt für alle Sachbereiche, auf die sich der Text bezieht. Der Text liefert dem Leser also keineswegs Wissen auf direktem Weg, sondern regt nur dazu an, aus dem bereits vorhandenen Welt- und Selbstwissen bestimmte Zusammenhänge herzustellen. Schüler, die doch längst lesen gelernt haben, verstehen deshalb viele Texte kaum, weil es ihnen an Welt- und Selbstwissen fehlt und in den meisten Texten zudem auch noch die Erfahrungswelt der Erwachsenen, nicht aber die der jungen Menschen verhandelt wird. Sie müssen deshalb nicht nur in hohem Maße Unbekanntes, sondern auch antizipativ das erst in Zukunft zu Erfahrende aus ihrem Wissen konstruieren.

Viertens: Wenn das Lesen eines Textes nicht nur ein vorübergehendes Ereignis bleiben soll, sondern von ihm ein möglichst dauerhafter Ertrag erwartet wird, dann müssen *Sinnzusammenhänge* unterschiedlicher Komplexität hergestellt werden, die als mentale Modelle unabhängig vom Wortlaut des Textes präsent sind.
Das Interesse des Lesers am Text richtet sich primär auf in ihm dargestellte spezielle Sinnzusammenhänge: ein Gesetz, eine Entscheidungssituation, einen Argumentationszusammenhang, einen grundlegenden Konflikt, einen seelischen Vorgang, eine Systemstruktur, eine Begriffsstruktur. Das Interesse am Textverstehen dagegen muß sich auf wiederkehrende *Textstrukturen und Verfahrensstrukturen* des Textverstehens selbst konzentrieren. Solche Modellierungen von einiger Komplexität erfordern die Konstruktion von satz- und auch textübergreifenden Sinnzusammenhängen. Jedes Textverstehen kommt aber erst dann zu einer ausgeprägten Form, wenn die jeweiligen Sinnzusammenhänge nicht nur aus vorhandenem Wissen konstruiert, sondern auch ausdrücklich möglichst vielfältig in die schon ausgebildeten Wissensnetze integriert werden. Das kann am besten durch eine kritische Auseinandersetzung mit ihnen geschehen, z. B. mit ihrem Wahrheitswert oder ihrem moralischen Wert.
Zur *adaptiven Konstruktion* von Textinformation, der es um die Zuverlässigkeit der Zuschreibung von Textsinn geht, kommt so die *applikative Verarbeitung* hinzu, durch die sich der Leser die erarbeitete Textinformation zu eigen und damit anwendbar macht. Dieser Verarbeitungsprozeß gipfelt in der selbstbezüglichen *Reflexion auf den Modellierungsprozeß*, die zu Methodenwissen führt (Metakognition). Nur wenn das Verstehen von Texten zu solch konsolidierten mentalen Modellen führt, kann mit hoher Dauerhaftigkeit des Verstandenen gerechnet werden.

Fünftens: Wenn *Lesekompetenz* aus der Fähigkeit besteht, je nach Text und Leseabsicht möglichst viele für die Verarbeitung der Textinformation geeignete textverstehende Operationen zu aktivieren, dann hat das Konsequenzen für ihre *Schulung.*
(1) Lesekompetenz kann nicht lehrgangsmäßig vermittelt werden, sondern nur durch den Vollzug unterschiedlicher Kombinationen von textverstehenden Operationen an Tex-

ten aus unterschiedlichen Sachbereichen, wie sie in den Unterrichtsfächern auftreten, und dies für unterschiedliche Leseabsichten.

(2) Wenn Schüler unter bestimmten Leseabsichten Texte verarbeiten, dann regulieren sie den dazu erforderlichen Verstehensprozeß in einem hohen Maße selbst. Die Schulung im Unterricht besteht folglich darin, daß
- die Schüler zu Gruppierungen von textverstehenden Operationen angeregt werden, die beim jeweiligen Entwicklungsstand noch nicht oder nur rudimentär durch selbstreguliertes Lernen zustandekommen,
- einzelne Operationen und Teilfähigkeiten, die schon aus einem Verbund von Operationen bestehen, gesondert (nacheinander) geschult werden und dann in den simultanen Gebrauch übernommen werden,
- man den Verstehensprozeß möglichst bis zur adaptiven und applikativen Modellierung treibt und kontinuierlich selbstbezügliche Teilmodelle des Verstehensprozesses (Strategien zur Behebung von Verständnisschwierigkeiten, zur Wahrheitskritik, zur Bewertung etc.) entwickeln läßt.

Will man im Unterricht Lesekompetenz schulen, dann kommt es deshalb für den Lehrer vor allem darauf an zu wissen, welche Operationen die Schüler für welche Leistungen des Textverstehens vollziehen müssen, welche methodischen Möglichkeiten zur Verfügung stehen, die Schüler zum Vollzug solcher Operationen für die jeweilige Leseabsicht anzuregen.

Im oben angeführten Grundlagen-Band werden zahlreiche *textverstehende Operationen* unterschieden, soweit dies beim gegenwärtigen Forschungsstand möglich ist.

Es sind dies Operationen
- zur Identifizierung von Sprachzeichen,
- zur Re-codierung der Wort- und Satzgrammatik,
- zur Bildung einzelner Vorstellungen und Urteile über den Sinn mehrerer Wörter und Sätze,
- zur Entwicklung innerer Bilder,
- zum Urteilen über Textsinn als Subsumtion unter Begriffe,
- zur Erschließung von implizitem Textsinn,
- zur reflexiven Verarbeitung emotionalen Erlebens,
- zum Erleben und Analysieren ästhetischer Textqualitäten,
- zur themengeleiteten Erarbeitung komplexer Sinnzusammenhänge,
- zur Herstellung textüberschreitender Bezüge,
- zur Textkritik,
- zur Transformation des Textverständnisses in ein anderes Medium,
- zur Kontrolle und Regulierung der eigenen Prozesse des Textverstehens.

Im erwähnten Grundlagen-Band werden aber auch Zugriffsmöglichkeiten auf Texte für die Schulung des Textverstehens im Unterricht entwickelt. Es werden folgende *Gruppen typischer Methoden* unterschieden:

(1) Die Gruppe der texterschließenden Methoden
- Darstellendes Vorlesen
- Fokussierung einzelner Textstellen

- Vorstellungs- und Urteilsbildung
- Themengeleitete Verarbeitung
- Reflexive Verarbeitung emotionalen Erlebens
- Erleben und Herstellen ästhetischer Analogien
- Transformation von Textsinn in andere Medien

(2) Die Gruppe der textüberschreitenden Methoden
- Textvergleich
- Sachkritik
- Wertkritik
- Analyse und Reflexion der Entstehungsbedingungen
- Analyse und Reflexion der Rezeptionsbedingungen

(3) Die Gruppe der Methoden zur Schulung des Textverstehens
- Schulung von Verfahren
- Anwendung von Verfahrenswissen.

Verfolgt man die Absicht, solche (typischen) Methoden an konkreten Unterrichtsbeispielen zu explizieren, so zeigt sich sehr bald,
- daß weder ein Alleinanspruch einer typischen Methode auf die Schulung einer bestimmten Operation erhoben werden kann noch eine endgültige Zahl solcher Methoden mit strikt unterscheidbaren Lerneffekten angenommen werden kann,
- daß fachspezifische Aneigungsformen von Weltwissen zur Dominanz bestimmter Leseabsichten und dadurch bedingter operativer Vollzüge und Methoden führen, andere methodische Möglichkeiten hingegen so gut wie gar nicht, nur beiläufig oder nachgeordnet in den Blick geraten,
- daß bei der Verfolgung einer bestimmten (typischen) Methode im Unterricht auch Lerneffekte eintreten, die ebenso gut mit einer anderen Methode bewirkt werden können.

Der Lehrer kann deshalb auch selbst in großer Freiheit für den jeweiligen Fall eine Unterrichtssequenz aus einer Abfolge von unterschiedlichen Methoden bilden.
- So kann sich der Lehrer dazu entschließen, für einen Text eine der eben unterschiedenen Methoden einzusetzen.
- Er kann aber auch für ein und denselben Text mehrere von ihnen nacheinander einsetzen.
- Es können mehrere Methoden nicht nur sequentiell verknüpft, sondern auch durch Einschachtelung miteinander verbunden werden.
- Es kann aus mehreren Methoden und zusätzlichen methodischen Möglichkeiten eine Mischform entwickelt werden.

Entscheidend ist allein die durch eine Methode bewirkte geistige Verarbeitung eines Textes. Die Unterscheidung von textverstehenden Operationen und von Methoden für die Schulung des Textverstehens soll nur eine Hilfe dafür sein, den Umgang mit Texten im Unterricht der Reflexion zugänglich zu machen, damit seine Möglichkeiten bewußt und gezielt genutzt werden können. Durch einen solchen Unterricht können die Schüler lernen, wie sie Texten die für ihr Fach relevanten Informationen abgewinnen können. Sie werden Texte besser verstehen können, weil sie über Operationen verfügen, durch die sie reichhaltigere

Sinnzusammenhänge erarbeiten können. Sie werden aber den verstandenen Textsinn auch in kontrollierter und selbstkritischer Weise prüfen sowie seinen Wert diskutieren können, statt Texten und Autoren mit spontaner, aber vorschneller Kritikbereitschaft zu begegnen. Wir sind der Auffassung: Erst die kritische Reflexion auf die zugeschriebene Information und auch auf die eigene Leistung der Konstruktion von Textsinn führt zu einer rationalen Textkritik, d. h. zu begründeten kritischen Urteilen.

Aufbau und Verwendungsmöglichkeiten dieses Bandes

Es hätte den Umfang des Bandes gesprengt, möglichst alle *Textarten*, die historische Erfahrungen vermitteln, zu präsentieren. Daher haben sich die Autoren auf einige wenige, repräsentative, im Unterricht der Sekundarstufe II gebräuchliche Textarten beschränkt. Es sind dies: historiographische Darstellungen (Thukydides, Polybios), Adressen, die politische Vorgänge beeinflußten (der Brief Heinrichs IV., die Emser Depesche), programmatische Verlautbarungen (Lenins Friedensdekret - Wilsons „Vierzehn Punkte"), die mündliche (schriftlich dokumentierte) Presseverlautbarung (Roosevelts Pressekonferenz vom 17. 12. 1940) sowie ein Vertragsdokument (Hitler-Stalin-Pakt).
Eine Sonderstellung nimmt die Goldbulle Friedrichs I. Barbarossa ein, weil sich an diesem Beispiel die Erarbeitung historischen Wissens an verschiedenartigen Medien - Bild und Text, Siegel und Wahlmitteilung - exemplarisch darstellen läßt.

Auch erschien es den Autoren nicht zweckmäßig, den Einsatz der verschiedenen *Methoden des Textverstehens* sukzessive - womöglich an einem Stufenschema von der einfacheren zur komplexesten Methode orientiert - zu verdeutlichen. Sie haben sich vielmehr dafür entschieden, an den verschiedenen Unterrichtsbeispielen, die von einer Ausnahme abgesehen der chronologischen Einordnung der Texte folgen, jeweils diejenige Methode bzw. diejenigen Methoden vorzustellen, die ihnen als Zugriffsmöglichkeiten am geeignetsten erscheinen, und diese spezifische Methodenwahl bzw. -kombination auch für jedes Beispiel zu begründen. Dieses Vorgehen erlaubt es auch zu demonstrieren, welche Entscheidungs- und Handlungsspielräume für Schüler und Lehrer sich in einem Unterricht, der auch der Methodenreflexion Bedeutung beimißt, ergeben: Es läßt Möglichkeiten, aber auch Grenzen der Methoden des Textverstehens offenkundig werden. Es macht deutlich, daß in der Regel mehrere Methoden oder Methodenkombinationen zum Einsatz gelangen müssen, um einen Text den Lernanforderungen des Geschichtsunterrichts in der Oberstufe gemäß möglichst „erschöpfend" zu behandeln und in übergreifende thematische Bezüge einzuordnen. Es eröffnet die Gelegenheit, zumindest skizzenhaft zu umreißen, welche Voraussetzungen inhalts-, fähigkeits- bzw. themenspezifischer Art geschaffen sein müssen, um die jeweilige Methode in einem schüleraktivierenden Unterricht anzuwenden. In Umrißskizzen lassen sich jedoch auch Möglichkeiten der Erweiterung und Vertiefung oder der Übertragung auf andere Beispiele entwerfen und mit Zusatzmaterialien anreichern.

Der **Aufbau der einzelnen Kapitel** wurde der besseren Orientierung halber formal übereinstimmend vorgenommen:

1. Jedem Kapitel ist eine Inhaltsübersicht und ein Verzeichnis der zugrundeliegenden Materialien vorangestellt.
2. Der anschließende didaktisch-methodische Kommentar
   - bietet Grundlageninformationen zum Autor, zum Text, zum historisch-politischen Kontext u. dgl.,
   - klärt themenspezifische Voraussetzungen für den Einsatz der Quelle im Unterricht der Sekundarstufe II und
   - legt den sachlichen Gehalt der Quelle und die unterrichtlichen Zielsetzungen offen.
3. Das Kernstück, der Entwurf eines Methodenkonzepts für den Unterricht
   - begründet einleitend die Wahl der jeweiligen Methode oder Methodenvariante und
   - expliziert danach ausführlicher die Verlaufsstruktur des Unterrichts.

   Es wäre eine Fehlinterpretation der Absicht der Autoren, wenn die einzelnen Schrittfolgen so verstanden würden, als seien sie auf eine unterstellte Zeitstruktur des Unterrichts hin angelegt (Einzel- oder Doppelstunde, Phasen oder Minuteneinteilungen). Ausschlaggebend für eine Beurteilung, ob mit den vorgesehenen Schritten innerhalb der Verlaufsstruktur die angestrebten Ziele des Unterrichts erreicht sind, ist allein die Qualität der Ergebnisse des jeweiligen Lernprozesses, und zwar im Hinblick auf die Bewußtmachung von Textstrukturen und Verfahrensstrukturen. Das meint im Sprachgebrauch der Kognitionspsychologie die adaptive Konstruktion, die applikative Verarbeitung und die metakognitive Reflexion.
4. An diesen Hauptteil schließen sich, wo es sich anbietet, anregende Hinweise verschiedener Art, an:
   - auf alternative Vorgehensweisen im Unterricht,
   - auf themen- bzw. sequenzspezifische Erweiterungs- und Vertiefungsmöglichkeiten,
   - auf Möglichkeiten der Ergebnisdarstellung und -überprüfung,
   - auf Transfermöglichkeiten der Methode bezüglich gleichartiger Texte.
5. Sowohl die abgedruckten oder in Verweisen genannten Zusatztexte als auch Literaturhinweise für die Unterrichtsvorbereitung sollen sowohl der sachlichen Orientierung und Einarbeitung dienen als auch dem Benutzer dieses Bandes Anregungen geben, sein Materialienreservoir und sein Methodenrepertoire zu erweitern.

Allgemeine Literaturhinweise zur Quellenarbeit

Atzeroth, A. u. a.: Quelle und Statistik im Kollegstufenunterricht. München 1980

Fina, K.: Die Quelle im Unterricht. Eine phänomenologisch-hermeneutische Vergleichsuntersuchung. In: GWU 21 (1970), S. 615–634

Grzesik, J.: Textverstehen lernen und lehren. Stuttgart 1990

Pandel, H.-J.: Quellenarbeit, Quelleninterpretation, in: Bergmann/Kuhn/Rüsen/Schneider, Handbuch der Geschichtsdidaktik. Düsseldorf 1985, S. 475–480

Pandel, H. J./Schneider, G. (Hrg.): Medien im Geschichtsunterricht. Düsseldorf 1985

Pohl, K. H.: Quelleninterpretation in der Oberstufe des Gymnasiums. In: GD 3 (1978), S. 239–254, 360–368

Renz, R.: Prinzipien wissenschaftlicher Quellenanalyse und ihre Verwertbarkeit im Unterricht. In: GWU 22 (1971), S. 536–551

Rohlfes, J.: Kap. 7.6.3. Quellenarbeit, in: Rohlfes, Geschichte und ihre Didaktik. Göttingen 1986, S. 279–296

Schneider, G. (Hrsg.): Die Quelle im Geschichtsunterricht. Donauwörth 1975

Schneider, G.: Die Arbeit mit Quellen, in: Pandel/Schneider 1985, S. 31–60

Stöver, I.: Möglichkeiten des Einsatzes von schriftlichen Quellen und von Bildern im Geschichtsunterricht. In: GD 3 (1978), S. 203–208

Themenheft „Quellen“ GWU 34 (1983), H. 5, S. 271–344 mit Beiträgen von Dörr/Schoebe/Rohlfes/Würfel

1 Thukydides: Melierdialog

Themengeleitete Verarbeitung von Textinformation (Variante 1) und Texterschließung durch emotionales Erleben (Variante 2)

Inhalt des Kapitels

Verzeichnis der Materialien zu diesem Kapitel

I. Didaktisch-methodischer Kommentar

Historischer Kontext und Autor

Der „Melierdialog“ hat durch seine Eindringlichkeit wohl jeden Leser in seinen Bann geschlagen, obwohl das historische Ereignis selbst im Gesamtzusammenhang des Peloponnesischen Krieges so unbedeutend scheint, daß es den bekannten Standardwerken zur griechischen Geschichte meist nur eine Randbemerkung abnötigt.
Melos, nur 161 km^2 groß und niederschlagsarm, die südwestlichste Insel der Kykladen und etwa 120 km von der Küste der Peloponnes entfernt, galt im Altertum als spartanische Kolonie. Wasserarmut erlaubte nur eine geringe Bevölkerungszahl. Neben einem günstigen Naturhafen an einer großen Innenbucht hatte die Vulkaninsel reiche Vorkommen schwarzen Obsidians, der als Exportartikel begehrt war. Obwohl sich Melos mit Truppenkontingenten am Kampf gegen die Perser bei Salamis und Plataä beteiligte, wurde es später nicht Mitglied im Attischen Seebund. Als 431 v. Chr. der Peloponnesische Krieg begann, verhielt sich die Insel neutral. Einem Versuch des Nikias, die Teilnahme am Attischen Seebund im Jahre 426 zu erzwingen, konnte sich Melos zunächst erfolgreich widersetzen, doch die Bedrohung war damit nicht abgewendet.
Die strategisch günstige Lage der Insel veranlaßte die Athener, 416 v. Chr. mit zahlreichen Schiffen und einer starken Streitmacht unter dem Kommando von Teisias und Kleomedes erneut vor der Insel zu erscheinen. Da sich die Melier nicht kampflos unterwarfen, begannen die Invasoren den Krieg. Die meisten Männer der Insel wurden getötet, die Frauen und Kinder gewinnbringend als Sklaven verkauft. Die so verwaiste Insel wurde dann mit attischen Kleruchen besiedelt. Auf diese Weise wurde nicht nur einigen hundert armen Athenern eine bessere Existenzgrundlage gegeben, sondern durch die rechtliche und politische Bindung an Athen - die Kleruchen blieben attische Bürger! - wurde die Insel für den Machtbereich der Stadt gesichert. Erst 405, im Zusammenhang mit der endgültigen Niederlage Athens gegen den spartanischen Feldherrn Lysander gelang die Befreiung von Melos. Die Insel wurde den überlebenden ursprünglichen Bewohnern zurückgegeben.
Obwohl die Ereignisse um Melos zu keiner Zeit einen wesentlichen Einfluß auf den Ausgang des Peloponnesischen Krieges hatten, werden sie von Thukydides in besonderer Weise hervorgehoben. Er widmet den Vorgängen nicht nur eine längere Passage (V, 94–114) **(M1)**, sondern gestaltet einen sehr konkreten und intensiven Gesprächsablauf, der das Denken der beteiligten Kontrahenten in Rede und Gegenrede zum Ausdruck bringt. Dies hebt die geschilderte Situation auch formal hervor, denn an keiner anderen Stelle der im Jahre 411/410 abbrechenden „Geschichte des Peloponnesischen Krieges“ begegnet uns noch einmal diese Form des Dialogs. Von den meisten Interpreten wird sie zurückgeführt auf die rhetorischen Formen der Sophistik, jeder Satzaussage ihren Gegensatz gegenüberzustellen (Landmann 1973, II 676). Durch gegenseitige Kontrolle der Gesprächspartner soll der Gedanke geschärft, sollen Richtigkeit und Wahrheit des Gesagten herausgearbeitet werden.
Was könnte Thukydides zu dieser Akzentuierung bewogen haben? Welche Intentionen seines Gesamtwerks werden in diese Einzelszene eingearbeitet? Wir wissen genau, daß der

vor 455 geborene Autor den Peloponnesischen Krieg als Zeitgenosse und persönlich Betroffener erlebt hat. Im Jahre 424 war er selbst in Athen im Strategenamt, und weil er die Besetzung der Stadt Amphipolis durch den Spartaner Brasidas nicht verhindern konnte, schickte man ihn in die Verbannung. Erst nach der Kapitulation Athens 404 konnte er nach einer Amnestie in seine Vaterstadt zurückkehren. Kurz darauf, wahrscheinlich um 400 v. Chr., ist Thukydides unter nicht näher bekannten Umständen verstorben. Nach eigener Aussage hat er unmittelbar nach Ausbruch des Krieges mit seinem Geschichtswerk begonnen, wohl auch in dem Bewußtsein, daß dieses Ringen mit Sparta und seinen Verbündeten größere Auswirkungen haben würde als die zahllosen griechischen Kleinkriege der Vergangenheit. Die wenigen biographischen Eckpunkte lassen eine gesicherte Kenntnis über Thukydides' politische Position nicht zu. Als Sohn des Oloros - der Name verweist auf Verbindungen nach Thrakien - war er zugleich Enkel oder Urenkel des Miltiades. Weitere Verbindungen bestanden zu Kimon, dem Führer der aristokratischen Partei in Athen. Seinem Werk allerdings entnimmt man die politische Nähe zu Perikles, zu einer bestimmten Vorstellung von Demokratie, doch die politischen Persönlichkeiten werden in so verschiedenen Facetten geschildert, daß einheitliche Wertungsschemata überwunden sind. Auch aus der Wirkungsgeschichte lassen sich kaum Hinweise gewinnen. Sein Einfluß auf Zeitgenossen scheint relativ gering, lediglich Demosthenes oder seine „Fortsetzer" Theopomp, Kratippos und Xenophon sind von ihm beeinflußt worden; zum Klassiker wurde er erst in der römischen Kaiserzeit.

So müssen wir letztlich alle Hinweise auf die Intention des Thukydides aus dem Text selbst gewinnen. Hauptbezug ist das sogenannte „Methodenkapitel" (I, 20–22) **(M 2)**, das den Leser durch den hohen Reflexionsgrad des Autors über sein Vorhaben beeindruckt:

Epos und Geschichtsschreibung waren als „Künste" der ruhmspendenden Muse Klio kaum voneinander geschieden. Dies klingt noch an, wenn Thukydides auf mögliche Erwartungen seines Publikums Bezug nimmt: Glanz, dichterische Ausschmückung kann und will er nicht bieten. Die Distanzierung von Herodot signalisiert, daß nicht mehr der Erzähler die Geschichte trägt, sondern das Geschehen selbst in den Mittelpunkt treten soll. In diesem Sinne gilt Thukydides noch immer als Vater der modernen Geschichtsschreibung, der sich im Sinne von Ranke bemüht habe, Geschichte darzustellen, „wie sie eigentlich gewesen". Entscheidend ist dabei die Maxime des Handelns, ist das Bewußtsein im Umgang mit dem historischen Gegenstand, weniger die tatsächliche Sicherung der Quellengrundlage, denn erst in neuerer Zeit hat Moses J. Finley aufgezeigt, daß sich hier beide Autoren weniger unterscheiden, als man vermuten könnte:

> „Es sollte . . . erwähnt werden, daß es überraschend wenig direkte Belege für die berühmte Genauigkeit Rankes gibt, und so gut wie gar keine für die des Thukydides." (Finley 1984, 270)

Der zentrale Begriff, in dem Thukydides seinen Anspruch formuliert, ist die **Wahrheit**. Mythisch-religiöse Vorstellungen, ungeprüft tradierte Berichte von Früherem haben sich dem Wahrheitsanspruch zu unterwerfen. Die Methode ist theoretisch fixiert: Quellen aller beteiligten Kriegsparteien sind zu sammeln und auf ihren Informationsgehalt zu prüfen, einzelnen wichtigen Informationen soll „mit aller erreichbaren Genauigkeit" nachgespürt werden.

Dabei ist sich Thukydides offenbar bewußt, daß er dies nur im Ansatz leisten kann und daß ein bloßes Aneinanderfügen von Quellenbruchstücken noch keine Geschichtsschreibung ausmacht. Denn die Wahrheit zu eruieren, kann kein Selbstzweck sein, sie legitimiert sich durch ihren „Nutzen“ für zukünftiges menschliches Leben. Der in seinem Grunde letztlich auch didaktische Aspekt erinnert an das 1874 formulierte Kriterium von Nietzsches zweiter „Unzeitgemäßer Betrachtung“, mit dem er sich gegen den alles archivierenden, monumentalisierenden und letztlich auch alle Werte relativierenden Wissenschaftsbetrieb seiner Zeit zur Wehr setzte.

Die Wahrheit, um die es Thukydides geht, ist das Aufzeigen der menschlichen Natur. Da er von der Konstanz menschlicher Verhaltensweisen ausgeht, kann er ein „historia docet“ annehmen. Die genaue Kenntnis des Gewesenen kann so dem Menschen Aufklärung sein in zukünftigen ähnlichen existentiellen Grundsituationen. Um dies zu erreichen, müssen die Menschen der Geschichte selbst zu Wort kommen; nur so können ihre Motive und Gedanken dargestellt werden. Dies ist aber durch das quellenkritische Verfahren allein nicht möglich, es bleiben Leerstellen, die durch Konstruktion des Autors gefüllt werden müssen. Und so erklärt sich auch die in der Forschung umstrittene Stelle (I, 22, 1), an der Thukydides über die eingefügten Reden oder Dialoge sagt, er habe sie in eigener Schlußfolgerung nach dem situativen Kontext und der sachlichen Logik der tatsächlich gefällten Entscheidung ausgestaltet.

Die in diesem Sinne fiktive Realität des Melierdialogs ist somit dennoch **wahr** in zweifacher Hinsicht:

- Ort, Zeit, Namen der Beteiligten wurden sachlich richtig eruiert, aus dem Vorhaben der Athener und der später gefällten Entscheidung für den Krieg ergab sich die menschliche Grundsituation, die dann (unter Beachtung rhetorischer Formen) die Konstruktion eines Gesprächs erlaubte.
- Das Gespräch entfaltet die menschliche Grundsituation und läßt den Leser erkennen, daß Grundstrukturen der menschlichen Natur zum Ausdruck kommen, die von der Einmaligkeit der historischen Situation abgelöst werden können.

Der Wahrheitsbegriff des Thukydides zielt somit letztlich auf die Erkenntnis über die Grundbefindlichkeit des Menschen. Unter dem Einfluß sophistischer Denkansätze wird diese Grundbefindlichkeit nicht mythisch-religiös abgeleitet, sondern rational aus den Triebkräften der Geschichte zu erschließen versucht.

Im Gesamtwerk kehren bestimmte Themen und Fragestellungen in verschiedenen Zusammenhängen wieder:

- Gibt es eine Zwangsläufigkeit des politischen Geschehens?
- Was läßt sich an offenen oder verborgenen Kriegsursachen aufzeigen?
- Entspringt die Entscheidung für den Krieg der Hybris oder der Furcht? Ist es Prestige oder Sicherheitsdenken, Reaktion oder Präventivschlag?
- Spielen unterschiedliche Volkscharaktere (z. B. Gegensätze zwischen Sparta und Athen) für den Ausbruch von Konflikten eine Rolle?
- Wie weit ist die Kriegführung von materiellen Ressourcen abhängig?
- Was bedeutet Macht, und in welchen Arten stellt sie sich dar?
- Ändert Demokratie etwas an den Grundstrukturen des menschlichen Machtverhaltens?
- Handeln die Menschen überhaupt nach dem Recht, oder richten sie sich eher nach ihrem Vorteil?

- Wie bestimmt sich das Verhältnis der Führungsmacht zu den Bundesgenossen oder – grundsätzlicher gefragt – das Verhältnis von Herrschaft und Freiheit?
- Gibt es überhaupt die Möglichkeit ungefährdeter Neutralität? u. a. m.

Die meisten dieser Fragen bewegen den Historiker auch heute noch. In ihnen spiegelt sich das didaktische Potential der Auseinandersetzung mit einem Thukydides-Text.

Themenspezifische Voraussetzungen

Die Behandlung des „Melierdialogs" im Unterricht der Sekundarstufe II setzt voraus, daß die Schüler nicht nur den „situativen", sondern auch den „zeitgeschichtlichen" und „kulturgeschichtlichen Kontext" (Pasierbsky 1983, 43–48) erarbeitet haben. Dazu gehören u. a.:
- Der Aufstieg Athens zur maritimen Großmacht der Ägäis nach den Perserkriegen.
- Die Ausbildung der ausgeklügelten Verfassungsstruktur Athens durch Kleisthenes.
- Die Herrschaft des Perikles als Beispiel für die Blütezeit der attischen Demokratie.
- Analysen politischer Herrschaft und Reflexion über Staat und Verfassung in der griechischen Antike;
  Herodot III: Gespräch über Herrschaftsformen.
  Thukydides II, 35–46: Grabrede des Perikles mit ihrer Ideologisierung der attischen Polis.
  Aristoteles, Politika, I, 1–2 (1252 a–1253 a); III, 6–8 (1279 a–1280 a); IV, 11 (1294 b–1296 a).
- Wirtschaftliche und gesellschaftliche Entwicklungen in Athen und ihre Wechselwirkungen mit politischen Vorgängen.
- Die Entwicklung des Dualismus Athen–Sparta bis zur feindlichen Konfrontation am Beginn des Peloponnesischen Krieges.
- Die Differenzierung von Anlaß und Ursachen des Kriegsausbruchs und der bisherige Verlauf des Krieges bis zu den Geschehnissen um Melos.

Intensität der Behandlung und Gewichtung der Kontextelemente ergeben sich aus der konkreten Reihenplanung. Eine vertiefte problemorientierte Behandlung des „Melierdialogs" erfordert aber in jedem Fall eine eingehendere thematische Aufschließung der griechischen Geschichte. Dies könnte zum einen in einer Teileinheit erfolgen, die sich in der Form der Fallanalyse mit dem Anspruch und der Realität der attischen Demokratie beschäftigt. Eine andere Möglichkeit wäre ein Halbjahreskurs mit einer diachronen Untersuchung von Theorien und Analysen zur politischen Herrschaft von Herodot bis zur Neuzeit oder vergleichende Betrachtungen über den inneren Zusammenhang von politischer Struktur und „außenpolitischem" Handeln in Antike, Mittelalter und Neuzeit.

Sachlicher Gehalt der Quelle

Der „Melierdialog" gestaltet eine exemplarische Grundsituation des Menschen im Kriege, bei der nicht nur die Perspektive der menschlichen Opfer, sondern auch die Motive der grausam handelnden Athener von besonderem Interesse sind. Die Konfrontation zwischen attischen Invasionstruppen und Meliern beginnt nicht mit Waffen, sondern mit sprachlicher

Auseinandersetzung (dialegesthai), die den Bürgern einer griechischen Polis als Weg der Durchsetzung des politischen Willens durchaus vertraut ist.
Ungewöhnlich sind aber die Merkmale der Gesprächseröffnung, zum einen das machtbewußte, kompromißlose Auftreten der Athener, zum anderen die Furcht der Melier vor sofortiger Einschüchterung oder propagandistischer Manipulation, die sie dazu bewogen hat, den Dialog nicht vor der Volksversammlung, sondern nur vor dem Adelsrat zu führen. Die Gewichte sind von Anfang an ungleich verteilt, die Melier haben sich dem von den Athenern bestimmten Gesprächsablauf zu beugen.
Inhaltlich fordern die Abgesandten der Invasoren die sofortige Unterwerfung unter die Vorherrschaft Athens, d. h. Heeresfolge, finanziellen Tribut und Kriegsbeteiligung gegen die frühere Mutterstadt Sparta. Frühere Rechtsverhältnisse und vermeintliches bisheriges Wohlverhalten durch Neutralität sind angesichts der versammelten attischen Kriegsmacht ohne jede Bedeutung:

> „. . . das Mögliche sucht zu erreichen, nach unser beider wahren Gedanken, da ihr so gut wißt wie wir, daß im menschlichen Verhältnis Recht gilt bei Gleichheit der Kräfte, doch das Mögliche der Überlegene durchsetzt, der Schwache hinnimmt." (V, 89)

Diese Grundthese bestimmt den Fortgang des Gesprächs, in dem den Meliern lediglich die Chance bleibt, die Athener davon zu überzeugen, daß eine wohlwollende Neutralität nützlicher sei als die geforderte Unterwerfung. Dieser Versuch mißlingt, und analog zur Machtsituation bei Eröffnung des Gesprächs wird auch dessen Ende durch eine Initiative der Invasoren bestimmt. Sie brechen das Gespräch ab und eröffnen die vernichtenden Kriegshandlungen.
Die Gestaltung des Dialogs folgt einem rhetorischen Schema, das damals für die politische Kontroverse entwickelt worden war. Die grundsätzlichen Lösungsmöglichkeiten eines Sachproblems werden der Reihe in ihrem Für und Wider zur Sprache gebracht:
- die Unterwerfung der Melier (V, 89–92)
- die Neutralität wie bisher (V, 93–99)
- der Krieg Athen–Melos (V, 100–111)

Das Pro und Contra für jede dieser theoretisch möglichen Lösungen folgt folgenden grundsätzlichen Gedankenschritten:
- Ist die Sache gerecht oder ungerecht?
- Ist sie nützlich (Gewinn, mehr Sicherheit) oder schädlich (Verlust, Vergrößerung der Gefahr)?
- Ist die Sache möglich oder unmöglich?
- Bringt sie Ehre oder eher Schande für den Betroffenen?

Wie G. P. Landmann (1973, II 676) erläutert, werden die genannten Formelemente der politischen Rede nicht schematisch abgehandelt. Das Motiv der Gerechtigkeit wird nicht nur am Anfang von den Meliern besonders akzentuiert, sondern es spielt auch in die späteren Überlegungen immer wieder hinein (V, 96 und 104). Das Verhältnis von Macht und Recht ist das zentrale Problem dieses Dialogs, das letztlich auch losgelöst werden kann vom Einzelschicksal der Melier im Peloponnesischen Krieg. Es begegnet immer wieder in der Geschichte, von den Abstufungen des Bundesgenossenrechts der Römer über die „big stick policy" des amerikanischen Präsidenten Theodore Roosevelt nach der Erweiterung der Monroe Doktrin 1904 bis zu der 1968 von Breschnew verkündeten These von der „eingeschränkten Souveränität sozialistischer Staaten".

Die sehr konkrete und menschlich nachvollziehbare Schilderung der unterlegenen Melier bei Thukydides spricht uns auch emotional an. Dies könnte dazu führen, daß Interpreten das Verhältnis von Macht und Recht allzu schnell auflösen, indem sie eine Parteinahme des Thukydides für die Melier unterstellen:

„Den Untergehenden setzt er ein Denkmal." (Landmann 1973, I 15)

und das Verhalten der Athener als strafwürdige Hybris geißeln:

„. . . so scheint es, . . . als habe er . . . die Gesinnung der Athener herausstellen wollen, die sie dann auch in den Sizilischen Krieg trieb." (Landmann 1973, I 16)

Tatsächlich legt sich Thukydides in dieser Weise nicht fest. Der reflektierende Leser bleibt zur eigenen Entscheidung aufgefordert. Wenn wir die Unrechtshandlung der Athener verurteilen, so tun wir es aufgrund von Prämissen und Wertentscheidungen, die unserem Erfahrungsbereich entstammen. Die historische Interpretation des Thukydides muß aber prüfen, ob diese Deutung dem Denken der griechischen Antike angemessen ist.

Ein Weg zur Überprüfung ist der Vergleich mit anderen Passagen des Werks, die zum Melierdialog in innerer Beziehung stehen. Es besteht Konsens darüber, daß sich der Melierdialog in einem bewußten Spannungsverhältnis zur berühmten Grabrede des Perikles (II, 35–46) befindet. Das dort entwickelte Idealbild der Polis, bei der jeder einzelne Bürger Rechtssicherheit genießt und in die politische Verantwortung eingebunden ist, wird im Melierdialog durch ein anderes Bild kontrastiert. Es ist aber keine Pervertierung der Polis, die 416 in Melos tätig wird, sondern nur die äußere Entfaltung des gleichen politischen Systems.

Die expansive athenische Außenpolitik des 5. und 4. Jhdts. v. Chr. wurde vom gesamten Demos getragen (vgl. Schmitz 1988), nicht nur von radikalisierten Unterschichten. Den Wohlhabenden brachte sie ausgedehnten Landerwerb und dauerhaften politischen Einfluß, die ärmeren Schichten konnten durch das Kleruchensystem in eine höhere Vermögensklasse und damit auch in höhere politische Mitbestimmungsrechte aufsteigen (Jones 1957, 167–176). Die Ansiedlung attischer Kleruchen nach Niedermetzelung der Melier verweist auf diesen Hintergrund. Athen verkörpert damit lediglich einen Typus antiker Herrschaft, den Finley (1984, 305) als „maritime Herrschaft mit beschränkten Möglichkeiten für eine territoriale Ausdehnung" beschreibt, die sich „auf die Flotte stützt und daher gezwungen ist, dem gemeinen Volk, dem demos, eine beherrschende Rolle bei den politischen Entscheidungen zuzugestehen". Der andere Typus sei die auf dem Land ausgedehnte Herrschaft, bei der die herrschende Oligarchie materielle Vorteile und politische Macht weitgehend in der Hand behalte.

Krieg ist, wie Finley nachweist, kein außerordentlicher, sondern gleichsam der natürliche Zustand der griechischen Antike. So läßt Platon einen Kreter sagen:

„Was die meisten Menschen Frieden nennen, das ist nur eine Vorstellung; in der Wirklichkeit herrscht von Natur aus ständig unerklärter Krieg von allen Städten gegen alle Städte." (Platon, Nomoi 626 a)

Auch Aristoteles nennt

„. . . die Kriegskunst von Natur eine Art von Erwerbskunst. . ., die man anwenden muß . . . gegen jene Menschen, die von Natur zum Dienen bestimmt sind und dies doch nicht wollen. Denn ein solcher Krieg ist von Natur gerecht." (Aristoteles, Politika 1256 a)

So müssen wir uns in Thukydides' „Melierdialog" vor allzu schneller Verurteilung der Athener hüten. Ihr Handeln entsprach der zeitgenössischen Praxis. Nur in der Theorie gab es die griechische Gemeinschaft mit gleichberechtigten Poleis, aber „in Wirklichkeit herrschten die Großen über die Kleinen“ (Amit 1973, 7–8). Dies wird nicht zuletzt auch durch andere Thukydides-Stellen belegt, die man den Schülern als Denkanstoß für die Problemdiskussion einblenden könnte:

I,70 - Charakteristik der Athener durch die Korinther in Sparta

„Einen nicht durchgeführten Anschlag empfinden sie, als hätten sie Eigentum eingebüßt, aber jede Eroberung, als sei ihnen nur ein erster Anfang gelungen.“

I,76 - Antwort der Athener

„. . . wir folgen nur der menschlichen Natur, wenn wir eine Herrschaft, die sich uns anbot, angenommen haben und behalten wollen, besiegt von so drei starken Mächten wie Ehre, Furcht und Vorteil; wir sind ja auch nicht die ersten, die dies angefangen haben, sondern es ist immer so gewesen, daß der Mindere sich dem Mächtigen fügen muß. . .“

I,77 - Aussage der Athener in Sparta

„Aber es scheint, daß erlittenes Unrecht [Erläuterung: durch Gerichtsentscheid nach Verhandlung!] die Menschen mehr empört als Gewalttat; jenes empfinden sie als Übergriff eines Gleichgestellten, dieses als eines Stärkeren hinzunehmenden Zwang.“

III,82 - Anläßlich von Wirren in Kerkyra

„Denn im allgemeinen heißt der Mensch lieber ein Bösewicht, aber gescheit, als ein Dummkopf, wenn auch anständig; des einen schämt er, mit dem anderen brüstet er sich.“

Die Griechen führten tatsächlich - wie später die Römer - „mit unaufhörlicher Regelmäßigkeit“ (Finley 1984, 287) Krieg. Zwischen Perserkriegen und der Niederlage bei Chaironeia 338 v. Chr. befand sich Athen in weit mehr als zwei Dritteln der Jahre im Kriegszustand, und nicht einmal wurde eine Friedensperiode von zehn Jahren erreicht. Die anerkannte Wertordnung sah im Kriege zudem das Bewährungsfeld höchster Tugenden.

So wird verständlich, daß Thukydides die der Geschichte innewohnenden Triebkräfte eng mit dem Wesen der menschlichen Natur („katha to anthropinon“ I,22) verbunden sieht. Diese Natur des Menschen sieht er über Zeiten konstant, sie wird sich auch in Zukunft wieder bemerkbar machen. Gelingt es, dies dem Menschen bewußt zu machen - so der didaktische Gedanke -, dann leistet sein Geschichtswerk einen Beitrag zur Zukunftsgestaltung. Thukydides übereignet dem Leser sein Werk als „ktema eis aei“ (ebd.), als Besitz für immer.

Ziele des Unterrichts

Die von Thukydides im „Melierdialog“ geschilderten exemplarischen Vorgänge sind leider noch immer von bedrückender Aktualität. Das betrifft nicht nur die Machtausübung von Großmächten auf kleinere Staaten und die fortdauernde Realität des Krieges als „ultima ratio“, sondern auch die Frage nach dem Wesen der Demokratie. Trotz der uns bewußten Strukturunterschiede gilt die attische Demokratie auch dem modernen Staatsdenken als Leitbild, liegen einige ihrer wesentlichen Prämissen auch modernen Staats- und Herrschaftstheorien zugrunde.

Viele der damals aufgeworfenen Fragen und Probleme sind bis heute nicht gelöst. Demokratie ist zwar Zielvorstellung der unterschiedlichsten politischen Gruppen, wird aber als Begriff semantisch sehr unterschiedlich gefüllt. Die ideologischen Auseinandersetzungen der Gegenwart kreisen immer wieder um die Frage nach der besten Verfassung, um Formen der politischen Partizipation, aber auch um die materielle Wohlfahrt der breiten Massen. Die diachrone Untersuchung dieser Zusammenhänge in der Geschichte macht nicht nur die Kontinuität dieser Fragen und Probleme über lange Zeiten bewußt, sondern die Distanzierung von der Gegenwart ermöglicht eine Erweiterung des Erkenntnis- und Erfahrungsfeldes der Schüler. Zusammenhänge, bei denen wir in der Gegenwart eher befangen wären, werden in der Distanz klarer erkennbar. Dabei kommt der griechisch-römischen Antike eine besondere Bedeutung zu. Die politischen Einheiten sind in ihrer Größe überschaubar, die soziale Gliederung der Gesellschaft und die ökonomische Differenzierung sind weniger komplex als in der Moderne, aber wir werden überrascht von der Intensität und dem Reflexionsgrad über Staat und Gesellschaft.
Der „Melierdialog“ ermöglicht im Rahmen des thematischen Zusammenhangs der Reihe wesentliche Einsichten in das griechische Denken über Staat und Herrschaft. Die Schüler sollen erkennen,

- daß der „Melierdialog“ eine exemplarische Grundsituation des Menschen widerspiegelt, die Aufforderung zur Unterwerfung durch einen mächtigen Gegner;
- daß Thukydides dabei im Dialog die Grundfrage stellt nach dem Verhältnis von Macht und Recht;
- daß das Verhalten der Athener gegenüber Melos mit dem durch den gleichen Autor gezeichneten Idealbild der attischen Demokratie in der Grabrede des Perikles (II,35–46) nicht ohne weiteres zu vereinbaren ist;
- daß dieser Kontrast von Theorie und Praxis Fragen aufwirft, die uns zu Problembereichen der attischen Demokratie führen:
    - dem Zusammenhang von politischen Partizipationsrechten und der Klassifizierung nach wirtschaftlichem Vermögen;
    - den Erfolgszwängen der führenden Politiker und ihren Auswirkungen auf politische Entscheidungen;
    - dem Wunsch des gesamten Demos nach sozialem Aufstieg und materieller Befriedigung;
    - den tradierten Wertordnungen, bei denen Krieg zu den „natürlichen Erwerbsquellen“ des Menschen zählt;
- daß das politische System der Demokratie anthropologische Konstanten (Thukydides: „die Natur des Menschen“) nicht aufzuheben vermag;
- daß viele der genannten Probleme auch in modernen Staaten und Gesellschaften noch aktuell sind.

In bezug auf den Autor sollten die Schüler erkennen,

- daß sich Thukydides in seiner Darstellung um die Entfaltung des Problemfeldes und die Eruierung der historisch-politischen Triebkräfte bemüht;
- daß die im „Methodenkapitel“ (I,22) **(M 2)** dargestellte historisch-kritische Methode die Voraussetzung dieser Grundintentionen seines Geschichtswerkes ist.

Methodisch erweitern die Schüler ihre Fähigkeiten des Textverstehens, indem sie

- eine umfangreiche, nicht leicht zugängliche historische Quelle unter einer leitenden thematischen Fragestellung aufschlüsseln (neu ist besonders die Form des Dialogs);
- Argumentationszusammenhänge und Kernstellen erkennen, zentrale Begriffe und Hauptthesen herausstellen und diskutieren;
- das „Methodenkapitel" zur eigentlichen historischen Darstellung in Beziehung setzen;
- (bei der Texterschließung durch emotionales Erleben) sich über Art und Intensität der gefühlsmäßigen Reaktionen bewußt werden, Emotionen sprachlich zum Ausdruck bringen und durch die Reflexion ihrer Angemessenheit einen Textverstehensprozeß in Gang setzen.

II. Methodenkonzept für den Unterricht: Die themengeleitete Verarbeitung von Textinformation (Variante 1)

Begründung der Methodenwahl

Kennzeichen dieses Verfahrens ist, daß es nicht darum geht, den sachlichen Gehalt der Quelle insgesamt auszuloten, sondern nur bestimmte Teile der Textinformation. Kriterium für diese Zugriffsart ist das *Thema*, d. h. eine vom Interpreten herangetragene spezifische Fragestellung. Der Text wird unter einer bestimmten Leseabsicht, einem subjektiven Interesse des Lesers, zur Erweiterung eines bestehenden oder zum Aufbau eines neuen „mentalen Modells" (Grzesik 1990, 253–259) verwendet. Der Begriff kennzeichnet auch im Bereich der Geschichte, wie das menschliche Bewußtsein die Fülle der gelernten Einzelinformationen organisiert und verarbeitet.
Der Interpret begegnet der Quelle mit einer bestimmten Vorstellung vom historischen Gegenstand und seinem Kontext. Sie bestimmt das weitere Fragen, die Auswahl weiteren Textmaterials. Der Verarbeitungsprozeß kann die bestehende Vorstellung untermauern, erweitern und in ihrer Komplexität erhöhen, doch kontrastive Lernerfahrungen können auch bestehende Vorstellungen zerstören und ein neues Bild der Vergangenheit erzeugen. Die Themenwahl entscheidet, was an der Quelle gelernt wird, denn „der Aufbau von Geschichtsbewußtsein, seine Veränderung und Umakzentuierung in jeder Generation ist weniger durch neue Quellenfunde bedingt, als vielmehr durch Veränderung der Sichtweisen, Frageinteressen, Wertsetzungen" (Jeismann 1980, 206).
Von den in den Ausführungen zum Unterrichtszusammenhang genannten möglichen Themen soll im folgenden die Falluntersuchung über *Anspruch und Realität der attischen Demokratie* näher ausgeführt werden. Das Thema wird sehr deutlich von gegenwärtigen Frageinteressen bestimmt. Von den divergierenden politischen Erfahrungen mit moderner Demokratie richtet sich der Blick zurück auf die Antike, in der wesentliche Prämissen des eigenen politischen Denkens entwickelt wurden. Im Mittelpunkt steht die attische Polis als differenzierteste Form politischer Partizipation in der griechischen Antike, die auch den Menschen

selbst als „zoón politikón" definierte. Arbeitsgrundlage dieser Reihe waren Quellentexte antiker Autoren, die den jeweiligen Gesamtwerken entnommen waren oder - z. T. gekürzt - auch in gängigen Materialsammlungen für die Sekundarstufe II enthalten sind (z. B. Margedant 1975; Wagner-Hasel 1988).

- Herodot, Historien III, 80-82.
  Gespräch des Otanes, Megabyzos und Dareios über Monarchie, Oligarchie und Demokratie.
- Aristoteles, Athenaion Politeia 20,1-28,4.
  Darstellung der politischen Entwicklung in Athen von der Tyrannis des Peisistratos bis zu Perikles.
- Aristoteles, Politika IV, 11-12 (1294 b-1296 a).
  Stabilität der Verfassung garantiert von den mittleren Vermögensschichten der Polisbürger.
- Thukydides, Geschichte des Peloponnesischen Krieges II, 35-46 Grabrede des Perikles mit der ideologischen Überhöhung der attischen Polis als Rechtsgemeinschaft autonomer Bürger:
  „... Zusammenfassend sage ich, daß unsere Stadt insgesamt die Schule von Hellas sei, und daß der einzelne Mensch ... bei uns wohl am vielseitigsten und voll Anmut und leichtem Scherz in seiner Person wohl alles Notwendige vereine. .." (Thukydides 1973, I 143)

Aber die Fragestellung der Unterrichtsreihe erschöpft sich nicht in der Analyse der theoretischen Vorgaben und Verfassungsstrukturen, sondern fragt auch nach der politischen Realität, sucht nach Zeugnissen für das konkrete Handeln der Athener. Dieser Kontext bestimmt die Auswahl des „Melierdialogs", und so sind für die themengeleitete Verarbeitung der an sich komplexen Quelle die Teilinformationen interessant, die den dargestellten Konflikt zwischen Macht und Recht als exemplarisch für das Handeln der Polisbürger ansehen. Andere mögliche Aspekte treten demgegenüber zurück.

Verlaufsstruktur

Im einzelnen wird für die Unterrichtseinheit zum „Melierdialog" das folgende Verlaufsschema vorgeschlagen:

1. Vorbereitende Hausaufgabe

Da sich eine wesentliche Kürzung der Quelle aus sachlichen Gründen verbietet, müssen die Schüler den Text vor Beginn der Unterrichtseinheit für eine Besprechung vorbereiten. Nach einer ersten Lektüre sollen die Schüler folgende Aufgaben wenigstens in Stichworten schriftlich bearbeiten, um sowohl eine Grundorientierung im Text als auch eine vorläufige Einsicht in die Textstruktur zu gewinnen:

- Beschreiben Sie die Situation, aus der heraus die Dialogpartner sprechen. Belegen Sie die Aussagen durch wenigstens zwei Textzitate.

- Suchen Sie das Grundproblem, um das die einzelnen Argumente des Dialogs kreisen. Markieren Sie die Stelle(n), an denen Sie dieses zentrale Thema des Textes vermuten.
- Untersuchen Sie den Dialog bezüglich der vorgebrachten Argumente. Versuchen Sie eine tabellarische Gegenüberstellung beider Seiten.

2. Hinführung zum Text

Der Einstieg erfolgt über eine kurze Gesprächsphase, in der die Lerngruppe das bisher erarbeitete Bild der attischen Polis zusammenfaßt. Im Mittelpunkt steht dabei die Grabrede des Perikles, zugespitzt auf die beiden Aussagen:
- Bedeutung der Rechtsgleichheit für die politischen und menschlichen Beziehungen innerhalb der Polis.
- Selbstbewußtsein attischer Machtausübung nach außen, das in der Behauptung gipfelt, nur Athen errege „im Feind, der angegriffen hat, keine Bitterkeit, was für ein Gegner ihm so übel mitspiele, und auch im Untertanen keine Unzufriedenheit, daß er keinen würdigen Herrn hätte“ (II, 41).

Ausbruch und erste Phase des Peloponnesischen Krieges sind den Schülern als Hintergrund der Perikles-Rede bekannt. Die Lehrerinformation kann sich deshalb auf die Lage nach dem Nikias-Frieden 421 v. Chr. konzentrieren. Die Insel Melos sollte in ihrer geographischen Lage (Karte/Folie) sichtbar sein und in ihrer Vorgeschichte (spart. Gründung, Neutralität, erfolgreiche Abwehr des Nikias 426 v. Chr.) vorgestellt werden, um den Schülern spätere Vermutungen über Athener Handlungsmotive zu ermöglichen. Die Lehrerdarstellung mündet in die Schilderung des Thuydides über die Landung der Invasionsflotte (V, 84).

3. Erarbeitung der Grundstrukturen des Dialogs

Ausgangspunkt sind die Schülerbeiträge aus der vorbereitenden Hausaufgabe. Nach den vorformulierten Stichworten wird die Gesprächssituation von Athenern und Meliern näher bestimmt. Textzitate aus den Abschnitten V, 85–89 sollen von der Sache her die ungleichen Rollen der Dialogpartner belegen:

ATHENER	MELIER
V, 85: Überzeugung vom eigenen Redeerfolg. Scheinbares Entgegenkommen bei der Form der Rede	V, 84–85: Angst vor attischer Propaganda V, 86: Furcht vor kriegerischem Auftreten der Athener und vorweg gefälltem Urteil
V, 87: Drohung mit sofortigem Gesprächsabbruch V, 89: Begrenzung der Problemlösung auf das „Mögliche“, d. h. auf die melische Unterwerfung	V, 88: Bitte um Verständnis und Annahme der Athener Bedingungen

Ausgehend von den in der Hausaufgabe vorbereiteten tabellarischen Übersichten wird der Argumentationsverlauf des „Melierdialogs“ nachgezeichnet. Auf eine nochmalige detaillierte Darstellung der Einzelschritte kann verzichtet werden, doch sollte die weiter oben erläuterte Argumentationsstruktur des „Melierdialogs“ mit den entsprechenden Textbelegen als Lernergebnis festgehalten werden:

MÖGLICHKEITEN	PRO UND CONTRA ZUR SACHE
Unterwerfung (V, 89–92)	gerecht - ungerecht
Neutralität (V, 93–99)	nützlich - schädlich
Krieg (V, 100–111)	möglich - unmöglich
	Ehre - Schande

Als weitere Vertiefung, die allerdings nicht zwingend geleistet werden muß, ließe sich eine genauere Untersuchung der sprachlichen Besonderheiten des Dialogs anschließen. In Anlehnung an eine Studie von Fritz Pasierbsky geht es dabei nicht um die sprachwissenschaftliche Untersuchung der „syntaktisch-morphologischen Besonderheiten der altgriechischen . . . Textfassungen. . ., sondern [um] die handlungswirksamen pragmatischen und semantischen Merkmale der Begriffe, Sprechakte und Argumente in den Texten, die sich aus der deutschen Fassung erschließen lassen.“ (Pasierbsky 1983, 50)
Es kann den Schülern verdeutlicht werden, daß sich politische Unterwerfungsstrategien die Sprache bewußt zunutze machen, und zwar in dreifacher Hinsicht:

- Legitimierung des eigenen Handelns innerhalb größerer Zusammenhänge.
  Athen: generelle Rechtmäßigkeit, Gesetzmäßigkeit und sittlich-moralische Berechtigung.
- Begründung für konkrete Einzelschritte in der aktuellen politischen Situation
  Athen: „Sachzwänge“ und vollendete Tatsachen.
- Schlußfolgerungen bei der Beurteilung der aktuellen Handlung.
  Athen: Der Gegner wird durch interessegeleitete Werturteile „besiegt“.

Im einzelnen kann den Schülern diese besondere Funktion von Sprache durch die Bearbeitung folgender Schritte bewußt verdeutlicht werden:

a) Wer hat die Gesprächsführung?
   - Wer bestimmt Zeitpunkt, Beginn und Ende des Gesprächs?
   - Charakter des Gesprächs? Ist es wirklich ein Dialog?
   - Wer legt durch welche Akte die Inhalte fest?
   - Wie wird schon während der Rede der Erfolg beurteilt?

Die Untersuchung ergibt, daß Athen durch seine Sprechakte das Gespräch bestimmt. Insbesondere im Sprechakt der Drohung (V, 87) legt Athen die Alternativen fest: „Sicherheit“ durch Unterwerfung oder Krieg; im ersten Fall gilt das Gespräch als „erfolgreich“, im zweiten als „gescheitert“. Immer wieder kommentieren die Athener auch die Gesprächsanteile der Melier (besonders V, 111).

b) Analyse der Argumente, Sprechakte und Begriffsbildungen:
   - Wie wird dem Gegner seine moralische Position und/oder seine politische Vernunft abgesprochen?
   - Wie wird die eigene Stärke und Vernunft herausgestellt?
   - Wie wird das eigene Handeln gerechtfertigt?

Pasierbsky stellt dar, daß es die Athener eigentlich mit einem moralisch überlegenen Gegner zu tun haben:

MELISCHE WERTBEGRIFFE
Recht (V, 90)
Freiheit (V, 92)
Gerechtigkeit (V, 98)
Hoffnung (V, 102)
Ehre (V, 104)
Treue zu Blutsverwandten (V, 104–108)

ATHEN ARBEITET MIT GEGENBEGRIFFEN
- Prinzip Macht, das auch als Naturgesetz ausgegeben wird
- Nutzen und Vorteil
- Wert, am Leben zu bleiben

ODER ZIEHT INS LÄCHERLICHE
- Hoffnung und Treue als „Kinderglaube", „Torheit", „Unverstand" (V, 105–111)

ODER WERTET UM
- Unterwerfung wird zur „Würde"
- Athener Forderung „maßvoll" (V, 111)

Besondere Sprechakte geben der eigenen Stärke Ausdruck, sie sollen den Gegner einschüchtern:
„Seemacht" (V, 97), „die weitaus Stärkeren" (101), „überragende Macht" (109), „schon anwesende Gegenmacht" und „mächtige Stadt" (111).
Die Rechtfertigung des eigenen Handelns mit vollendeten Tatsachen erfolgt aus dem „Naturgesetz" (V, 105), das den Unterlegenen „ins Unrecht setzt" (vgl. Pasierbsky 1983, 52–64).

4. Reflexion des im „Melierdialog" behandelten Grundproblems
Es ist zu erwarten, daß die Schüler schon bei ihrer häuslichen Vorbereitung erkannt haben, daß alle Einzelargumente um die Frage kreisen, in welchem Verhältnis *Macht und Recht* überhaupt in den politischen Beziehungen der Menschen stehen. Die Kernaussagen sind schon angesprochen worden:

V, 89: „. . . daß im menschlichen Verhältnis Recht gilt bei Gleichheit der Kräfte, doch das Mögliche der Überlegene durchsetzt, der Schwache hinnimmt".

V, 105: „. . . daß alles Menschenwesen allezeit nach dem Zwang seiner Natur, soweit es Macht hat, herrscht. . ."

Die Schüler erkennen, daß dieses Grundproblem von dem speziellen Fall der Eroberung von Melos losgelöst werden kann. Gegenwartsbezüge oder Vergleiche mit anderen historischen Epochen zeigen, daß sich das Problem in den politischen Beziehungen der Menschen immer wieder stellt.

5. Vergewisserung über den besonderen thematischen Zugriff der Unterrichtsreihe
Die Überlegungen führen zu der Kernfrage, ob das Verhalten der Athener zu dem bisher im Unterricht gewonnenen Bild der attischen Polis paßt. Um Fehlschlüsse zu vermeiden, sollte durch Lehrerinformation klargestellt werden, daß solche militärischen Expeditionen vom gesamten attischen Demos getragen wurden. Die Diskussion über den Widerspruch zwischen differenziertem politischen System und dem in der Perikles-Rede ausgedrücktem Selbstverständnis einerseits und dem Machtverhalten gegenüber den Meliern andererseits wirft Fragen auf und provoziert Vermutungen:

- Wie erklären sich die Rechtsverletzung der Neutralität und das grausame Gemetzel?
- Sind bestimmte Motive sichtbar, die die attischen Soldaten Recht und Moral vergessen ließen, oder war die attische Polis nicht so recht- und moralorientiert, wie wir angenommen haben?

Thukydides hat die Darstellung der Auseinandersetzung zwischen Athenern und Meliern durch die Dialogform besonders hervorgehoben. Da die geschilderten Ereignisse als Kriegshandlungen von untergeordneter Bedeutung sind, müssen es andere grundsätzliche Überlegungen sein, die dem Geschehen seine Bedeutung geben.
Was sind die Intentionen, die Thukydides verfolgt?
Aufklärung darüber finden die Schüler durch eine Analyse des „Methodenkapitels".

6. Untersuchung von Thukydides' „Methodenkapitel" (I, 22) (M 2) in Stillarbeit

Der relativ kurze Text kann den Schülern ohne besondere Arbeitsaufträge übergeben werden, wenn seine Funktion verdeutlicht worden ist. Es geht um die Frage, inwieweit man die Darstellung des Thukydides als tatsächliches Geschehen auffassen kann und ob der Autor mit diesem Dialog bestimmte Intentionen verfolgt. Das Methodenkapitel kann hier Antwort geben, wenn den Schülern auch einige biographische Angaben zu Thukydides bekannt sind. Wenn diese noch nicht im Zusammenhang mit der Periklesrede gegeben wurden, sollten sie zu Beginn dieses 6. Schrittes in einer kurzen Lehrerinformation nachgeholt werden.

7. Auswertung des „Methodenkapitels" durch die Schüler und Bezug der gewonnenen Ergebnisse auf den „Melierdialog"

Die Schüler sollten die Abgrenzung von Herodot und den Anspruch einer historisch-kritischen Methode erkennen. So können wir davon ausgehen, daß Thukydides Nachrichten über die Vernichtung der Melier gesammelt hat. Sie hat sich mit hoher Wahrscheinlichkeit so zugetragen. Der Dialog allerdings müßte als vom Autor gestaltet angenommen werden. Dieser versetzt sich mangels Quellengrundlage in die beiden betroffenen Parteien und läßt sie so argumentieren, wie es nach seiner Einschätzung ihrer realen Lage am besten entspricht. Somit ist eventuellen persönlichen Intentionen des Thukydides Raum gegeben. Bei der Frage nach den Intentionen können biographische Hinweise – offenbar war dem Autor die besondere Bedeutung dieses Krieges schon sehr früh bewußt – mit dem Schluß des Methodenkapitels verbunden werden:
Die Triebfeder des Geschehens sieht Thukydides in der menschlichen Natur selbst. In ihr erblickt er eine Konstanz, die auch durch eine noch so ausgeklügelte politische Ordnung wie die der attischen Polis nicht aufgehoben werden kann. Die Grabrede des Perikles und der „Melierdialog" wurden unter den gleichen Intentionen gestaltet, sie sind wohl letztlich als Vor- und Rückseite der gleichen Medaille zu verstehen.
Fakultativ könnte der Lehrer als Beleg jene Thukydides-Vergleichsstellen vorlesen, aus denen deutlich wird, daß zudem damalige Wert- und Moralvorstellungen von unseren christlich geprägten Maßstäben abweichen.

8. Ergebnissicherung

Das Ergebnis dieser themengeleiteten Textanalyse ist die Modifizierung der bisher erarbeiteten Vorstellung der attischen Demokratie, kein neues und andersartiges System. Deshalb genügt am Ende der Unterrichtseinheit ein vorläufiges Resümée über den erreichten Stand. Es sollte nach Möglichkeit von den Schülern formuliert werden, da nur so erkennbar ist, ob sie ihre Vorstellung tatsächlich verändert haben. Das Idealbild der attischen Polis, das Thukydides (II, 35–46) in der Grabrede des Perikles gestaltet hat, ist allenfalls Leitvorstellung, aber nicht Realität. Das komplizierte System des Kleisthenes, so mathematisch ausgeklügelt es Machtkonzentration verhindern möchte, ist doch in Wirklichkeit ein fragiles Gebilde.

Wichtiger sind Überlegungen zur Weiterführung der Untersuchungen über Anspruch und Realität der attischen Demokratie. Es muß beachtet werden, daß die bisherige Betrachtung die attische Polis weitgehend statisch erfaßt hat, denn es ging im wesentlichen um die Epoche des Kleisthenes/Perikles. Prozessuale Veränderungen wurden nur sehr eingeschränkt betrachtet, meist nur in der Entwicklung der Polis von Solon zu Kleisthenes unter dem Aspekt des Zuwachses an politischer Partizipation. Der demokratische Gedanke selbst scheint dabei noch nicht gefährdet. Der politische Umsturz in Athen nach dem Ende des Peloponnesischen Krieges 404 v. Chr. signalisiert aber, daß das System der attischen Polis bedroht war, und auch antike Autoren sehen die politischen Systeme in einer dynamischen Veränderung. In dieser Richtung könnte ein thematisch konzipierter Unterricht eine Stundensequenz weiterführen.

Texterschließung durch emotionales Erleben (Variante 2)

Begründung der Methodenwahl

Die themengeleitete Interpretation war bestimmt durch eine vom Interpreten herangetragene spezifische Fragestellung. Sein subjektives Interesse, bestimmt durch vorher erworbene Vorstellungen vom historischen Gegenstand und seinem Umfeld, enthielt nicht nur kognitive, sondern immer auch emotionale Dimensionen. Die kognitive Erarbeitung von Gesprächssituation und -verlauf des „Melierdialogs“ setzt das Erkennen der Emotionen voraus, die in der Konfrontation der Argumente zum Ausdruck kommen. Die Reflexion des hier behandelten Grundproblems, die Frage nach dem Verhältnis von Macht und Recht, erfordert schließlich ebenfalls ein In-Beziehung-Setzen des interpretierenden Ichs zum historischen Geschehen, das sowohl bei der Vergewisserung über den eigenen Standort als auch bei dem Versuch von Werturteilen durch emotionale Anteile mitbestimmt wird.

Warum also sollte der Unterricht das „emotionale Erleben“ als eigenständigen Textverstehensprozeß akzentuieren? Was rechtfertigt den Vorschlag einer besonderen Variante der Textverarbeitung, die die gewohnten kognitiven Verarbeitungsformen zunächst einmal hintanstellt und somit zwangsläufig ein Verfahren mit begrenzter Reichweite ist?

Die Texterschließung durch emotionales Erleben findet ihre Berechtigung aus dem Erziehungsauftrag von Schule. Bei der Hilfe zur Identitätsfindung des Jugendlichen sollen nicht nur kognitive und methodische Fähigkeiten geschult, sondern alle Dimensionen der Persönlichkeitsentwicklung sollen angesprochen werden.

Dies betrifft nicht nur die allgemeinen Zielbestimmungen der Lehrpläne und Richtlinienvorgaben, sondern wird - mit unterschiedlicher Intensität und Genauigkeit - auch in den fachspezifischen Lernzielen für Geschichte ausgedrückt. Kognitive Verstehensprozesse werden nicht nur durch Emotionen begleitet, sondern diese selbst sollen schließlich geschult werden, wenn es in den Lernzielformulierungen um bestimmte Einstellungen geht. Als Beispiel für das Spektrum der Lernzielformulierungen seien hier genannt:

- „Bereitschaft, sich in die Lage und das Selbstverständnis der am historischen Prozeß beteiligten Gruppen und Individuen zu versetzen" als Richtziel 5 zum 1. Kurshalbjahr „Liberalismus, Demokratie und Nationalstaat in ihrer historischen Entwicklung" (Staatsinstitut für Schulpädagogik 1978, 56);
- „Bereitschaft und Fähigkeit, sich mit Werten und Wertsystemen auseinanderzusetzen, zu urteilen und zu entscheiden" und „in Wert- und Normenkonflikten Stellung zu nehmen und Partei zu ergreifen" (Der Kultusminister NRW 1982, 19-20).

Geschichtsdidaktisch berührt der für den problemorientierten Geschichtsunterricht zentrale Begriff der „Betroffenheit" ebenfalls emotionale Komponenten. Es fällt aber auf, daß die Emotionen in Planung und Durchführung von Unterricht meist nur als Begleitelemente erscheinen.

Durch die Entscheidung, das emotionale Erleben als eigene Methode des Textverständnisses auszuweisen, sollen nicht nur die genannten Ziele des Geschichtsunterrichts akzentuiert, sondern auch der „Bedeutung der Emotionalität für den einzelnen und für die Gesellschaft" (Grzesik 1990, 287) Rechnung getragen werden.

Tatsächlich ist der gesamte Bereich der politischen Willensbildung sehr stark von Emotionen bestimmt. Dies gilt nicht nur für das Verhalten von Wählern und Politikern im Wahlkampf oder für Willensbekundungen in Demonstrationen, sondern die gesamte politische Kommunikation, die sich in modernen Industriegesellschaften über die Medien vollzieht, enthält starke emotionale Komponenten, ja sie versucht ganz bewußt, diesen Erfahrungsbereich des Menschen anzusprechen und für ihre Zwecke nutzbar zu machen. Öffentliche Meinung, politische Willensbildung sind Resultate komplexer gesellschaftlicher Kommunikationsprozesse, die teilweise aus kognitiven und emotionalen Steuerungsimpulsen resultieren, bei denen sich aber auch Emotionen verselbständigen können, so daß sie sich rationalen Argumentationen verschließen.

Im Anschluß an Schwarz (1987) sieht Grzesik die Ursache darin, daß Gefühle die Welt in einer spezifischen Form repräsentieren. Müßte die kognitive Verarbeitung eine Fülle sich z.T. widersprechender Informationen auf ihre Zusammenhänge befragen, um Urteile zu entwickeln, reduziert sich die emotionale Erfassung meist auf ein einziges Gefühl, das dann auch die Handlungen des Individuums bestimmt. Die damit verbundene „Entlastung des Informationsprozesses im Arbeitsspeicher" (Grzesik 1990, 285) wird vom menschlichen Bewußtsein als angenehm empfunden, und so stabilisieren sich diese Emotionen durch ständige Wiederholung auch gegenüber gegenteiligen Informationen.

Die Schule sieht ihren Erziehungsauftrag vor allem darin, dem jungen Menschen durch

Entwicklung seiner kognitiven Fähigkeiten ein Korrektiv gegenüber solchen emotionalen Prozessen zu geben. Ideal ist das selbstbestimmte Individuum, das fähig und bereit ist, auch Konflikte argumentativ und somit gewaltfrei auszutragen. Dabei können aber auf Dauer die Emotionen weder ausgeklammert noch verdrängt werden.
Das emotionale Erleben als eigenständiges Verfahren der Textverarbeitung versucht, den Umgang mit Emotionen zu schulen. Ziel ist der Aufbau einer Befindlichkeit, die man in Anlehnung an andere Begriffsbildungen als „Gefühlskultur" (Grzesik 1990, 290) bezeichnen könnte. Neben dem Literaturunterricht, dessen wichtigen Beitrag für die emotionale Schulung wir sehr schnell anzuerkennen bereit sind, hat auch der *Geschichtsunterricht* die Möglichkeit, Wahrnehmung und Ausleben von Emotionen zu beeinflussen.
Etwas vereinfacht lassen sich dabei im Unterrichtsprozeß vier Stufen unterscheiden, die Gefühle wahrnehmen und über Transformationen in Sprache und schließlich auch kognitive Prozesse in ihrem Stellenwert definieren:

- Die Konfrontation der Schüler mit der Geschichte, vor allem aber der Dialog mit den Quellen, in denen das Denken und Fühlen der historischen Personen am unmittelbarsten zum Ausdruck kommt, hilft mit, die zumeist noch schmale Erfahrungs- und oft undifferenzierte Gefühlswelt der Schüler zu erweitern.
- Wenn die Schüler sich auf den historischen Text einlassen, rekonstruieren sie die dort dargestellte Emotionalität beim Lesen oder Hören. Dieser Vorgang setzt einen subjektiven Verständnisakt voraus, in dem das historische Geschehen in die Gefühls- und Erfahrungswelt des heutigen Menschen eingeordnet wird. Der Schüler kann sich dann in die Lage der historischen Person versetzen.
- Dieses vorgängige non-verbale Verstehen kann und soll dann im Unterricht in Sprache transformiert werden. Das bedeutet nicht zwangsläufig eine Reduzierung der Gefühlsebene durch „Verkopfung", da die Sprache vielfältige Ausdrucksmöglichkeiten anbietet. Die Umsetzung in Sprache ist die Basis für ein weiteres Bewußtwerden der Emotionen, wobei das Unterrichtsgespräch sich auf *beide* Ebenen der Repräsentation von Emotionen beziehen muß:

  Das Gespräch bezieht sich also zum einen auf die Vergewisserung über die in der historischen Quelle dargestellten Emotionen. Der Austausch darüber ist notwendig, um für die weitere Verarbeitung sicherzustellen, daß die „Botschaft" des Textes bei den Gesprächsteilnehmern angekommen ist.

  Zum anderen sollte sich das Gespräch auch auf die Empfindungen des sich hineinversetzenden Lesers beziehen. Der Lehrer muß hier nicht nur von deutlichen Unterschieden in der reaktiven Emotionalität bei Erwachsenen und Jugendlichen ausgehen, sondern auch innerhalb der Schülergruppe entstehen z.T. stark abweichende Reaktionen, weil entweder die neue über den Text erfahrene Emotion auf einen unterschiedlichen Kontext (Disposition und Vorerfahrung) trifft oder bei fehlender Erfahrung gänzlich unangemessene Emotionen hervorruft. Reaktionsgefühle können vom Lehrer weder geplant noch gesteuert werden; sie sind der individuelle Ausdruck des sich in den Dialog einbringenden Schülers.
- Auf einer reflexiven Ebene kann der Unterricht in der Sekundarstufe II dann den Versuch machen, Art und Intensität der spezifischen Gefühle zu thematisieren. Lassen sich Konsens oder Dissens über die im vorhergehenden Schritt verbalisierten Emotionen

erklären? Wie weit sind diese Emotionen angemessen, und haben manipulative Eingriffe eine Rolle gespielt? Die nunmehr kognitive Analyse kann mithelfen, sinnvolle Gefühlslagen zu stabilisieren oder unangemessene, durch Wiederholung verfestigte Emotionen zu differenzieren oder abzubauen. Kontrollierter Umgang mit Gefühlen, Ausbildung einer „Gefühlskultur", kann somit auch durch ein Verfahren angestrebt werden, das nicht die sachlich-thematischen Zusammenhänge in den Mittelpunkt stellt, sondern von Zeit zu Zeit auch einmal das emotionale Erleben der Geschichtsquelle qua menschlicher Äußerung.

Es ist evident, daß sich für diese Variante der Textverarbeitung vor allem jene Quellen eignen, in denen sich Gefühle unmittelbar aussprechen: Briefe aus Krieg und Gefangenschaft, politische Reden, die mit ihrer eigenen Emphase die Gefühle der Zuhörer gezielt zu manipulieren versuchen, oder Verhörprotokolle, in denen z.T. tiefere Einblicke in die Persönlichkeitsstruktur der Betroffenen möglich sind.

Verlaufsstruktur

Der „Melierdialog" scheint sich auf den ersten Blick für das emotionale Texterleben weniger zu eignen. Durch seinen Umfang ist er schwierig zu präsentieren, der Dialogaufbau ist argumentativ gestaltet, und das Methodenkapitel richtet sich an den Leser, der „das Gewesene klar *erkennen* will und damit auch das Künftige, das . . . gleich oder ähnlich sein wird" (I, 22). Die Betonung der kognitiven Dimension wird noch unterstrichen durch die Distanzierung von der episch-literarischen Darstellung des Herodot.

Bei genauerem Hinsehen aber offenbart sich auch bei Thukydides die emotionale Dimension in zweifacher Weise:

- Die Geschichtsdarstellung fußt neben Nachrichten von anderen auch auf „Selbsterlebtem", das im Gesamtwerk an mehreren Stellen durchscheint.
- Die Reden wichtiger Beteiligter, und dazu gehört auch der „Melierdialog", sind durch den Autor literarisch gestaltet, „wie meiner Meinung nach ein jeder in seiner Lage etwa sprechen mußte" (I, 22). Durch diesen Akt der Empathie werden bei den sprechenden Akteuren Emotionen gestaltet, die möglicherweise auch eine Botschaft des Autors tragen.

Auch vom Problemgehalt her spricht der „Melierdialog" sowohl die kognitive als auch die emotionale Dimension an. Dies galt schon für den antiken Leser, der mit dem Peloponnesischen Krieg auch das Ende der attischen Polis erleben mußte. Auch der heutige Leser kann, wenn die Erziehung zur Demokratie keine leere Floskel sein soll, dem tödlichen Konflikt zwischen Macht und Recht, der sich 416 v. Chr. auf Melos abspielte, nicht unbewegt gegenübertreten, zumal uns ähnliche Konflikte immer wieder betreffen.

Für die Erschließung des „Melierdialogs" durch *emotionales* Erleben wird das folgende Verlaufsschema vorgeschlagen.

1. Vorbereitung auf den Verfahrenswechsel

Da das emotionale Erleben eine *möglichst unmittelbare Begegnung* mit der in der Quelle repräsentierten historischen Situation voraussetzt, würde eine vorbereitende Lektüre des „Melierdialogs" mögliche Unterrichtserfahrungen eher verhindern. Eine andere Art der

Vorbereitung aber ergibt sich aus dem Umstand, daß das emotionale Erleben in der Regel nur in einzelnen Unterrichtseinheiten (Einzel- oder Doppelstunden) eingesetzt wird, die Unterrichtsreihe aber nach dem themengeleiteten Verfahren strukturiert ist. So schließt auch die vorgeschlagene Unterrichtseinheit zum „Melierdialog" an die oben dargestellte Reihenkonzeption an. Der themenspezifische Aspekt, der die vorangegangenen Stunden bestimmte, war das Verhältnis von *Anspruch und Realität der attischen Demokratie.* Er bestimmte auch die Analyse der Perikleischen Grabrede (II, 35–46).
Der nunmehr erfolgende Verfahrenswechsel zum emotionalen Erleben könnte für die Schüler erleichtert werden, wenn sie die Ergebnisse aus der Analyse der Grabrede noch einmal in Eigenarbeit reorganisieren. Leitender Gesichtspunkt ist dabei dann nicht mehr so sehr das Demokratieverständnis des Perikles, sondern die mit seiner Bewußtseinshaltung einhergehende Emotion. Sie sollte durch Textzitate belegt werden:

- „Ein freier Geist herrscht in unserem Staatsleben. . ."
- „. . . wir aber . . . werden selbst in Feindesland meist mühelos mit denen fertig, die doch um Haus und Hof kämpfen müssen. . ."
- „. . . letzte Kühnheit und klarste Berechnung . . . sich in uns vereinigt. . ., während sonst in der Welt nur Ahnungslosigkeit den Wagemut und Überlegung Unentschlossenheit zeigt. . ."
- „die Hohe Schule Griechenlands. . ."
- „mit einer Macht, wie die Geschichte sie noch nicht kennt. . ."
- „Wir brauchen keinen Homer zum Lobredner. . ." u. a. m.

Eine reflexive Verarbeitung der Textstellen sollte hier nicht gefordert werden. Den Schülern sollte deutlich werden, daß der Verfahrenswechsel zugleich auch eine Form des Perspektivenwechsels darstellt. Die Wahrnehmung richtet sich auf sonst weniger beachtete Dimensionen der Quelle. So ist es sicher sinnvoll, wenn der Unterrichtende einige direkte methodische Hinweise gibt, unter denen dann auch die in der Hausaufgabe erarbeitenden Textzitate aufgenommen werden. Die Grabrede sollte aber nicht mehr in den Mittelpunkt des Unterrichts gerückt werden, da sie nur Einstiegsfunktion hat:

- Sie soll für die emotionale Dimension sensibilisieren.
- Wenn die Beiträge der Schüler zeigen, daß ihre emotionale Wahrnehmung der Perikles-Rede weitgehend übereinstimmt, dann lassen sich die Eindrücke evtl. zu einer Grundstimmung zusammenfassen, die sich dann im Bewußtsein der Schüler mit der Vorstellung von der attischen Demokratie verbindet.

Dieser zweite Schritt ist nicht unbedingt notwendig, doch könnte er die emotionale Wahrnehmung des „Melierdialogs" erleichtern.

2. Hinführung zum Text

Die Lehrerinformation könnte – ähnlich wie bei der themengeleiteten Variante – mit der Lage nach dem Nikiasfrieden 421 v. Chr. einsetzen und die besondere politische und strategische Lage der Insel verdeutlichen. Da für die folgende Präsentation der Quelle eine bearbeitete Fassung der Thukydides-Quelle vorgeschlagen wird, die sich auf den reinen Dialog der Kontrahenten beschränkt, sollte der Geschehensverlauf einschließlich des Endes möglichst lebendig geschildert werden.

3. Stilles Lesen des bearbeiteten Dialogs durch die gesamte Lerngruppe; eine Teilgruppe bereitet den „Melierdialog" durch stilles Lesen für das darstellende Vorlesen vor

Es ist wichtig, der Lerngruppe für das Lesen hinreichend Zeit einzuräumen. Dies ist nicht nur wegen der Länge des Textes und wegen seiner stilistischen Besonderheiten erforderlich, sondern das Erfassen eines Textes vollzieht sich in der Regel grundsätzlich in zwei Phasen. Das Textverständnis erfolgt durch den Aufbau mentaler Modelle während eines ersten, sukzessiven Durchgangs durch die vorliegende Quelle. Soll diese dann im Vortrag präsentiert werden, muß der Lesende in einem zweiten Durchgang verstandenen Textsinn in eine angemessene sprachliche Ausdrucksform übertragen. Dazu müßten der später vortragenden Teilgruppe Anleitungen gegeben werden:

- Der Vortrag sollte sich ganz auf den verbalen Dialog der Kontrahenten konzentrieren, d. h. auf die Kapitel V, 85–113.
- Die Textaussage sollte unverkürzt erhalten bleiben, aber der an der griechischen Vorlage orientierte, nicht immer sehr übersichtliche Sprachduktus der Übersetzung von Landmann müßte zumindest so weit bearbeitet werden, daß der Vortragende mit seiner Sprache Akzente setzen kann. Dabei geht es nicht um billige Effekte, sondern nur um das behutsame Maß an Veränderung, das den Ausdruck von Emotionen ermöglicht.
- Die Bearbeiter müßten auch überlegen, wie vielen Sprechern sie Redebeiträge zugestehen wollen: Soll der Dialog nur zwischen jeweils einem Vertreter der Athener und der Melier stattfinden, oder treten mehrere Personen aus ihrer Gruppe heraus? Für den letzteren Fall sollte man aber die Gesamtzahl der Sprecher auf maximal fünf begrenzen, da sonst die Zuordnung zu den Rollen unübersichtlich würde.

4. Präsentation des „Melierdialogs" durch darstellendes Vorlesen

Der Vortrag sollte nach Möglichkeit ohne Regieanweisungen durch den Lehrer oder Begleitkommentare von der übrigen Lerngruppe aufgenommen werden können. Als Abschluß des Vortrages und Überleitung in die folgende Gesprächsphase könnte die vortragende Gruppe den ersten Satz von Kapitel V, 114 zitieren:
„Damit gingen die Gesandten der Athener zurück zum Heer, und da die Melier sich nicht fügen wollten, eröffneten die Feldherrn nun gleich den Krieg."

5. Gespräch über die bei der Textaufnahme entstandenen Emotionen

Der Einstieg in das Gespräch sollte möglichst *ohne* besonderen Impuls erfolgen, damit die durch den Vortrag entstandenen Emotionen erhalten bleiben. Es wäre auch kein Nachteil, wenn die Lerngruppe eine Zeitlang keine verbalen Äußerungen von sich gäbe. Nicht selten ist zu beobachten, daß einige dazu neigen, authentische Empfindungen durch Reden zuzudecken. So könnten Pseudogefühle in den Mittelpunkt treten, und die Schüler hantieren mit Versatzstücken, die an die Stelle echter Ich-Aussagen treten. Es braucht nicht betont zu werden, daß dabei auch noch andere Motive im Spiel sind – vor allem dann, wenn die Schüler spüren, daß der Lehrer bestimmte Emotionen „erwartet".
Sollte der offene Einstieg in diese Gesprächsphase wider Erwarten nicht zu verwertbaren Schüleraussagen über Emotionen führen, könnte der Lehrer einige behutsame Impulse setzen, die die Schüler zu einer Ich-Aussprache anregen sollen:

- „Sprechen Sie einmal aus, was Sie nun als Zeuge des ‚Melierdialogs' empfinden!"

- „Was haben Sie spontan wahrgenommen während des Vortrags?“
- „Können Sie sich in Beteiligte hineinversetzen?“ u. a. m.

Die emotionalen Wahrnehmungen der Schüler werden sich auf wenigstens *zwei verschiedene Bereiche* beziehen, die dann aber erst im weiteren Fortgang des Gesprächs voneinander abgehoben werden:

- Der emotionale Ausdruck *im Text* selbst, der auf die Gestaltung durch den Autor zurückgeht und vom Vortragenden entsprechend akzentuiert wurde.
- Die emotionalen Reaktionen *bei den Zuhörern*, die beim Auftreffen der in der Quelle dargestellten und vom Hörer als tatsächliches Geschehen einer früheren Zeit rezipierten Ereignisse auf die vorgängige eigene Erfahrung (erlernt oder erlebt) entsteht.

Am Beginn der Schulung von Emotionen steht zunächst ihre *Wahrnehmung* in dem von Thukydides gestalteten Dialog. Es ist für alle weiterführenden Schritte der Verarbeitung von emotionalem Ausdruck wichtig zu erfahren, welche Textstellen denn überhaupt von den Schülern als emotional gestaltet aufgefaßt worden sind. Was löst bei den Zuhörern emotionale Reaktionen aus? Sind es bestimmte sprachliche Ausdrucksformen oder doch mehr die gesamte Situation, in der sich die Athener und die Melier befinden? Gibt es Identifikation mit bestimmten Personen oder Gruppen?

Da die vorgängigen eigenen Erfahrungen für die emotionalen Reaktionen der Zuhörer von großer Bedeutung sind, ist zu erwarten, daß vor allem die Ohnmacht der Melier gegenüber der militärischen Stärke der Athener nachempfunden wird oder auch die Ausweglosigkeit der Situation, wie sie den Meliern schon zu Beginn des Gesprächs schmerzlich bewußtgeworden ist:

> „Sehn wir euch doch hergekommen, selber zu richten in dem zu führenden Gespräch, und also wird das Ende uns vermutlich, wenn wir mit unseren Rechtsgründen obsiegen und drum nicht nachgeben, Krieg bringen, hören wir aber auf euch, Knechtschaft.
> . . . Begreiflich und verzeihlich, wenn man in solcher Bedrängnis auf mancherlei Worte und Gedanken verfällt.“ (V, 86,2 und 88,1)

Mitgefühl, eigene Betroffenheit werden ausgelöst durch Erinnerung an eigene Befindlichkeiten. Sie könnten sogar dazu beitragen, daß die Athener nur noch als Verkörperung von Unrecht und Willkür empfunden werden. Daß auch die siegreiche Großmacht unter Zwängen steht,

> „Die Athener. Nicht so sehr schadet uns eben eure Feindschaft, wie daß Freundschaft ein Schwächezeichen, Haß eines der Stärke bei unseren Untertanen bedeutet.“ (V, 95)

wird dann möglicherweise nicht wahrgenommen. Die der Herrschaftsausübung eigenen Mechanismen sind dem alltäglichen Bewußtsein eher fremd.

6. Reflexion über Art und Intensität der emotionalen Verarbeitung

Die Schulung von Emotionen wird sich nicht damit begnügen können, bei der einfachen Aussprache von Wahrnehmungen stehenzubleiben. Sie wird darüber nachdenken müssen,

- warum es verschiedenartige Empfindungen gegeben hat;
- worauf diese beruhen und welche der vorgängigen Erfahrungen dafür verantwortlich sind;
- ob die Reaktionen angemessen waren;
- wonach sich diese Angemessenheit bei emotionalen Äußerungen bemißt.

Dies sind nur einige der möglichen Fragen, die im Rahmen dieses Unterrichtsschrittes gestellt werden könnten. Sie sollen einen Reflexionsprozeß auslösen, durch den die Schüler zu einem bewußteren und kontrollierteren Umgang mit ihren Gefühlen gelangen sollen. Kontrollierter Umgang meint dabei nicht die äußere Disziplinierung oder die ständige „Verkopfung" von Empfindungen, sondern das bewußte Wahrnehmen und die entsprechende sprachliche Artikulation von Emotionen in ihrem spezifischen Bedingungsfeld.

Es wird in der Regel kaum möglich sein, die Ergebnisse des Reflexionsprozesses, der bei den Schülern aufgrund der individuellen Befindlichkeit nicht einheitlich verläuft, in systematisierender Absicht zusammenzufassen; dies wäre wohl auch den offenen und manchmal vielleicht auch schwierigen Gesprächsphasen kaum angemessen. So wird es genügen, wenn der Lehrer in einem kurzen Resümee auf einige der von den Schülern erkannten Besonderheiten und Zusammenhänge verweist. Von hier aus kann er dann wieder anknüpfen an die Fragestellung der unter thematischem Zugriff strukturierten Reihe und zu anderen Verfahren der Textverarbeitung überleiten.

III. Erweiterungs- und Vertiefungsmöglichkeiten

Zur Variante 1

Die *themengeleitete Textinterpretation* war geleitet von der Frage nach dem Verhältnis zwischen Anspruch und Realität der attischen Demokratie. Der „Melierdialog" eröffnet Einsichten in eine von Machtansprüchen und Krieg bestimmte Wirklichkeit, die, scheinbar im Gegensatz zur glänzenden Selbstdarstellung der attischen Demokratie in der Perikles-Rede, nur deren nach außen gewandtes Gesicht zeigte.
In den Folgestunden könnte gezeigt werden, daß auch das von Kleisthenes geschaffene politische System ständig bedroht war. Der Zusammenbruch der Demokratie am Ende des Peloponnesischen Krieges ist die Folge einer dauernden Instabilität, die auch schon antiken Autoren bewußt geworden ist.
Das Bewußtsein von der Gefährdung und ständigen Veränderung der politischen Verfassung findet sich u. a. in Aristoteles' „Politika" III, 6–8 (1278 b–1279 b) **(M 3)**:
Aristoteles stellt den Herrschaftsformen der Monarchie, Aristokratie und „Politie", die alle drei den Kriterien des Gemeinwohls und der Gerechtigkeit entsprechen, ihre jeweils *pervertierten Fehlformen* gegenüber, die Tyrannis, die Oligarchie und die „Demokratie" (III, 7). Nach dem Umschlag in ihre jeweilige Fehlform ist meist der Rückweg in die positive Grundform verstellt. Heftige politische Auseinandersetzungen (IV, 11) führen statt dessen zur Änderung des Systems selbst. Angewandt auf die attische Polis, könnten die Schüler nicht nur deren Entstehung aus der Tyrannis thematisieren, sondern vor allem auch den Spannungszustand zwischen „Politie" und „Demokratie".

Zur Variante 2

Die *Texterschließung durch emotionales Erleben* kann nicht ohne weiteres unter derselben Thematik weitergeführt werden. Die Variante sollte mit einigem Abstand immer wieder einmal in verschiedene Unterrichtsreihen eingeplant werden. Im Bereich der Antike finden sich zahlreiche Quellen, in denen Emotionen gestaltet wurden und die uns auch heute noch eindringlich ansprechen. Ein Beispiel, das in seiner dialogischen Struktur, aber auch durch eine ähnlich schicksalhafte Entscheidungssituation mit dem „Melierdialog" des Thukydides vergleichbar ist, findet sich bei Polybios (XV, 6–9). Es ist die Unterredung von Hannibal und P. Cornelius Scipio Africanus im Jahre 202 vor der Schlacht bei Zama **(M 4)**.
Für das emotionale Textverstehen sollten vor allem auch die *literarischen* Texte nicht übersehen werden, in denen sich zeitgenössisches Bewußtsein ausdrückt und nicht selten auch historische Zusammenhänge in anderer Perspektive sichtbar werden.

IV. Literaturhinweise für die Unterrichtsvorbereitung

1. Quellen

Aristoteles: Politik, hrsg. und übers. v. Olof Gigon. München 1976 (dtv 6022)
Lautemann/Schlenke (Hrsg.): Geschichte in Quellen, Altertum, bearb. v. W. Arend. 3. Aufl. München 1978
Margedant, U. (Hrg.): Die Entwicklung zur attischen Demokratie. 2. Aufl. Frankfurt 1975
Polybios: Geschichte, übers. v. Hans Drexler. 2 Bde. Zürich/Stuttgart 1963
Thukydides: Geschichte des Peloponnesischen Krieges, hrg. und übers. v. Georg P. Landmann. 2 Bde. München 1973 (dtv 6019/20)
oder:
Der Peloponnesische Krieg (Auswahl), hrg. u. übers. v. H. Vretska. Stuttgart 1966 (Reclam 1807)
Wagner-Hasel, B.: Das antike Griechenland, in: W. Ripper (Hrsg.): Weltgeschichte im Aufriß, Themenhefte. Frankfurt 1988

2. Sekundärliteratur

Amit, M.: Great and Small Poleis. Brüssel 1973
Bleicken, J.: Die athenische Demokratie. Paderborn 1985
Der kleine Pauly: Lexikon der Antike, hrsg. v. Konrat Ziegler/Walther Sontheimer. Stuttgart 1969 (Stichwort Thukydides, Bd. 3, Sp. 792–799)

Der Kultusminister NRW: Gymnasiale Oberstufe, Richtlinien Geschichte, Köln 1982
Finley, M. J.: Soziale Modelle zur antiken Geschichte. HZ 239, H. 2, 1984, S. 265–308
Jeismann, K.-E.: Geschichtsbewußtsein, in: H. Süssmuth. Paderborn 1980
Jones, A. H. M.: Athenian Democracy. Oxford 1957
Landmann, G. P.: Einleitung und Anmerkungen zum „Melierdialog" in: Thukydides, 1976, Bd. 1, S. 5–19 u. Bd. 2, S. 665–681
Meister, K.: Die griechische Geschichtsschreibung. Stuttgart/Berlin/Köln 1990
Ober, J.: Mass and Elite in Democratic Athens. Princeton 1989
Pasierbsky, F.: Krieg und Frieden in der Sprache. Frankfurt 1983
Schmitz, W.: Wirtschaftliche Prosperität, soziale Integration und die Seebundspolitik Athens. München 1988
Schwarz, N.: Stimmung als Information. Untersuchungen zum Einfluß von Stimmungen auf die Bewertung des eigenen Lebens. Berlin/Heidelberg/New York 1987
Staatsinstitut für Schulpädagogik in München (ISP): Kollegstufe. Die gymnasiale Oberstufe in Bayern, Bd. III, Curriculare Lehrpläne für das gesellschaftliche Aufgabenfeld. Geschichte. München 1978
Süssmuth, H. (Hrg.): Geschichtsdidaktische Positionen. Paderborn 1980
Volkmann-Schluck, K.-H.: Politische Philosophie. Thukydides – Kant – Toqueville. Frankfurt 1974
Welwei, K.-W.: Die griechische Polis. Stuttgart 1983

2 Polybios: Die Entstehung des 1. Punischen Krieges

Themengeleitete Verarbeitung: Hinführung zur Quellenkritik

Inhalt des Kapitels

Verzeichnis der Materialien zu diesem Kapitel

I. Didaktisch-methodischer Kommentar

Die Entstehung des 1. Punischen Krieges

Das Jahr 264 v. Chr., in dem der 1. Punische Krieg beginnt, stellt einen bedeutenden Einschnitt im Ablauf der römischen Geschichte dar, markiert es doch den Beginn der Expansion Roms über das italienische Festland hinaus und damit den Anfang einer Politik, die schließlich zur Herrschaft Roms über den gesamten Mittelmeerraum führt. Bereits in antiken Zeugnissen kommt die einschneidende Bedeutung der Punischen Kriege zum Ausdruck. So spricht Polybios schon im ersten Buch seiner „Historien" **(M 1)** im Blick auf Rom und Karthago von den beiden Staaten, „die um die Weltherrschaft gestritten haben". Livius, der seine „Römische Geschichte" ein Jahrhundert später verfaßte, nennt den 2. Punischen Krieg „den denkwürdigsten aller Kriege, die je geführt worden sind". Auch in der neueren historischen Forschung herrscht kein Zweifel daran, daß das Jahr 264 v. Chr. für die römische Geschichte von besonderem Gewicht ist. Die wissenschaftliche Auseinandersetzung konzentriert sich vor allem auf die Vorgeschichte des Krieges, seine Ursachen, den unmittelbaren Anlaß zum Ausbruch, die Erwägungen und Absichten Roms, die zuletzt zum Eingreifen geführt haben. Hinter den wissenschaftlichen Bemühungen steht vorrangig das Interesse, eine Antwort auf die Frage zu finden, ob Rom mit seinem Entschluß, den Mamertinern Hilfe zu gewähren, eine bewußte Entscheidung für eine Expansionspolitik über die Grenzen Italiens hinaus unter Einbezug auch eines möglichen Krieges mit Karthago getroffen habe, oder ob sich aus einer nur begrenzt gedachten militärischen Hilfsaktion unübersehbare Folgen ergaben, die Rom auf den Weg zur Weltmacht geführt haben. Als Beleg für das besondere wissenschaftliche Interesse und die angedeutete Fragerichtung mögen hier nur drei Textausschnitte dienen, die den Werken von Alfred Heuss **(M 2)**, Wilhelm Hoffmann **(M 3)** und Helga Gesche **(M 4)** entnommen sind und die bereits unterschiedliche Deutungsansätze erkennen lassen.

Autor und Werk

Die Angaben zu den Lebensdaten des Polybios sind uneinheitlich. Alfred Heuss nennt in seiner „Römischen Geschichte" den Zeitraum von 198–117 v. Chr. Andere Autoren datieren die Geburt „um das Jahr 200 v. Chr.", das Lebensende „nicht vor 120 v. Chr.". Eine Lebensspanne von achtzig Jahren ist unumstritten. Geburtsort ist die Stadt Megalopolis in Griechenland. Sein Vater war der archäische Staatsmann Lykortas, der seinem Sohn eine hervorragende politisch-praktische wie theoretische Erziehung zukommen ließ. Aus eigener Anschauung erlebte Polybios das Vordringen der Römer in den östlichen Mittelmeerraum, dem zuletzt die nach dem Zusammenbruch des Alexanderreiches entstandenen Teilstaaten der Ptolemäer in Ägypten, der Seleukiden mit dem Mittelpunkt Syrien und der Makedonen zum Opfer fielen.
Sein persönliches Schicksal war vor allem mit den kriegerischen Auseinandersetzungen der Römer mit Makedonien verknüpft. Dort war 179 v. Chr. Perseus Nachfolger Philipps V.

geworden. Er wurde zum Kristallisationspunkt antirömischer Bestrebungen in Griechenland. Als es zum Krieg mit den Römern kommt (3. Makedonischer Krieg), unterliegt Perseus 168 v. Chr. den Römern in der Schlacht bei Pydna. Lucius Aemilius Paullus war der Anführer der römischen Truppen. Um die Zuverlässigkeit Griechenlands nach Abzug der Römer zu sichern, deportierten diese annähernd 2000 Männer aus den führenden Schichten Griechenlands als Geiseln nach Italien. Unter ihnen befand sich Polybios. Während aber seine Landsleute in Etrurien interniert wurden, traf Polybios ein günstigeres Geschick. Er hatte Quintus Fabius Maximus und den jüngeren Scipio, die Söhne des Siegers von Pydna, kennengelernt. Sie verwandten sich für ihn, so daß er vor der Internierung bewahrt blieb und Aufnahme im Haus des Lucius Aemilius Paullus fand. Über einen Zeitraum von siebzehn Jahren lebte Polybios nun in Rom und verkehrte im Scipionenkreis, dem jüngeren Scipio in Freundschaft verbunden. Im 3. Punischen Krieg (149–146 v. Chr.) begleitete Polybios Scipio nach Afrika und erlebte den Untergang Karthagos. Nachdem Makedonien 148 v. Chr. endgültig römische Provinz geworden war, bereiste Polybios im Auftrag Roms die Städte Griechenlands, um auf eine Aussöhnung mit den neuen Herren hinzuwirken. Die „Historien“ sind das Hauptwerk des Polybios. Es umfaßt insgesamt vierzig Bücher, von denen aber nur fünf vollständig erhalten sind. Bruchstücke der verlorengegangenen Teile lassen sich mit Hilfe anderer Quellen rekonstruieren. Polybios behandelt den Zeitraum von 264 bis 146 v. Chr., die Ereignisse von 264 bis 220 v. Chr. allerdings nur summarisch. Aufgrund seines persönlichen Schicksals vermag Polybios zu manchen Ereignissen aus der Sicht eines Augenzeugen zu berichten. Er ist mit Vertretern der römischen Aristokratie bekannt, in deren Händen die Verantwortung für die römische Politik lag. Er erlebt den Zusammenbruch der makedonischen Königsmacht wie den Karthagos. Herkunft und Lebensschicksal ermöglichen es Polybios, die Geschichte seines Heimatlandes einzubetten in die „große“ Geschichte des Römischen Reiches und damit in die damalige „Weltgeschichte“. In diesem Sinne Universalgeschichte zu schreiben, wird zum erklärten Programm Polybios'. In der Entwicklung des Imperium Romanum dokumentiert sich nach seiner Überzeugung ein grundlegender Fortschritt der Geschichte, der nicht vom Zufall herrührt, sondern in der Überlegenheit der römischen Verfassung und des römischen Staatswesens seinen Ursprung hat. So besteht seine Absicht darin, darüber zu schreiben, „ . . . wie und wann und aus welchen Ursachen alle bekannten Teile der Welt unter Roms Herrschaft gekommen sind.“ (3. Buch). Damit deutet Polybios die Ereignisgeschichte seiner Zeit im Zusammenhang einer fortschreitenden und sich höher entwickelnden Weltgeschichte.

Themenspezifische Voraussetzungen

Mit dem Ausbruch des 1. Punischen Krieges beginnt ein neues Kapitel in der Geschichte des Römischen Reiches: die Machtausdehnung Roms über die Grenzen Italiens hinaus. Für einen mehr chronologisch orientierten Unterricht wäre ein fast voraussetzungsloser Einstieg in diese Entwicklung denkbar, wobei lediglich auf das aus der Sekundarstufe I vorhandene Wissen über Rom als Weltmacht der Antike Bezug genommen und auf das Interesse am Beginn dieses über Italien ausgreifenden machtpolitischen Prozesses verwiesen wird.

Wird die römische Geschichte insgesamt eingehender und in politikgeschichtlichen Hinsichten behandelt, so wird neben den innen-, wirtschafts- und gesellschaftspolitischen Zusammenhängen die schrittweise außenpolitische Machtausdehnung über Mittel- und Süditalien (Auseinandersetzung mit den Etruskern, Galliern, Samniten, Krieg gegen Pyrrhus) Unterrichtsgegenstand sein. Die Schüler erhalten so geordnete Kenntnisse über Ausbau und Sicherung der römischen Macht über große Teile Italiens in der Zeit von etwa 510 bis 275 v. Chr. Dabei wird das System abgestufter Beziehungen zwischen Rom und den unterworfenen Völkern und Städten zur Sprache kommen müssen. So könnte bei der Behandlung der Entstehung des 1. Punischen Krieges konkret auf die Vorkenntnisse der Schüler über Art und Umfang römischer Machtausdehnung sowie über die innerpolitische Machtverteilung (Senat-Volksversammlung) zurückgegriffen werden.
Im Fall des unmittelbaren Einstiegs mit dem Beginn des Krieges genügt zunächst ein summarischer Hinweis auf die Machtausdehnung Roms über Italien und auf die letzten Auseinandersetzungen vor allem um Süditalien. Die zum Verständnis des Neuen notwendigen Einzelinformationen können an entsprechender Stelle vom Lehrer eingefügt werden.

Sachlicher Gehalt der Quelle

Polybios' ereignisgeschichtliche Darstellung beginnt mit Kapitel 5. In diesem und den sieben folgenden Kapiteln berichtet er über die Vorgeschichte und den Ausbruch des 1. Punischen Krieges. Kernpunkte sind
- das Hilfegesuch der Mamertiner an den Senat von Rom,
- der Überlegungs- und Entscheidungsprozeß in Rom,
- die militärische Expedition des Appius Claudius nach Sizilien.

Was der Leser über das Schicksal der Städte Messene und Rhegion erfährt, soll das Hilfegesuch der Mamertiner erklären und vor allem die verzwickte Situation der Römer verständlich machen, die über Eingreifen oder Nichteingreifen entscheiden müssen. Denn in Messene wie in Rhegion hatte sich Ähnliches ereignet: In beiden Fällen hatten sich Söldner und römische Hilfstruppen mit List und Gewalt der Städte bemächtigt, die Bewohner vertrieben oder getötet und den Besitz unter sich aufgeteilt. Rhegion war mittlerweile von einem römischen Heer erobert worden, die unrechtmäßigen Besatzer waren bestraft, Stadt und Land den Rheginern zurückgegeben worden.
Die Mamertiner in Messene aber waren in Bedrängnis geraten, seitdem Hieron II. von Syrakus seine Stellung gefestigt hatte und mit einem Heer gegen Messene zog, um der Gewaltherrschaft der Mamertiner ein Ende zu machen.
So kommt es nach dem Bericht des Polybios zum Hilfegesuch an Karthago und Rom. Die Römer sollten ihren Stammesverwandten beistehen gegen das Angebot, ihnen die Stadt Messene zu übergeben. An der Inkonsequenz einer Hilfeleistung gegenüber den Mamertinern nach der Strafexpedition Roms gegen die Besetzer Rhegions läßt Polybios keinen Zweifel.
Zugleich aber bringt er nun Karthago in seiner wachsenden Macht und Ausdehnung als Gefahr für Rom ins Spiel, offenkundig, um eine Argumentationsbasis für ein Eingreifen auf Sizilien zu finden. Nach seiner Auffassung geht es den Römern darum, die Machtaus-

dehnung Karthagos über ganz Sizilien als Sprungbrett für den Übergang nach Italien zu verhindern. Der Senat allerdings scheint die von Polybios ausgemalte Gefahr weniger zu sehen: er entscheidet sich *gegen* eine Hilfsaktion. Erst die Volksversammlung trifft eine positive Entscheidung, nachdem die Konsuln „. . . für jeden einzelnen ebenso sicheren wie großen Beutegewinn vor Augen stellten".
In den das Gesamtwerk einleitenden Kapiteln 1 bis 4 legt Polybios seine Intention dar, erläutert sein Vorhaben, nimmt Eingrenzungen vor und benennt Schwerpunkte der Darstellung. Wie andere Geschichtsschreiber auch, ist er von der Bedeutung der Kenntnis der Vergangenheit für die Gestaltung der Zukunft überzeugt und will dem Ausdruck geben. Seinen eigenständigen Ansatz aber sieht er darin, in seiner Geschichtsdarstellung aufzuzeigen, wie im Aufstieg der Römer zur Herrschaft über den Erdkreis die bisher getrennt verlaufenden „Geschichten" der jeweils einzelnen Völker zu einem Ganzen verschmelzen und auf ein einziges Ziel, die Größe des Imperium Romanum, zustreben. Und in dieser Entwicklung zeigt sich für Polybios das Wirken der „Tyche", die alles auf diesen Endpunkt hinlenkt und „. . . noch niemals ein solches Werk vollbracht, noch nie so großartig ihre Macht zur Schau gestellt" hat (Z. 135.). So will Polybios „. . . den Gang der Ereignisse als Ganzes und in ihrer Einheit" erforschen und den Weg der Geschichte zur „Vollendung" darstellen.

II. Methodenkonzept für den Unterricht

Begründung der Methodenwahl

Der vorliegende Textauszug aus den „Historien" des Polybios soll unter einer doppelten Zielsetzung bearbeitet werden. Zunächst sollen die Schüler angeleitet werden, aus einem recht umfangreichen und nicht ganz einfach zu durchschauenden Text (Kapitel 5 bis 12) unter einer bestimmten Fragestellung die jeweils wesentlichen Aussagen herauszufiltern. Die Fragestellung selbst erwächst hierbei aus einem Erkenntnisinteresse, mit dem der Leser an den Text herangeht und seine Aufmerksamkeit gezielt auf Einzelinformationen innerhalb des Textganzen richtet. Im ersten Angang richtet sich die Fragestellung also auf die von Polybios berichteten Ereignisse, die zum Ausbruch des 1. Punischen Krieges geführt haben. Die Bedeutung dieses Krieges für die Geschichte des Römischen Reiches rechtfertigt diesen thematischen Zugriff auf den Quellentext.
In einem zweiten Arbeitsgang sollen die Schüler herausfinden, in welcher Weise Polybios die dargestellten Ereignisse aus der Perspektive des Mit- und Späterlebenden in einen Deutungszusammenhang stellt, der kritisch zu befragen ist. Der Gesamttext der ersten vier Kapitel läßt aus sich selbst eine Relativierung, zumindest eine kritische Reflexion der berichteten Fakten zu. Er ermöglicht, die Frage nach der historischen Wahrheit zu stellen, ohne daß zunächst weitere Außeninformationen herangezogen werden. Die Schüler können so einen Blick dafür gewinnen, daß und wie historische Quellen bei sorgfältiger Analyse Absichten ihrer Verfasser erkennen lassen, die sich auf die Darstellung historischer

Fakten auswirken. Es soll also am Beispiel dieses Berichts an die Einsicht herangeführt werden, daß Geschichte auch in Quellen keineswegs unmittelbar greifbar, geradezu „objektiv“ vermittelt, sondern immer schon in Deutungsmuster eingebunden, unter erkenntnisleitendem Interesse befragt und mit Sinn „versehen“ wird. Als grundlegendes Bewußtsein kann so vermittelt werden, daß zu unterscheiden ist zwischen den „res gestae“ und der „historia rerum gestarum“, die immer mehr ist als Tatsachenbericht, auf die wir aber angewiesen sind, um an die historische Realität heranzukommen.
Im Sinne der zweifachen Zielsetzung werden den Schülern die von der Entstehung des 1. Punischen Krieges handelnden Textpassagen nicht im Zusammenhang, sondern in zwei Schritten vorgelegt. Zunächst erhalten sie nur die Kapitel 5 bis 12. Erst wenn sie sich den berichteten Sachverhalt klargemacht haben, werden ihnen die Textausschnitte vorgelegt, die die Einordnung und Deutung der Ereignisse durch Polybios zum Ausdruck bringen (Kapitel 1 bis 4).

Verlaufsstruktur

1. Hinführung zum Text

Bevor mit der Arbeit an den Textauszügen begonnen wird, informiert der Lehrer über Thematik und Problemstellung der vorgesehenen Unterrichtssequenz. Er hebt die Bedeutung des Jahres 264 v. Chr. für die römische Geschichte hervor, ohne aber bereits Aussagen über unterschiedliche Deutungen der Ereignisse zu machen. Polybios wird als einer der wichtigen antiken Autoren vorgestellt, denen wir Auskünfte über das, was geschehen ist, verdanken. Die zeitliche Einordnung des Polybios kann hier bereits erfolgen.

2. Stilles Lesen der Kapitel 5 bis 12

Die Schüler erhalten den Bericht des Polybios über die Entstehung des 1. Punischen Krieges mit dem Arbeitsauftrag, sich Klarheit über den Ablauf der dargestellten Ereignisse zu verschaffen, soweit sie vor allem die Städte Rhegion und Messene betreffen und unmittelbar etwas mit der Entstehung des 1. Punischen Krieges zu tun haben. Um die Textgrundlage im Umfang zu begrenzen, erscheint es sinnvoll, den Textauszug mit dem Kapitel 7 beginnen und nach dem ersten Abschnitt von Kapitel 12 enden zu lassen. In den so verbliebenen Passagen sind zunächst alle für die Entstehung des Krieges wichtigen Aussagen enthalten. Auch der gekürzte Text ist noch so umfangreich, daß den Schülern zur Lektüre und Bearbeitung entsprechend Zeit einzuräumen ist. Bei realistischer Planung ist der Zeitrahmen einer Doppelstunde anzusetzen. Als Alternative bietet sich an, die Texterarbeitung als vorbereitende Hausaufgabe durchführen zu lassen. Als Hilfe zur Klärung des Sachverhalts sollen die Schüler wichtige Orts- und Personennamen unterstreichen, die entsprechende Karte eines historischen Atlanten heranziehen und sich den Ablauf der Ereignisse anhand von Stichworten vergegenwärtigen.
Nach der Darstellung des Polybios sind die entscheidenden Fakten in ihrer zeitlichen Abfolge:

- Die Römer machen sich in kriegerischer Auseinandersetzung mit den Etruskern, Galliern, Samniten und Pyrrhos Italien untertan.

- Kampanische Söldner bemächtigen sich durch einen treulosen Anschlag der Stadt Messene, töten oder unterwerfen die Bewohner und teilen das Land unter sich auf.
- Durch das Beispiel der Mamertiner in Messene verlockt, verfährt die römische Besatzung, die ursprünglich als Schutz gegen Pyrrhos von den Rheginern gerufen worden war, mit der Stadt Rhegion auf gleiche Weise.
- Die Römer sind über die Vorgänge um Rhegion entrüstet, belagern die Stadt, erobern sie und bestrafen die römischen Besatzer.
- Die Mamertiner in Messene bleiben zunächst unbehelligt von Rom und führen Eroberungszüge gegen benachbarte Gebiete der Karthager und Syrakusaner auf Sizilien durch.
- Als Hieron Oberbefehlshaber in Syrakus wird und sich seiner Gegner entledigt hat, zieht er gegen die Mamertiner und besiegt sie am Longanos-Fluß.
- Die Mamertiner schicken Hilfegesuche an Rom und Karthago.
- Nach langen Beratungen entschließt sich Rom zu einer Hilfsexpedition unter dem Befehl des Konsuls Appius Claudius.
- Messene wird eingenommen.
- Hieron von Syrakus schließt ein Bündnis mit den Karthagern.
- Die Römer besiegen nacheinander die Heere der Syrakusaner und der Karthager, erobern weite Teile Siziliens und belagern zuletzt die Stadt Syrakus.

3. Sammeln und Ordnen der Ergebnisse der Stillarbeit

Die Schüler tragen die Ergebnisse ihrer Arbeit vor. Es empfiehlt sich, am Beginn dieser Phase noch einmal darauf hinzuweisen, daß es um die für die Entstehung des Krieges wesentlichen Vorgänge gehen soll und eher verwirrende Einzelheiten weggelassen werden können. Konzentriert auf die entscheidenden Orte, Namen und Ereignisse, müßten die Schüler in etwa den Ablauf darlegen, wie er unter 2) in den wesentlichen Schritten skizziert ist.
Beschränkt auf die Vorgänge um Messene und Rhegion, könnte ein Tafelanschrieb die unterschiedliche Entwicklung noch einmal in konzentrierter Kurzfassung verdeutlichen:

Messene

hinterhältige In-Besitznahme durch kampanische Söldner (= Mamertiner).
Eroberungszüge der Mamertiner im Gebiet von Sizilien gegen Karthager und Syrakusaner.
Siegreicher Feldzug Hierons gegen die Mamertiner.
Hilfegesuch der Mamertiner an Karthago und Rom.
Überlegungen und Entscheidung in Rom die Hilfsexpedition der Römer unter Appius Claudius.
Sieg der Römer über die Syrakusaner und Karthager.

Rhegion

hinterhältige In-Besitznahme durch römische „Hilfstruppen".
Strafexpedition Roms und Befreiung der Stadt.

Soweit Polybios die einzelnen Vorgänge konkret veranschaulicht, sollten die Schüler durchaus Details darlegen, um die historische Wirklichkeit nicht durch Abstraktion zu verkürzen. So zum Beispiel:

- das Verhalten der Söldner und „Hilfstruppen“,
- ihr Umgang mit der Bevölkerung der eroberten Städte,
- die Strafexpedition der Römer gegen die Besetzer Rhegions,
- die handfesten Überlegungen in Rom,
- die Aktionen der Karthager und Hierons von Syrakus.

Entscheidend aber bleibt, daß die Ereigniskette in ihrem Ablauf klar vor Augen tritt.

4. Stilles Lesen der Kapitel 1–4

Den Schülern werden nun die Kapitel 1–4 der „Historien“ vorgelegt. Die Aufmerksamkeit der Schüler ist auf die grundlegenden Gedanken des Autors zu richten, mit denen er sein Werk rechtfertigt und seine besondere Intention erläutert. Entsprechend muß der Arbeitsauftrag an die Schüler lauten, sich Klarheit darüber zu verschaffen,

- worin Polybios den Sinn der Beschäftigung mit Vergangenheit sieht,
- was für ihn das Besondere der römischen Geschichte ausmacht.

5. Sammeln und Ordnen der Ergebnisse der Stillarbeit

Die Schüler tragen die Ergebnisse ihrer themengeleiteten Textbearbeitung vor. Soll der Text zureichend ausgeschöpft werden, müßten zumindest die folgenden Gedanken zur Sprache kommen:

- Die Kenntnis der Vergangenheit ist die beste Voraussetzung für politische Tätigkeit.
- Die Beschäftigung mit Geschichte vermittelt Weisheit und Würde.
- Die Geschichte des römischen Volkes wird als bisher einmalig und außerordentlich angesehen.
- Im Vergleich mit anderen Großreichen (Perser, Spartaner, Makedoner) wird das Außergewöhnliche des Römischen Reiches hervorgehoben:
  Die Perser haben „ihre Herrschaft“ und „sich selbst in Gefahr gebracht“.
  Die Spartaner haben ihre Hegemonie nicht dauerhaft zu behaupten vermocht.
  Die Makedonen haben „den größten Teil der bewohnten Erde außerhalb ihres Herrschaftsbereichs gelassen“.
- Das Einmalige der römischen Herrschaft liegt vor allem
  in ihrer Ausdehnung über „beinahe die ganze Erde“ (Kapitel 2),
  in der durch sie herbeigeführten Verschmelzung der „Geschichten“ einzelner Völker und Regionen zur alles umfassenden Weltgeschichte.
- Die Weltgeschichte Roms ist das Ergebnis des Wirkens der Tyche, die alles politische und historische Geschehen zur Einheit und Vollendung hinführt.
- Die Absicht des Autors ist darauf gerichtet, im Prozeß der Machtausdehnung Roms seit dem 1. Punischen Krieg Geschichte *erstmals* in diesem weltgeschichtlichen Zusammenhang zu erfassen und darzustellen.

6. Auswertung und Zusammenfassung

Die von den Schülern im einzelnen vorgetragenen Grundgedanken werden im Gespräch zusammengeführt und bedacht. Dabei müßten die Schüler in Ansätzen eine Vorstellung darüber gewinnen, wie Geschichtsbilder entstehen, die späteren Generationen überliefert werden und bis in unsere Tage Vorstellungen über Vergangenheit beeinflussen.

Vorgeführt wird dem Leser der Aufstieg des römischen Volkes zur Weltherrschaft als eine großartige Entwicklung im Zuge des Fortschritts der Weltgeschichte, angetrieben durch das verborgene Walten der Tyche, die die getrennten Wege der Völker und Länder zusammenführt und in eine nicht mehr zu überbietende Höhe aufgipfeln läßt. Das römische Volk wird damit zum „auserwählten" Volk, das aufgrund seiner Überlegenheit zur Weltherrschaft berufen ist und mit Recht andere Völker und Länder unterwirft.

Hier kann der Ort sein, noch einmal auf das Lebensschicksal des Polybios hinzuweisen, in dem die Voraussetzungen liegen, um Geschichtsabläufe der damaligen Welt aus dem unmittelbaren Erleben so zu sehen und zu deuten. Es liegt nahe, mit Schülern darüber zu sprechen, wie eine Gesamtdeutung der römischen Geschichte im aufgezeigten Sinne die Interpretation auch einzelner historischer Ereignisse beeinflussen kann, damit sie sich in den Deutungsrahmen einordnen lassen. Ist dies erkannt, so liegt es nahe, auch die Darstellung des Polybios über die Entstehung des 1. Punischen Krieges auf implizite Wertungen zu untersuchen.

7. Kritische Prüfung von Textaussagen über historische Fakten auf implizite Wertungen aus dem Zusammenhang des Textganzen

Die in der ersten Erarbeitungsphase gewonnenen Kenntnisse über den Ablauf der Ereignisse, die zum 1. Punischen Krieg geführt haben, werden in einem textbezogenen Gespräch daraufhin befragt, ob sie in der Darstellung durch Polybios erkennbare Wertungen tragen, so daß eine bestimmte Deutungsrichtung nahegelegt wird. Textsignale im Sinne eine wertenden Deutung lassen sich bei genauer Textanalyse durchaus festmachen, so zum Beispiel:

Kap. 7: „... der treulose Anschlag der Mamertiner"
„... Augenblick der Gewalttat"
die Besatzung übte „an den Rheginern Verrat"
„... die Römer waren ... entrüstet".

Kap. 9: Hieron machte in der Schlacht am Longanus-Fluß „dem Übermut der Barbaren ein Ende".

Kap. 10: „Die Römer waren lange unschlüssig".
„... die Inkonsequenz einer solchen Hilfeleistung lag offen zutage".
Den Mamertinern zu helfen, „schien ein schwer zu entschuldigendes Unrecht".
Die Römer „waren in schwerer Sorge".

Kap. 11: „Der Senat faßte ... keinen endgültigen Entschluß".
„Das Volk dagegen ... entschied für die Hilfeleistung" (Beutegewinn).

Aus diesen und anderen Wendungen geht eindeutig hervor, daß Polybios daran gelegen ist, seinen Lesern den Unrechtscharakter des Verhaltens der Mamertiner wie der Besatzer von Rhegion vor Augen zu führen und deutlich zu machen, daß Rom diesem räuberischen Treiben nicht zustimmen kann und im Falle Rhegions ja auch bereits wieder für Recht und Ordnung gesorgt hat. Um nun dennoch eine vertretbare Rechtfertigung für die Hilfeleistung an die Mamertiner zu finden - und es geht dem Autor in seiner die römische Geschichte verklärenden Sicht um moralische Rechtfertigung gerade dieses Beginns im Aufstieg zur Weltmacht - muß Polybios einiges aufbieten, um das Eingreifen Roms verständlich zu machen. Als „Entlastung" für das Vorgehen der Römer müßten die Schüler bei erneuter Hinsicht vor allem auf die Kapitel 10 und 11 die folgenden Tatsachen, über die Polybios berichtet, ins Feld führen:

- Die Römer reagieren auf ein dringendes Hilfegesuch.
- Die Mamertiner berufen sich auf ihre Stammesverwandtschaft mit den Römern.
- Die Karthager haben ihre Herrschaft bereits über Libyen, Spanien sowie die Inseln im Sardinischen und Tyrrhenischen Meer ausgebreitet.
- Die Eroberung ganz Siziliens durch die Karthager schafft die Gefahr der Einkreisung des Römischen Reiches.
- Die Römer sind lange unschlüssig, ob sie dem Hilfegesuch nachkommen sollen.
- Der Senat selbst faßt keinen Entschluß.
- Das Volk, durch die vorangegangenen Kriege in schwerer Notlage, beschließt die Hilfsaktion, durch die Aussicht auf Beute verführt.

Es ist unübersehbar, daß Polybios sich alle Mühe gibt, um deutlich zu machen, daß den Römern trotz aller Bedenken keine andere Wahl blieb, als den Mamertinern beizustehen, wollten sie nicht - wie die Perser, Spartaner und Makedonen - ihre Hegemonie selbst in Gefahr bringen. Die Häufung der Rechtfertigungsgründe müßte den Schülern die Aussageabsicht des Polybios signalisieren: Das im Grunde nicht zu entschuldigende Verhalten der Römer soll wenigstens im machtpolitischen Sinne als legitim dargestellt werden.
Ist die innerpolitische Entwicklung in Rom im Unterricht behandelt worden, so dürfte es auch den Schülern zumindest befremdlich erscheinen, daß in einer so wichtigen Angelegenheit das Volk ohne Mitwirkung und Einflußnahme des Senats entscheidet. Liegt nicht die Vermutung nahe, daß Polybios den Senat aus der Verantwortung für das fragwürdige Unternehmen heraushalten will, um ihn nicht im Zusammenhang mit dem Aufstieg Roms zur Weltmacht moralisch zu belasten und den Glanz der Entwicklung in den Anfängen zu verdunkeln?
Zu diesen Fragen und Erkenntnissen können die Schüler allein durch Analyse der vorgelegten Textauszüge gelangen, indem sie Einzelaussagen in den Zusammenhang stellen, Auffälligkeiten markieren, Wertungen aufspüren, sich die Intention des Autors klarmachen und ihre Auswirkung auf die Gesamtdarstellung vor Augen führen.

III. Alternative zur Einführung in die Textarbeit

Als methodische Alternative zur themengeleiteten Verarbeitung von Textinformation im dargestellten *sukzessiven* Verfahren böte sich eine Texterarbeitung *in arbeitsteiliger Gruppenarbeit* an. Dabei erhielten die Schüler den über die Entstehung des 1. Punischen Krieges handelnden Textauszug insgesamt vorgelegt. Während je nach Größe der Lerngruppe eine oder mehrere Teilgruppen den Auftrag erhalten, den Text ausschließlich daraufhin zu untersuchen, welche Informationen er über die Ereignisse enthält, die zum Krieg geführt haben, bearbeiten die anderen Teilgruppen den Text unter der Frage nach der Intention des Verfassers für das Gesamtwerk. Aus Gründen der Zeitökonomie erscheint es auch hier überlegenswert, eine Erstlektüre des Textes als vorbereitende Hausaufgabe aufzugeben. Die in den einzelnen Gruppen erarbeiteten Ergebnisse müssen in einem zweiten Schritt vorgetragen und den jeweils anderen Gruppen vermittelt werden. In einem Gespräch können nun die Erkenntnisse und Einsichten zusammengefügt und die aus dem Ganzen erwachsenden kritischen Fragen an die Textinformation entwickelt werden. Die besondere Schwierigkeit bei diesem Verfahren liegt darin, daß die Schüler eine sehr umfangreiche Textgrundlage unter einer bestimmten Aufgabenstellung untersuchen und ihr Gruppenergebnis den Mitschülern verständlich vermitteln müssen. Andererseits liegt der gleiche Text allen vor und ist von allen zu lesen, so daß die Ergebnisvermittlung auch wieder erleichtert wird. Daß es zahlreiche gute Gründe für arbeitsteilige Gruppenarbeit gibt, soll hier nicht eigens erörtert werden.

IV. Erweiterungs- und Vertiefungsmöglichkeiten

1. Sachkritik

Haben die Schüler durch das bisherige Vorgehen eine erste quellenkritische Einsicht in den Zusammenhang von Verfasserintention und Ereignisdarstellung gewonnen, so kann der Lehrer die angebahnten Erkenntnisse noch dadurch verstärken, daß er neuere Forschungsergebnisse zur Entstehung des 1. Punischen Krieges referiert, durch die nachgewiesen wird, daß Polybios partiell recht großzügig mit historischen Fakten verfährt, um sie seiner Gesamtsicht einzufügen. Hier sind vor allem Aufsätze der Autoren Heuss, Hoffmann, Hampl, Molthagen, Ruschenbusch und Schwarte zu nennen, die in den Jahren 1949 bis 1981 in verschiedenen historischen Fachzeitschriften erschienen sind (s. Literaturhinweise). Bei dieser Gelegenheit kann es hilfreich sein, die Schüler darauf aufmerksam zu machen, daß die Forschung zur frühen römischen Geschichte nicht zuletzt durch die sehr lückenhafte Überlieferung erschwert wird. Schriften antiker Autoren, auf die Polybios sich nachweislich bezogen hat, sind verlorengegangen oder nur in Bruchstücken überkommen. Die „Gewährsleute" des Polybios sind zudem nicht unparteiisch und beziehen entweder für die römische oder die karthagische Seite Stellung. Ruschenbusch (1980/81) skizziert am

Beginn seines Aufsatzes „Der Ausbruch des 1. Punischen Krieges“ die Situation lapidar: „Der 1. Punische Krieg ist in der Zeit von 238–220 von Philinos in prokarthagischem und um 200 von Fabius Pictor in prorömischem Sinne dargestellt worden. Beide Werke sind verlorengegangen. Doch die erhaltenen Darstellungen des Polybios, Diodor und Zonaras gehen letztlich auf Fabius und Philinos zurück“. Joachim Molthagen (1975) nimmt Polybios mit Hinweis darauf in Schutz, daß die Darstellung des 1. Punischen Krieges für ihn ja erklärtermaßen lediglich einleitenden Charakter besitze, so daß den Einzelheiten nur untergeordnete Bedeutung zukomme. So dürfe es nicht verwundern, daß Polybios „ . . . manche für den heutigen Leser wichtige Fragen nicht beantworten kann“.
Bei dieser Erweiterung würde also eine kritische Überprüfung der Textinformation durch Heranziehen von *Außeninformation* erfolgen. Ansatzpunkte, genauer nachzuforschen, bietet der Bericht des Polybios selbst.
So fällt auf, – und ist der Forschung nicht entgangen –,

- daß Hieron von Syrakus nach dem Sieg am Longanos-Fluß nicht unmittelbar zur Eroberung Messenes schreitet, sondern nach Syrakus zurückkehrt;
- daß eine unabhängig von der Darstellung des Polybios erstellte Chronologie zu dem Ergebnis geführt hat, daß die Schlacht am Longanos im Jahr 269 v. Chr. stattgefunden haben muß;
- daß, wenn dies zutrifft, die Mamertiner mehrere Jahre (bis 264 v. Chr.) gewartet haben müßten, ehe sie ihr Hilfegesuch an Karthager und Römer abgesandt hätten, was wenig Sinn gibt.

Auch ist die Forschung intensiv der Frage nachgegangen, wie es mit dem gleichzeitigen Hilfegesuch der Mamertiner an Karthago und Rom bestellt ist. Nach Polybios haben die Karthager rasch gehandelt und Messene besetzt. Wie ist es dann aber möglich, daß die römerfreundliche Gruppe in Messene sich durchsetzt und die Karthager vor Ankunft der Römer aus der Stadt treibt? Oder sind die Hilfegesuche nicht gleichzeitig, sondern nacheinander erfolgt? Zuerst an Karthago, dann an Rom? Möglicherweise auch in umgekehrter Reihenfolge? Beides hat man zu beweisen versucht.
Polybios geht von der Gleichzeitigkeit aus. Damit bedeutet die Entscheidung der Römer keinen Affront gegen Karthago, was dann der Fall wäre, wenn die Karthager bereits von Messene Besitz ergriffen hätten, bevor die Römer ihre Hilfsexpedition beschlossen. Als der römische Konsul Appius vor Messene erscheint, sind die Karthager bereits vertrieben, so daß die Römer nach der Darstellung des Polybios auch jetzt keine Rechte Karthagos verletzen.
Frühere Überlieferungen, deren Verfasser den Ereignissen näher standen als Polybios, verweisen auf die Priorität Karthagos im Streit um Messene und verweisen auf einen Vertrag zwischen Rom und Karthago, in dem Sizilien als karthagisches Interessengebiet festgelegt worden sei. Demnach hätten die Karthager nach der Schlacht am Longanos-Fluß Messene besetzt und seien später von den Messenern vertrieben worden. Damit fände sich auch das Datum 269 v. Chr. für die Schlacht am Longanos bestätigt.
Es kann nicht darum gehen, Schüler mit historischer Detailforschung vertraut zu machen. Am konkreten Beispiel aber kann der Lehrer versuchen, Schülern die Einsicht zu vermitteln, wie sorgfältig Textaussagen historischer Quellen erarbeitet und kritisch überprüft werden müssen, will man der geschichtlichen Wahrheit wenigstens nahekommen.

2. Wertkritik

Will man weiterhin der Frage nachgehen, wie Polybios Funktion und Leistung seiner Geschichtsschreibung deutet, wie er sein methodisches Vorgehen also rechtfertigt und nach welchen Kriterien er historische Abläufe und Zusammenhänge beurteilt, bietet es sich an, in einem dritten quellenkritischen Durchgang folgende Textaussagen zu reflektieren:

- Nichts ist geeigneter, „uns den rechten Weg zu weisen, als die Kenntnis der Vergangenheit“ (Z. 5).
- Alle Geschichtsschreiber haben „damit begonnen und geschlossen, daß sie erklärten, die Belehrung aus der Geschichte sei die sicherste Schule und Vorübung für eine öffentliche Tätigkeit“ (Z. 9).
- Durch die vorliegende „Schrift noch deutlicher zu begreifen lernen, zugleich aber auch den vielfältigen Nutzen erkennen, den eine pragmatische, die Ereignisse berichtende Geschichtsschreibung den Wissensdurstigen zu bringen vermag“ (Z. 61).
- „In den vorangehenden Zeiten lagen die Ereignisse der Welt gleichsam verstreut auseinander. . .. Von diesem Zeitpunkt an wird die Geschichte ein Ganzes, gleichsam ein einziger Körper. . .“ (Z. 76 ff.).
- „Dies nämlich ist das Besondere. . ., wie . . . unsere Darstellung den Leser die Lenkung des gesamten Geschehens durch die Tyche, mit der sie es zu vollständiger Einheit geführt hat, ineins muß zusammenschauen lassen“ (Z. 109 f.).
- Daß bisher „keiner . . . auch nur den Gedanken gefaßt hat, den Gang der Ereignisse als Ganzes und in ihrer Einheit, wann und von welchem Punkt her dieses Ineinandergreifen begonnen und wie es seine Vollendung gefunden hat, zu erforschen“ (Z. 125 ff.).
- „Denn eine Vorstellung von dem Ganzen kann man aus einem Teil bekommen, ein Wissen jedoch und eine klare Einsicht daraus zu gewinnen, ist unmöglich. Das Nebeneinanderstellen und Verknüpfen sämtlicher Teile dagegen, die Betrachtung ihrer Ähnlichkeit und Verschiedenheit kann einzig und allein dazu führen, und wer die Geschichte in diesem Sinne sorgfältig erforscht, vermag sowohl den Nutzen wie den Genuß, den sie zu bereiten vermag, aus ihr ziehen“ (Z. 154 ff.).

Es ist unverkennbar, daß der Historiker für Polybios mehr zu leisten hat, als geschichtliche Fakten so wahrheitsgetreu wie möglich darzustellen. Nutzen erfährt der Leser aus der Beschäftigung mit der Vergangenheit erst dann, wenn er Zusammenhänge zu erkennen, Ursachen aufzuspüren vermag, Beweggründe und Zielsetzungen der handelnden Personen erfährt. Also hat der Historiker auch nach dem Warum zu fragen, das einzelne im Zusammenhang des Ganzen zu deuten, den Sinn historischer Abläufe ins Auge zu fassen. Ein Gespräch mit Schülern über diese grundlegende wissenschaftstheoretische Position könnte im Zusammenhang der Arbeit an den Textauszügen aus dem Werk des Polybios erfolgen und wäre gewiß lohnend.

V. Transfermöglichkeiten

Will man das in diesem Kapitel dargestellte methodische Verfahren (themengeleitete Verarbeitung von Textinformation mit einer Hinführung zur Quellenkritik) an anderen Textauszügen aus dem thematischen Zusammenhang erproben, so könnte dies zum Beispiel an dem Bericht des Polybios über die Entstehung des 2. Punischen Krieges (Historien, 3. Buch) geschehen **(M 5)**.
Auch hier müßte eine sorgfältige Analyse zu Erkenntnissen auf der Sachebene gelangen, müßte sie implizite Wertungen zutage fördern und den Zusammenhang von Verfasserintention und Darstellungsweise erhellen. Wie am Beispiel der Entstehung des 1. Punischen Krieges gezeigt, ist auch hier eine Überprüfung durch die Ergebnisse der historischen Forschung unumgänglich.
Als weitere Möglichkeit, methodisch ähnlich zu arbeiten, bietet es sich an, zwei Textauszüge aus der „Römischen Geschichte" des Titus Livius im wechselseitigen Bezug zu bearbeiten **(M 6)**. Es handelt sich im ersten Textauszug um eine Passage aus der Einleitung zu seiner Darstellung der römischen Geschichte, in der der Verfasser, wie Polybios auch, grundlegende Gedanken über den Ablauf der Geschichte Roms und den Sinn einer Beschäftigung mit der Vergangenheit vorträgt. **M 7** stammt aus dem XXI. Buch des gleichen Werkes und handelt ebenfalls von der Vorgeschichte des 2. Punischen Krieges. Es ist unschwer zu erkennen, wie ein Zusammenhang besteht zwischen der Überzeugung des Autors von der sittlichen Höhe Roms und der Römer in den früheren Jahrhunderten und der Darstellung der Verhandlungen mit den Karthagern vor Ausbruch des Krieges.
Ein besonderer Reiz liegt nicht zuletzt darin, im Vergleich der Textauszüge aus den Werken des Polybios und des Livius die im Ansatz grundlegend verschiedene Vorstellung vom Ablauf der Geschichte mit den Schülern zu thematisieren: Auf der einen Seite die Überzeugung vom ständig fortschreitenden Aufstieg Roms zur weltgeschichtlichen Größe, bei Livius dagegen die Einsicht des später Lebenden, Rom sei „krank . . . an seiner Größe". Eine Erörterung der sich hier auftuenden Fragen berührt bereits geschichtsphilosophische Probleme.
Will man noch einmal auf die eingangs gestellte Frage zurückkommen, ob der römischen Eroberungspolitik von Anfang an ein „außenpolitisches" Konzept zugrunde lag, so könnte die Erörterung hierüber von den beiden Textauszügen Gesches **(M 8)** ausgehen.

VI. Literaturhinweise für die Unterrichtsvorbereitung

Grundlegende Informationen zu den Punischen Kriegen und der Problematik ihrer Entstehung finden sich u. a. bei:

Hoffmann, W.: Roms Aufstieg zur Weltmacht. In: Propyläen-Weltgeschichte. Hrsg. von Golo Mann, Alfred Heuss und August Nitschke. 4. Bde. Frankfurt–Berlin–Wien 1976
Heuss, A.: Römische Geschichte. 4. Aufl. Braunschweig 1976
Bengtson, H.: Römische Geschichte. 6. Aufl. München 1988
Gesche, H.: Rom - Welteroberer und Weltorganisator. München 1981
Gesche, H.: Die punischen Kriege. In: Streifzüge durch die antike Welt. 2. Aufl. München 1991

Bei den angesprochenen **Einzeluntersuchungen** zum Ausbruch des 1. Punischen Krieges handelt es sich um die Aufsätze von:

Heuss, A.: Der erste Punische Krieg und das Problem des römischen Imperialismus. HZ 169 (1949)
Hoffmann, W.: Das Hilfegesuch der Mamertiner am Vorabend des Ersten Punischen Krieges. Historia 18 (1969)
Hampl, F.: Zur Vorgeschichte des 1. und 2. Punischen Krieges. ANRW (Aufstieg und Niedergang der Römischen Welt) 1972
Schwarte, K.-H.: Naevius, Ennius und der Beginn des Ersten Punischen Krieges. Historia 21 (1972)
Molthagen, J.: Der Weg in den Ersten Punischen Krieg. Chiron 5 (1975)
Ruschenbusch, E.: Der Ausbruch des 1. Punischen Krieges. Talanta 1980/81

3 Heinrich IV. an Gregor VII.: Steige herab . . . 27. März 1076

Darstellendes Vorlesen

Inhalt des Kapitels

Verzeichnis der Materialien zu diesem Kapitel

I. Didaktisch-methodischer Kommentar

Der Brief Heinrichs IV. an Gregor VII. **(M 1)** markiert in eindrucksvoller Weise den ersten Höhepunkt innerhalb des Investiturstreites. Es handelt sich bei dem hier zugrunde gelegten Text um die gegenüber dem ursprünglichen Brief Heinrichs noch verschärfte Fassung, die vom Königshof in Umlauf gesetzt wurde. Aus ihr wird deutlich, daß es bei der so plötzlichen Zuspitzung um die Wende des Jahres 1075/76 nicht mehr allein um die Frage der Investitur ging, sondern daß der Streit sich ausgeweitet hatte zu einer grundsätzlichen und kompromißlosen Auseinandersetzung um das Verhältnis von geistlicher und weltlicher Gewalt im Mittelalter. So läßt sich die Auswahl dieser Quelle für die Behandlung im Unterricht damit legitimieren, daß sie in das Zentrum einer Auseinandersetzung von außerordentlicher Tragweite einführt und in besonderer Weise einen Kristallisationspunkt darstellt, auf den vorangegangene Entwicklungen zulaufen und von dem aus Linien in die Zukunft gezogen werden können.
Zu welchen innerkirchlichen Erschütterungen dieser Streit geführt hat, läßt sich an einer Fülle zeitgenössischer Quellen belegen, von denen einige Beispiele im Materialienband angeführt sind (**M 2–M 4**).
Mit dem im folgenden vorgeschlagenen methodischen Verfahren wird die Absicht verfolgt, den Schülern auf verschiedenen Wegen Aussage und formale Eigenart der Quelle zu erschließen und ihre Bedeutung im Rahmen der mittelalterlichen Geschichte zu vermitteln.

Themenspezifische Voraussetzungen

Voraussetzung für die Arbeit mit der Quelle ist die Einbettung in den historischen Zusammenhang von Entstehung, Entwicklung und Ausgang des Investiturstreits, an dem Grundzüge und Erschütterung des Verhältnisses von geistlicher und weltlicher Macht im Mittelalter aufgezeigt werden können. Zumindest sollten behandelt sein:
- das Reichskirchensystem Ottos I.,
- die Bedeutung der Kaiserwürde,
- die Klosterreform von Cluny,
- die Synode von Sutri 1046,
- das Papstwahldekret von 1059.

Zum angemessenen Verständnis der Quelle könnte in den unmittelbar der Behandlung vorausgehenden Stunden eingeführt werden in:
- Person, Herkunft, Wahl und „Programm“ (dictatus papae) Gregors VII.,
- die Anfänge der Regierung Heinrichs IV.,
- die zum Konflikt führende Praxis der Investitur durch Heinrich IV.,
- die Vorgänge um die Bischofsernennung in Mailand,
- die römische Fastensynode 1075,
- das Mahnschreiben Gregors VII. an Heinrich IV. vom Dezember 1075.

Sachlicher Gehalt der Quelle

Das Schreiben Heinrichs IV. stellt eine radikale Abrechnung des Königs mit dem päpstlichen Machtanspruch dar. Es ist zu verstehen als eine Reaktion Heinrichs auf die Beschlüsse der römischen Fastensynode von 1075 (Amtsenthebung einzelner deutscher Bischöfe, Verbot der Laieninvestitur, Bannspruch über die Räte des Königs) wie auch als unmittelbare Entgegnung auf die Vorhaltungen und Androhungen (bis zum Ausschluß aus der kirchlichen Gemeinschaft!) im Mahnschreiben Gregors vom Dezember 1075. In der Tradition des Reichskirchensystems Ottos I. stehend und überzeugt von der „geistlichen" Stellung des Königs, konnte Heinrich IV. sich dem Anspruch Gregors auf völlige Unterordnung der weltlichen unter die geistliche Macht nicht beugen, wollte er nicht sein gesamtes Herrschaftsgefüge gefährden, denn die Bischöfe waren zugleich Reichsfürsten. Also blieb nur der entschiedene und grundlegende Widerspruch, der in der radikalen Forderung an Gregor gipfelt, sein Amt aufzugeben.
Die in der Quelle gegen Gregor gerichteten Vorwürfe beziehen sich einmal auf dessen Maßnahmen gegen Priester und Bischöfe, die wegen Simonie mit Amtsentzug und Exkommunikation verfolgt oder wegen Verstoßes gegen das Zölibatsgebot bestraft wurden. Dabei scheute Gregor sich nicht, da er bei den Bischöfen verständlicherweise wenig Bereitschaft fand, seine Anordnungen durchzusetzen, die Laien gegen durch Simonie ins Amt gelangte Bischöfe und verheiratete Priester aufzuwiegeln und zu Boykott und Ungehorsam aufzurufen. Zum anderen richten sich die Anklagen des Schreibens auf das Vorgehen des Papstes gegen den König, der sein Amt als von Gott verliehen versteht und ein Richteramt des Papstes nicht anerkennen kann. Der Papst erscheint somit als der anmaßende Zerstörer einer gottgewollten Ordnung, der „Verwirrung" stiftet und dessen Wirken „Fluch" bringt.
Einleitung, Schluß und Mittelteil der Quelle nehmen Bezug auf den Aufstieg Gregors und seine tumultuarische Erhebung zum Papst am Beerdigungstag seines Vorgängers, die keineswegs dem Papstwahldekret Nikolaus' II. von 1059 entsprach, das die Wahl durch das Kardinalskollegium und nur ein formales Anerkennungsrecht durch Klerus und Volk von Rom vorsah. Alle Aussagen über den Werdegang Gregors charakterisieren den Papst als einen Machtmenschen, dem alle Mittel recht sind, das höchste kirchliche Amt zu erreichen und seine Vorstellungen von der Vorherrschaft der geistlichen Gewalt durchzusetzen.
Die mit der Berufung auf den heiligen Petrus („der wahre Papst") ausgesprochene Verdammung Gregors erfolgt zuletzt, weil er „ein anderes Evangelium" verkündet. Dies, die Umstände seiner Erhebung wie die Art seiner Amtsfühung sind für Heinrich IV. und die in Worms versammelten Bischöfe die entscheidenden Gründe, Gregor die Papstwürde abzusprechen und ihn zur Aufgabe seines Amtes aufzufordern, das er nie rechtmäßig innegehabt habe.

II. Methodenkonzept für den Unterricht

Begründung der Methodenwahl

Der Text eignet sich nach Inhalt und Sprache in besonderer Weise dazu, zu Gehör gebracht zu werden. Er ist in der Sache zugespitzt, provozierend in seinen Vorwürfen und Folgerungen, sprachlich pointiert, in der Gegenüberstellung des „gerechten" Königs zum „falschen" Mönch von plastischer Einprägsamkeit, so daß eine prägnante lautsprachliche Darstellung geradezu herausgefordert wird. Begrenzter Umfang und innere Geschlossenheit erleichtern zudem die Erarbeitung in einem überschaubaren Zeitrahmen. Daß der Text in der historischen Situation ebenfalls zu Gehör gebracht wurde, ist ein zusätzliches Argument, mit einer Darbietung durch Vorlesen zu beginnen.

Verlaufsstruktur

1. Hinführung zum Text

Als unmittelbare Hinführung zur Arbeit mit der Quelle kann im Lehrervortrag darüber berichtet werden, wie Heinrich IV. auf die Vorhaltungen Gregors im Brief vom Dezember 1075 die deutschen Bischöfe im Januar 1076 nach Worms beruft. Dort kommt es zu einer erregten Sitzung - 26 Bischöfe waren anwesend -, bei der außer berechtigter Kritik über das herrische Regime Gregors VII. auch persönliche und verleumderische Anklagen gegen den Papst vorgebracht werden, vor allem von dem durch Gregor exkommunizierten Kardinal Hugo Candidus. Zuletzt wird ein Brief formuliert, der wiederum, als er in Rom ankommt und auf der römischen Fastensynode verlesen wird, einen derartigen Tumult auslöst, daß der Papst den Überbringer vor dem Zorn der Versammelten schützen muß.
Hier bietet sich dem Lehrer Gelegenheit, dem Schüler im Sinne der Kontrasterfahrung zur eigenen Gegenwart zu veranschaulichen, wie „Nachrichtenübermittlung" im Mittelalter erfolgte: Ein Bote wird auf den Weg geschickt, der das Schreiben zu überbringen hat; Wochen und Monate vergehen zwischen Absendung und Ankunft der Nachricht. Dezember 1075, Januar 1076, Februar 1076 sind die Daten, die den Zeitraum markieren, in dem der König eine Mitteilung erhält, eine Antwort abfaßt und diese wiederum in die Hände des Papstes gelangt. Erschwert wird dieses Verfahren noch dadurch, daß Heinrich IV. sich der Zustimmung der Bischöfe versichern will. Diese müssen also benachrichtigt werden, haben zum Versammlungsort Worms anzureisen, müssen beraten und sich einigen. Dies alles kostet Zeit! Und währenddessen stehen die Dinge nicht still. Papst und König sind weiterhin zum Handeln gezwungen, auch ohne die Reaktion der anderen Seite zu kennen. Die Spannung läßt sich nachempfinden, die unter den in Rom mit dem Papst versammelten Bischöfen herrschte, als endlich das Antwortschreiben Heinrichs eintrifft und zur Verlesung kommt.

2. Stilles Lesen

Die Phase der Texterschließung beginnt mit stillem Lesen durch die Schüler. Dazu ist vom Lehrer genügend Zeit einzuräumen, da ein angemessenes darstellendes Vorlesen nur möglich ist, wenn der Text in seinem wesentlichen Sinngehalt vom Schüler verstanden ist. Bei der häufig zu beobachtenden Praxis, unmittelbar nach Vorlage eines Textes zum Lesen aufzufordern, muß der Schüler seine ganze Konzentration auf den fortlaufenden Transformationsprozeß von Schrift in gesprochene Sprache richten. Den wesentlichen Sinngehalt zu erfassen oder einen Überblick über das Ganze des Textes zu gewinnen, wird ihm dadurch oft verwehrt. Die Phase des stillen Lesens sollte vom Lehrer aus nur sehr behutsam mit Hinweisen eingeleitet werden, um die eigene Gestaltung durch die Schüler nicht unnötig einzuengen. Hilfreich kann die Anregung sein, einen zweiten Durchgang in der „verinnerlichten Form des lauten Lesens“ (Grzesik) vorzunehmen, um den Prozeß des darstellenden Lesens vorzubereiten.

3. Darstellendes Lesen

Im Anschluß an die Phase des stillen Lesens erfolgt die Präsentation des Textes in der Form des darstellenden Lesens. Hierbei kann es zunächst nur darum gehen, daß Schüler ihr erstes vorläufiges Textverstehen zum Ausdruck bringen, damit diese Ansätze dann besprochen werden können. Auch sollte bedacht werden, daß Schüler gehemmt oder ungeübt sein könnten, solche Texte feierlich-pathetisch vorzutragen. Mehrere methodische Varianten sind denkbar:

- Ein Schüler trägt den gesamten Text vor; sein Versuch wird zur Diskussion gestellt, begründet, ergänzt, verändert. Derselbe Schüler liest erneut vor.
- Nach dem Vortrag durch einen Schüler wird ein zweiter Schüler, der eine deutlich andere Darbietung anstrebt, um seine Darstellung gebeten. Das Gespräch entzündet sich an den gegensätzlichen Versionen.
- Mehrere Schüler lesen nacheinander vor. Gemeinsamkeiten, Abweichungen, Gegensätze werden konstatiert und zum Ausgangspunkt der Erörterung gemacht.
- Der Text wird abschnittsweise nach den genannten Verfahren vorgetragen und besprochen.

4. Erörterung der Leseversuche

Bei allen unterschiedlichen Verfahrensweisen hat die Erörterung unter dem Gesichtspunkt der Angemessenheit zu erfolgen, d. h. es ist zu besprechen, in welchem Maße Sinn und Gehalt des Textes erfaßt und zum Ausdruck gebracht worden sind. Das Gespräch darüber wird sich vor allem konzentrieren müssen auf die angemessene Darstellung

- des feierlichen, wuchtigen, das Ergebnis vorwegnehmenden Einleitungssatzes, in dem Heinrich IV. sich durch Berufung auf Gott legitimiert und seinem Gegner in der Anrede bereits jegliche Legitimation abspricht,
- der im Schlußabschnitt mit Berufung auf den heiligen Petrus ausgesprochenen Verdammung Gregors VII. sowie der als Folgerung aus den aufgeführten Anklagen („Daher. . .“, „So. . .“) vorgebrachten Aufforderung, den päpstlichen Thron zu verlassen,

- der Konkretisierung der Vorwürfe, ihre sich steigernde Anordnung, die ebenso plastischen wie provozierenden Formulierungen (evtl. Veranschaulichung in einer Tafelskizze, vgl. S. 65f.),
- des differenzierten hypotaktischen Satzbaus, der den Textpassagen Gespanntheit und vorwärtsdrängende Kraft verleiht (etwa in den Zeilen 8–14, 35–41),
- des von Autorität bestimmten Sprachgestus, der die Überzeugung von der Rechtmäßigkeit und Überlegenheit der eigenen Position unterstreicht („. . . durch Gottes gerechte Anordnung König", „. . . glauben wir mit Recht", „Jesus Christus hat uns zum Königtum . . . berufen", „. . . daß ich nur von Gott gerichtet werden kann"),
- der dem lateinischen Text nachempfundenen Sprachwendungen, die zur Feierlichkeit des Textes beitragen („. . . des Fluchs statt des Segens teilhaftig zu machen", „. . . zum Sitze des Friedens", „. . . ich wiche denn vom Glauben ab"),
- des durchgehenden Gegensatzes „Du" – „Wir", der die Aufeinanderfolge der Abschnitte, aber ebenso die Struktur einzelner Sätze bestimmt (z. B.: Z. 29: „. . . hat uns zum Königtum, dich aber. . .", Z. 42: „Auch mich hast du. . .", Z. 63: „Ich . . . sage dir. . ."),
- der mehrfachen Anrufung und „In-Dienstnahme" Gottes sowie der heiligen Päpste Petrus und Gregor zur Rechtfertigung der eigenen Position.

Nicht alles werden die Schüler von sich aus in den Blick nehmen. Also wird der Lehrer auch seine Anregungen einbringen. In jedem Fall lohnt es sich aber zu erfahren, wo die Schüler bei ihren Darstellungsversuchen ansetzen, wie sie durch Variation von Lautstärke und Sprechtempo, durch Verzögerung und Beschleunigung, durch Innehalten, durch Veränderung im Sprachgestus sich den Text zu erschließen versuchen.

5. Erweiterung und Erschließung der Leseeindrücke

Gelingt eine begründete Verständigung über wesentliche Aspekte einer angemessenen Darstellung, so ist damit bereits eine Annäherung an ein grundlegendes Textverständnis erfolgt. Intention, inhaltliche Aussagen, formaler Aufbau und sprachliche Gestaltung sind in Grundzügen erfaßt.

An dieser Stelle bereits könnte über die Wirkung des Briefes auf die Schüler gesprochen werden. Die Leseversuche machen nicht zuletzt auch den emotionalen Zugriff der Schüler auf den Text sichtbar, in dem Wertung zum Ausdruck kommt, die thematisiert werden sollte.

Die weitere Unterrichtsarbeit, ob sie nun textbezogen oder textübergreifend gestaltet wird, könnte sich darauf konzentrieren,

- einzelne Sachaussagen näher zu erklären und die zum Verständnis notwendigen Hintergründe darzulegen,
- die Intention des Verfassers herauszuarbeiten und über die Wirkung des Briefes zu informieren,
- in einer kritischen Auseinandersetzung die von Heinrich IV. eingenommene Position zu überprüfen,
- die Bedeutung der Vorgänge im Zusammenhang des Investiturstreits zu akzentuieren und zu erörtern.

Dabei ist davon auszugehen, daß schon während der Leseversuche Fragen der Schüler zum Sachverständnis auftauchen und beantwortet werden; ebenso werden Schüler in der

Begründung ihrer Darstellung auf erkennbare Intentionen zu sprechen kommen. Also kann es hier nur darum gehen, Ergänzungen vorzunehmen und die Aussageabsicht des Briefes zusammenfassend formulieren zu lassen.
In der kritischen Zusammenfassung ist die übersteigerte Einseitigkeit der Position Heinrichs IV. deutlich zu machen, der jedes Gespür für die geistigen und kirchlichen Wandlungen der letzten Jahrzehnte vermissen läßt und eine Auseinandersetzung provoziert, die sich zum Grundsatzstreit um das Verhältnis von weltlicher und geistlicher Gewalt ausweitet. Die Reaktion der Gegenseite - Exkommunikation und Absetzung Heinrichs, Entbindung aller Untertanen vom Treueid, Suspendierung der „Wormser" Bischöfe - führt zu einer bisher nie gekannten Erschütterung der mittelalterlichen Ordnung und bringt Heinrich selbst in unerwartete Bedrängnis (Fürstenversammlung in Tribur mit Androhung der Wahl eines anderen Königs, Gang nach Canossa). Die Zeitgenossen haben das Unerhörte der Ereignisse nachdrücklich empfunden und zum Ausdruck gebracht. Daß der Papst den gesalbten und gekrönten König bannt und absetzt, erscheint als Vorgang ohne Beispiel, mit dem das Verständnis von Würde und Aufgabe des Königtums und das Zusammenwirken von Königtum und Papsttum grundlegend zerstört wurde.

Aus der Fülle der „Streitschriften" von Zeitgenossen des Investiturstreits können hier nur einige Beispiele angeführt werden:
M 2 stammt aus dem Traktat „Über die Bewahrung der kirchlichen Einheit", einer Schrift, die Ulrich von Hutten 1519 in Fulda entdeckt hat und die vermutlich zwischen 1091 und 1093 entstanden ist. Der Verfasser ist unbekannt. Hinweise auf einen Mönch aus Hersfeld als Autor sind umstritten.
Bei **M 3** handelt es sich um Passagen aus einer Schrift des Osnabrücker Bischofs Wido, die allerdings nur in den Exzerpten eines Kanonikus erhalten ist. Als Entstehungszeit erscheint 1084/85 gesichert.
Bischof Gebehard von Salzburg äußert sich in **M 4** - einem Brief an Hermann von Metz - über die Vorgänge der Jahre 1075/76.
In allen Auszügen werden Erschrecken und Verwirrung, ja Hilflosigkeit der Verfasser angesichts der Ereignisse deutlich.
Noch in der später entstandenen „Chronik" des Bischofs Otto von Freising wirkt die Erschütterung nach: „Ich lese wieder und wieder die Geschichte der römischen Könige und Kaiser, aber ich finde vor Heinrich keinen einzigen unter ihnen, der vom römischen Pontifex exkommuniziert oder abgesetzt worden ist."
Läßt der Lehrer die Ereignisse von 1075/76 in den größeren Zusammenhang der Entwicklung seit Otto I. stellen (Reichskirchensystem, sakraler Charakter des Königtums, Kaiser als Schutzherr der Kirche), soweit die Schüler über dieses Vorwissen verfügen, so können sie unschwer erkennen, welche Bedeutung den Vorgängen im Sinne einer Kulmination und eines Umschlages zukommt.

III. Alternative zur Einführung in die Quellenarbeit

Als eine Alternative zum darstellenden Vorlesen durch *Schüler* bietet sich ein darstellendes Vorlesen durch den *Lehrer* an. Im Unterschied zu einem Verfahren, bei dem sich Schüler durch eigene Darstellungsversuche einem Textverständnis annähern, geht es bei diesem Verfahren darum, daß die Schüler einen *ganzheitlichen Höreindruck* von Intention und Wirkung, Inhalt und formaler Struktur des vorgestellten Textes gewinnen und diesen Eindruck zum Ausgangspunkt des Verstehensprozesses machen.
Bei dieser Variante

- sollte das darstellende Vorlesen bewußt auch auf die emotionale Betroffenheit der Schüler zielen;
- müßte die Lerngruppe darauf hingewiesen werden, daß die Darstellung des Lehrers nur eine Möglichkeit unter anderen ist, dem Text gerecht zu werden, daß sie allerdings das Ergebnis einer analytischen Beschäftigung mit der Quelle darstellt;
- müßten die Schüler aufgefordert werden, sich zu dem Dargebotenen zu äußern, wo immer sie ansetzen wollen;
- dürfte der Raum für Spontanreaktionen der Schüler auf keinen Fall eingeschränkt oder das Gespräch zu früh durch Eingriffe des Lehrers kanalisiert werden;
- muß der Lehrer zulassen, daß die Schüler Wertungen vornehmen, sich auf die Seite des Königs schlagen oder dessen Vorgehen für weit überzogen halten, inhaltliche Fragen ansprechen, die rhetorische Struktur des Briefes zur Sprache bringen, Verständnisfragen stellen oder die im Lehrervortrag nahegelegte Interpretation kritisch befragen.

Auf diese Weise ließen sich vertiefende Ergebnisse und Perspektiven durch die weitere Unterrichtsarbeit erzielen.

IV. Erweiterungs- und Vertiefungsmöglichkeiten

Die Textarbeit in der Sekundarstufe II wird es in der Regel nicht dabei belassen dürfen, ein historisch bedeutsames Dokument allein über die vorgestellten Varianten des darstellenden Vorlesens zu erschließen, obwohl die mit dieser Methode erreichbaren Ergebnisse - wie praktische Erfahrungen zeigen - in den oben dargestellten Hinsichten von nicht geringem Wert sind. Sie stellen eine tragfähige Grundlage dar, um Schüler zu selbständiger Auseinandersetzung mit Dokumenten dieser Art anzuleiten. Hierbei können sie vor allem auch lernen, zwischen emotionalem Erleben und dessen reflexiver Verarbeitung, zwischen Sachurteil und Werturteil, zwischen sachbereichsspezifischen und textspezifischen Merkmalen zu unterscheiden.
Gleichwohl verlangt der Unterrichtszusammenhang nach Erweiterung und Vertiefung durch themengeleitete Verarbeitung der dem Text zuvor entnommenen und durch weiterführende Arbeitsaufträge noch zu entnehmenden Informationen. Hierbei wollen wir nur einige Möglichkeiten skizzieren:

1. Personencharakteristik

Für den Fall, daß die Schüler über die Persönlichkeit Heinrichs IV. und Gregors VII. Näheres zu erfahren wünschen, ließe sich sowohl aus den an der Quelle gewonnenen Vorstellungen ein Bild der beiden Persönlichkeiten entwerfen als auch die Darstellung H. Fuhrmanns (1985, 239 ff.) in die Unterrichtsarbeit einbeziehen **(M 5)**.

2. Analyse der Vorgeschichte

Auch könnte **M 5**, wiederum vorausgesetzt, die Entwicklung der vorangegangenen Jahre sei nicht vorweg behandelt worden, dazu dienen, die Schüler Fragen entwickeln zu lassen, die den Brief erst im einzelnen verständlich machen: Wie war es mit der Wahl Gregors zum Papst? Wie mit seinem Aufstieg? Auf welche Weise ist er mit Bischöfen und Priestern verfahren? Worauf beziehen sich die persönlichen Vorwürfe? (Auch hier ließe sich die Darstellung Fuhrmanns als Zusatzquelle nutzen).

3. Textproduktion

Wieder eine andere Möglichkeit läge darin, die Schüler ein Antwortschreiben Gregors an Heinrich entwerfen zu lassen, um durch diesen Perspektivenwechsel die Position der Gegenseite in den Blick zu nehmen, die Argumente des Reform-Papsttums bewußtzumachen, soweit sie zur Sprache gekommen sind. Die Entwürfe könnten dann mit dem tatsächlichen Antwortschreiben Gregors **(M 6)** konfrontiert werden.
So bietet das Schreiben Heinrichs IV. in vielfacher Hinsicht die Möglichkeit, die Schüler sich der Voraussetzungen eines historischen Ereignisses vergewissern zu lassen und aus der Kenntnis der Entwicklung und des Ereignisablaufs Hypothesen aufstellen und an der Wirklichkeit messen zu lassen. Auf diese Weise könnte den Schülern auch die Erfahrung vermittelt werden, daß geschichtliche Prozesse in der historischen Situation selbst noch einen hohen Grad an Offenheit aufweisen, eine Erfahrung, der ein überwiegend „ergebnisorientierter" Geschichtsunterricht eher entgegensteht.

4. Themengeleitete Erarbeitung sachbereichsspezifischer und textspezifischer Besonderheiten

Das Thema der Unterrichtsreihe, in der dieser Quellentext in der Regel behandelt wird, ist das Verhältnis von „regnum" und „sacerdotium". Der jeweilige thematische Aspekt, unter dem der Text erschlossen werden soll, wird durch die vorrangige Leseabsicht bestimmt, die sich aus dem Unterrichtszusammenhang ergibt. Leitende Fragestellungen („Themen"), mit denen der Text bearbeitet werden kann, könnten u. a. sein:

- Welche Anschuldigungen bringt Heinrich gegen Gregor VII. vor?
- Welche Auffassung von der Stellung des Königs kommt in dem Schreiben Heinrichs IV. zum Ausdruck?
- Welche Argumentationsstruktur läßt sich in dem Brief erkennen?
- Wie lassen sich Sprache und Aufbau des Briefs beschreiben und charakterisieren?
- Auf welche konkreten historischen Hintergründe wird in der Quelle Bezug genommen? (Aktivierung bereits erworbener Wissensbestände!)

V. Möglichkeiten der Ergebnisdarstellung und -überprüfung

a) Textanalyse in Stillarbeit zum Thema: Welche Anschuldigungen bringt Heinrich gegen Gregor vor?
Unterstreichen, Markieren, Glossieren sind Fertigkeiten, die von den Schülern verlangt und beständig geübt werden müssen. Eine Lösung dieser Aufgabenstellung zeigt **M 7**.

b) Skizze zum Thema: Welche Argumentationsstruktur läßt sich in dem Brief erkennen?
Eine Lösung ließe sich sowohl im Unterrichtsgespräch (Tafel- oder Overheadskizze) als auch in Einzel-, Partner- oder Gruppenarbeit wie auch als Hausaufgabe erarbeiten. Eine mögliche Lösung könnte sein:

Anrede: Aberkennung des Päpstlichen Amtes
(an Hildebrand, den falschen Mönch)

Anschuldigungen gegen Gregor VII.:
Zentral: Papst als Verwirrer und Zerstörer der göttlichen Ordnung

im einzelnen:

Zur Person	zu den Maßnahmen
- Hochmut	- Vorgehen gegen Priester und Bischöfe
- Rücksichtslosigkeit	- Aufwiegelung der Untergebenen gegen die Vorgesetzten
- Machtstreben	- Übergabe von Amtsgewalt über Geistliche an Laien
- mangelnde Gottesfurcht	- Vorgehen gegen König, Anmaßung des Richteramtes
- Heuchelei	

der unrechtmäßige Aufstieg als „Beweis"
fehlender Berufung

Folgerung: Verdammung und Aufforderung zum Verzicht auf das angemaßte Amt

c) Skizze zum Thema: Wie lassen sich Sprache und Aufbau des Briefes beschreiben und charakterisieren?

Auch diese Aufgabenstellung ließe sich wie die vorige in verschiedenen unterrichtsmethodischen Varianten bearbeiten. Eine mögliche Lösung wäre die folgende:

Heinrich,
    durch Gottes gerechte Anordnung König
an
Hildebrand,
    den falschen Mönch
    - du scheutest dich nicht,
    - du zertratest unter deinen Füßen
    - du erachtest als unwissend
    - du bemühtest dich nicht
    - du maßt dir an

Wir aber haben ertragen
    - du hast Demut für Furcht gehalten
    - du hast dich gegen die königliche Gewalt erhoben
    - du hast gedroht

Christus hat
    uns zum Königtum
        dich aber nicht zur geistlichen Herrschaft berufen
    - du bist emporgestiegen
    - du bist zu Geld gekommen
    - du hast den Frieden gestört
    - du hast bewaffnet
    - du hast widerrechtlich übereignet
    - du hast auch mich angetastet

Ich aber darf nur von Gott gerichtet werden

Berufung auf den hl. Petrus:
    Du verkündest ein falsches Evangelium
        Fluch – Verdammung
        „Steige herab“

Zur Vorbereitung auf Klausuren wäre darüber hinaus nicht nur eine skizzenhafte Darstellung der Ergebnisse angebracht, sondern auch eine Wiedergabe der erarbeiteten Ergebnisse in einer geschlossenen schriftlichen Darstellung.

VI. Hinweise auf Transfermöglichkeiten

Texterschließung über das Verfahren des darstellenden Vorlesens und weitergeführt über themengeleitete Verarbeitung, wie am Beispiel des Briefes Heinrichs IV. an Gregor VII. gezeigt, ließe sich in ähnlicher Weise an weiteren Zeugnissen des Mittelalters einführen oder vertiefen, von denen hier zwei bedeutsame und für das Verfahren besonders geeignete vorgeschlagen werden. Es handelt sich zum einen um einen Ausschnitt aus dem Aufruf zum ersten Kreuzzug durch Papst Urban II. **(M 8)**, zum anderen um eine Passage aus der berühmten Kreuzzugspredigt des Bernhard von Clairvaux aus dem Jahr 1146 **(M 9)**. Beide Texte sind wie der Brief Heinrichs emotionsgeladen, von plastischer Anschaulichkeit, rhetorisch suggestiv, manipulativ in der Argumentation, so daß sie für ein texterschließendes Verfahren über darstellendes Vorlesen an Reiz kaum zu übertreffen sind.

VII. Literaturhinweise für die Unterrichtsvorbereitung

Zur Einarbeitung in das **Zeitalter des Investiturstreites** eignen sich in besonderer Weise u. a.:

Jordan, K.: Investiturstreit und frühe Stauferzeit. In: Handbuch der Deutschen Geschichte. Hrsg. von Herbert Grundmann. 9. Aufl., München: dtv 1973. (mit ausführlichen Literaturhinweisen)

Schieffer, Theodor: Das Zeitalter der Salier. In: Rassow, P.: Deutsche Geschichte im Überblick. Hrsg. von Theodor Schieffer. 3. Aufl., Stuttgart 1973. (In der 4. Auflage ist das „Rassow-Handbuch“ von Martin Vogt herausgegeben. Das Kapitel über die Salierzeit stammt nicht mehr von Th. Schieffer, sondern von Hanna Vollrath)

Fuhrmann, H.: Deutsche Geschichte im hohen Mittelalter. In: Deutsche Geschichte. (J. Fleckenstein, H. Fuhrmann und J. Leuschner). Bd. 1, Göttingen 1985

Schulze, H. K.: Hegemoniales Kaisertum. Ottonen und Salier. Berlin 1991

Zimmermann, H.: Das Mittelalter. I. Teil: Von den Anfängen bis zum Ende des Investiturstreites. Braunschweig 1975

Jacobs, H.: Kirchenreform und Hochmittelalter 1046–1217. 2. Aufl., München/Wien 1988

ders.: Heinrich IV.: In: Kaisergestalten des Mittelalters. Hrsg. von H. Beumann. 3. Aufl., München 1991

Blumenthal, U.-R.: Der Investiturstreit. Stuttgart: Urban-TB 1982 (mit ausführlichen Literaturhinweisen)

Boshof, E.: Die Salier. 2. Aufl., Stuttgart: Urban-TB 1992 (mit ausführlichen Literaturhinweisen)

ders.: Heinrich IV. Herrscher an einer Zeitenwende. In: Reihe Persönlichkeit und Geschichte. 2. Aufl., Göttingen/Zürich 1990

Eine **Auswahl von Quellen** zur Geschichte des Mittelalters und vor allem des Investiturstreits findet sich u. a. in:

Ausgewählte Quellen zur deutschen Geschichte des Mittelalters. Freiherr vom Stein-Gedächtnisausgabe. Begründet von Rudolf Buchner und fortgeführt von Franz-Josef Schmale.
- Band XII: Quellen zur Geschichte Kaiser Heinrichs IV. 3. Aufl., Darmstadt 1963
- Band XII a: Ausgewählte Briefe Papst Gregors VII. Darmstadt 1978
- Band XII b: Quellen zum Investiturstreit. Darmstadt 1984

Geschichte in Quellen. Hrsg. von W. Lautemann und M. Schlenke
- Bd. II: Mittelalter. München: Bayerischer Schulbuch-Verlag 1970

4 Friedrich I. Barbarossa: Goldbulle (1152–1155)

Interpretation einer Bildquelle (Variante 1) und themengeleitete Verarbeitung von Text- und Bildinformation (Variante 2)

Inhalt des Kapitels

Verzeichnis der Materialien zu diesem Kapitel

I. Didaktisch-methodischer Kommentar

Das Original der Goldbulle (**M 1**) hat einen Durchmesser von 5,9 cm. Das Innere ist mit Wachs oder Pech ausgefüllt. Eine rote Seidenschnur verbindet die Bulle mit einer Königsurkunde. Die Verwendung solcher wertvoller Metallsiegel wurde im Abendland von den byzantinischen Herrschern übernommen, blieb aber bei den deutschen Königen und Kaisern schon aus Kostengründen feierliche Ausnahmeerscheinung. Durch eine briefliche Nachricht des Abtes Wibald von Stablo können wir mit einer gewissen Sicherheit annehmen, daß der Bullenstempel im März 1152, d. h. unmittelbar nach der Aachener Krönung Friedrichs I., von Goldschmieden im Raum Lüttich angefertigt wurde. Man kann annehmen, daß das Siegel bis zur Kaiserkrönung 1155 in Rom, die zur Titulaturänderung führte, Verwendung fand.

Da die Siegel im Mittelalter - anders als in Antike und Neuzeit - einzige Form der Beglaubigung und Willensbekundung des Siegelgebers sind, kommt ihnen rechtlich und politisch eine besondere Bedeutung zu. Nicht nur aus Gründen der Fälschungssicherheit, sondern auch bedingt durch die Übernahme antiker Gemmen (geschnitzte Steine) als Siegelstempel schon im frühen Mittelalter, die gleichsam den Standard festlegten, war die Kunst der Petschaftherstellung bei den großen Siegeln der Könige und Päpste weit entwickelt.

Das vorliegende Beispiel einer *Bildquelle* ist kunstgeschichtlich eigentlich eine Kleinplastik und könnte im Kontext der stilgeschichtlichen Entwicklungen ihrer Zeit - etwa im Vergleich mit dem auf Geheiß Friedrichs I. entstandenen Armreliquiar für Karl den Großen oder anderen Siegel- bzw. Münzdarstellungen - umfassend untersucht werden. Nur so ließen sich Weiterführung künstlerischer Traditionen und zeitgenössischer Formensprache differenzieren. Der *Einsatz im Geschichtsunterricht* stellt demgegenüber stets nur eine *reduzierte Verarbeitungsmöglichkeit* dar, denn zum einen fehlt der ästhetische Reiz des Originals (oder wenigstens einer guten Kopie), zum anderen steht die verfügbare flächige Abbildung meist in einem Interpretationskontext, der dieses Objekt - einzeln oder im Verbund - unter bestimmten Gesichtspunkten befragt, um an ihm exemplarisch Aufschluß über Besonderheiten der historischen Epoche zu gewinnen. Das Augenmerk richtet sich somit nur auf solche Bild- und Textzeichen, die auf die in der Unterrichtssituation entwickelten historisch-politischen Fragen antworten.

Die Auswertung dieser Bildquelle kann dabei durchaus verschiedene Akzente setzen. Ausgangspunkt ist die Frage nach der frühen staufischen Herrschafts- und Reichsvorstellung. In moderner Begrifflichkeit ausgedrückt, ist in dieser Frage sowohl eine personale als auch eine territoriale Komponente enthalten. Gibt es Aussagen zum Herrscherbild und zu den personalen Beziehungen des Herrschers zu anderen Gewalten? Werden bestimmte politische Rechte und territoriale Ansprüche angemeldet? Betreffen diese Ansprüche das Verhältnis des Reiches zu den benachbarten Königsherrschaften oder zum byzantinischen Kaisertum?

Themenspezifische Voraussetzungen

Die wenigen Fragen machen deutlich, daß die Analyse der Quelle besonderer sachlicher Voraussetzungen bedarf. Dazu gehören u. a.:

- Kenntnis der Besonderheiten der mittelalterlichen Königsvorstellung (u. a. Heilsgedanke, Konkurrenz zwischen Erb- und Wahlprinzip).
- Erarbeitung des Begriffs Kaisertum am Beispiel der Karolinger und Ottonen.
- Kenntnis der imperialen Ansprüche der Päpste (z. B. Fälschung der Konstantinischen Schenkung).
- Erarbeitung des Investiturstreits mit der Neubestimmung des Verhältnisses von Imperium und Sacerdotium durch das Wormser Konkordat von 1122.

Der engere Kontext der Quelle erfordert eine Erarbeitung folgender Zusammenhänge:

- Die neuerliche Schwächung der päpstlichen Macht durch die Niederlage Innozenz' II. gegen Roger II. 1139 bei Mignano und das Hilfeersuchen seines Nachfolgers Eugen III. 1145 an Kaiser Konrad III.
- Konrad III. hat nicht nur im urkundlichen Verkehr mit dem Papst, sondern vor allem auch in den diplomatischen Verhandlungen mit Byzanz besonderes Gewicht auf die Titulaturfragen gelegt.
- Schon Heinrich V. hatte sich in Urkunden als „rex Romanorum" bezeichnet. Konrad III. benutzte im Briefwechsel mit dem Papst den gleichen Titel mit dem aus der Kaisertitulatur stammenden Zusatz „semper Augustus". Noch deutlicher kommt seine Position, sein Kaisertum von der in Rom zu vollziehenden Krönung (die bei ihm real nie erfolgte) loszulösen, im diplomatischen Verkehr mit Byzanz zum Ausdruck. Konrad III. nennt sich selbst „imperator Romanorum" und wertet zugleich den byzantinischen Herrscher als Kaiser von Konstantinopel oder gar „rex Grecorum" ab.
- In der Auffassung der kaiserlichen Kanzlei übernahm der deutsche König mit seiner Erhebung die Herrschaft im ganzen aus den Königreichen Deutschland, Burgund und Italien bestehenden „imperium" samt einer besonderen Schutzherrschaft über den Papst, während die Reformpäpste nach Gregor VII. den Machtbereich des deutschen Königs auf sein „regnum Teutonicum" beschränkt sehen wollten. Solche Divergenzen bestehen auch noch zum Zeitpunkt der staufischen Machtübernahme 1152 fort.

Ob der Unterricht vor Besprechung der vorliegenden Bildquelle die Umstände der Wahl Friedrichs I. vor dem Hintergrund des staufisch-welfischen Gegensatzes und den Vertrag von Konstanz vom 23. März 1153 mit Papst Eugen III. behandelt oder umgekehrt über diese Bildquelle in diesen Sachzusammenhang einsteigen möchte, braucht hier nicht festgelegt zu werden, da beide Wege möglich sind.

Sachlicher Gehalt der Quelle

Je nach gewähltem Verfahren wird die Bildquelle für sich allein oder im Verbund mit anderen Quellenmaterialien zentraler Gegenstand einer Unterrichtsphase. Dabei geht es um die Entschlüsselung der bildlichen und sprachlich-begrifflichen Codes, die wechselseitig aufeinander bezogen sind. Die Bildsprache folgt dabei sowohl in den Bildzeichen als auch in

deren Anordnung zueinander festgelegten Konventionen, die es erlauben, dem Rezipienten die Bildaussage in einer geringen Anzahl von Bildzeichen zu vermitteln. Das Medium Siegel erfordert schon aus technischen Gründen ein hohes Maß an Stilisierung, so daß sich hier - wie bei den Münzen - eine eigene Bildzeichenkonvention ausgebildet hat, die den Zeitgenossen, die solche Siegel empfingen, meist ohne weiteres verständlich war.
Die Schüler sollten diesen bildlichen Code so selbständig wie möglich zu erschließen versuchen, wobei sie die Schwierigkeit überwinden müssen, daß diese Bildersprache von heute gewohnten Bildkonventionen erheblich abweicht. Sie sollten dabei erkennen, daß der Siegelgeber mit seiner in Auftrag gegebenen Gestaltung über die Funktion der Beglaubigung hinausgeht und eine besondere rechtlich-politische Grundaussage zum Ausdruck bringt.

Ähnliches sollte auch am sprachlichen Code der In- und Umschrift der Bulle erarbeitet werden. Dient die Nennung des Namens des Siegelgebers, die seit dem 12. Jahrhundert als notwendig empfunden wurde, der Verdeutlichung der Beglaubigungsfunktion, so weisen die begrifflichen Formen der Titulatur und die anderen Teile der Umschriften über diese Funktion hinaus. Sie formulieren Rechts- und Herrschaftsansprüche und werden auch beim Rezipienten als politisches Programm verstanden.

In einem dritten Schritt sollten die Schüler auch untersuchen, wie sich bildlicher und sprachlicher Code wechselseitig stützen. Die Vorstellungen „König/Kaiser" und „Rom" werden allein schon durch das Bildprogramm in einer besonderen Weise ausgefüllt, und auch die sprachliche Botschaft ist für sich ein Programm. Es sollte untersucht werden, ob die Kombination von Bild- und Sprachmedium der Aussage noch weitere Aspekte hinzufügt. Es ist somit nicht Ziel des Unterrichts, möglichst schnell ein für weitere Sachüberlegungen verwendbares Ergebnis zur staufischen Herrschaftsvorstellung herauszukristallisieren, sondern auch den Prozeß der Erarbeitung solcher Erkenntnisse am besonderen Medium nachzuvollziehen und bewußtzumachen.
Das sachliche Ergebnis, das durch die Analyse dieser Bildquelle erreicht werden sollte, ermöglicht sowohl Einblicke in das Selbstverständnis mittelalterlicher Kaiser- und Königsherrschaft überhaupt als auch in Ziele dieses speziellen jungen staufischen Königs zur Zeit seines Herrschaftsantritts. Im Gegensatz zu neuzeitlichen Vorstellungen gründet diese personale Herrschaft weder auf einer Souveränität des Volkes noch auf dem Territorium einer Nation, sondern ist durch göttliche Gnade verliehene Herrschaft über den Erdkreis. Der Erdkreis, symbolisiert durch seine Hauptstadt Rom, ist der Herrschaftsbereich, den der durch die deutschen Stämme erwählte König nach seiner Vorstellung bei seinem Machtantritt gewinnt.
Die universale Friedensaufgabe umfaßt auch Verantwortung über die irdische Kirche, betrifft letztlich den gesamten Bereich des Irdischen und weist anderen Herrschaften einen niedrigeren Rang innerhalb dieses christlichen Kosmos zu, ohne daß damit moderne Hegemonialvorstellungen verbunden sind. Der junge Staufer Friedrich I. baut somit allgemein sowohl auf der Kaiseridee des Papsttums seit Leo dem Großen (gest. 461) als auch auf Vorstellungen seiner Vorgänger seit Karl d. Gr. und der Ottonen auf. Ganz konkret läßt sich sein Programm als eine Fortsetzung der Politik Konrads III. gegenüber der Kurie verstehen mit dem Ziel, die Machtverteilung, wie sie sich seit dem Wormser Konkordat ergeben hatte, wieder zugunsten der kaiserlichen Macht zu verschieben.

II. Methodenkonzept für den Unterricht

Für die Interpretation der Goldbulle Friedrichs I. werden als Verfahren zum einen die *Interpretation als Bildquelle* (Variante 1) und zum anderen die *themengeleitete Verarbeitung von Text- und Bildinformation* (Variante 2) vorgeschlagen. Die beiden Zugriffsweisen aktivieren und schulen sehr unterschiedliche Fähigkeiten der Informationsverarbeitung, so daß es hierzu auch einer besonderen didaktischen Entscheidung bedarf. Diese kann sich nicht nur an einer „effektiven" sachlichen Ausbeute des vorliegenden Quellenmaterials orientieren. Es kommt auch darauf an, den Schülern im Lernprozeß bewußtzumachen, wie die Erkenntnisse gewonnen wurden. Die von den unterschiedlichen Verfahren bestimmten Unterrichtssequenzen werden sich aber auch in ihrem Umfang unterscheiden, da die Goldbulle als Bildquelle allein nur einen relativ geringen Zeichenvorrat enthält. Umfang und Qualität der Auswertung lassen sich aufgrund der notwendigen Aktivierung von Vorwissen nur schwer im voraus kalkulieren, während die themengeleitete Verarbeitung in Kombination mit Textquellen komplexere sachliche Bezüge zu erschließen versucht und auch über den Rahmen einer Unterrichtsstunde hinausgehen wird.

Interpretation als Bildquelle (Variante 1)

Begründung der Methodenwahl

Die schulische Wirklichkeit spiegelt wider, was auch in der Gesellschaft den Umgang mit Bildern kennzeichnet: Die Menschen sehen sich einer noch immer ansteigenden Bilderflut ausgesetzt, sprachliche Darstellungen werden in bildliche Ausdrucksformen transformiert oder gar durch diese ersetzt, doch nur selten folgt dem auch die Einsicht, daß neben dem Sprachverstehen auch die Bildrezeption einer besonderen Schulung bedarf. Allzuoft beschränkt sich die Wahrnehmung auf den optischen Reiz, erzeugt eine kurzlebige Vorstellung, die letztlich „gedankenlos" bleibt, weil keine eingehendere Verarbeitung durch das Bewußtsein erfolgt. In der alltäglichen Wahrnehmung ist das Dargestellte nur allzuschnell vergessen, und auch im Unterricht wird der Umgang mit Bildern von diesen gewohnten Verhaltensformen bestimmt.
Eine didaktische Entscheidung für eine besondere Schulung des Bildverstehens läßt sich daher gut begründen, doch es ist noch wenig gewonnen, wenn sich der Anteil der Bildquellen im Geschichtsunterricht quantitativ erhöht. Um sich der Grenzen und Möglichkeiten des Verfahrens bewußtzuwerden, sollte man als Lehrer zunächst über die Fehlformen nachdenken, die die Bildquellenarbeit oft als unergiebig erscheinen lassen.
Zum einen läßt sich beobachten, daß gerade bei Schülern der Sekundarstufe II, die sich dem Bild nicht mehr beschreibend, sondern mit bestimmten festen Deutungsmustern und Erwartungshaltungen nähern, die Arbeit mit der Bildquelle zu schnell endet und die Ergebnisse trivial bleiben:

„Wie auch die Umschrift bestätigt, handelt es sich um die Abbildung Friedrichs I. Barbarossa, wie er seine Stadt Rom beherrscht!"

Zwar läßt sich dann die so gebildete Vorstellung durch Lehrernachfrage noch etwas differenzieren, doch die eigentliche Auseinandersetzung mit dem Bild wird nur selten wieder aufgenommen. Auch der Hinweis, sich der Abbildung noch einmal beschreibend zu nähern, bringt häufig wenig, weil die Schüler auf ihre anfängliche Gesamtdeutung fixiert bleiben.

Die andere Fehlform stellt sich dann ein, wenn der Lehrer solche vordergründigen Deutungsmuster vermeiden möchte und daher die Vorinformation über die Biographie des Siegelgebers, den unmittelbaren Geschehenshintergrund, mittelalterliche Darstellungsformen auf Siegeln, Titulaturen und die Bedeutung der Herrschaftssymbole intensiviert. Wird der Schüler dann mit der Bildquelle konfrontiert, ergibt sich zwar das gewünschte anspruchsvolle Auswertungsniveau, doch die Bildquelle selbst dient dann eher als Beleg für einen sprachlich vermittelten Sachzusammenhang und bringt selbst wenig Erkenntniszugewinn.

In welcher Richtung kann nun die Arbeit mit der Bildquelle ergiebiger gestaltet werden? Der Rat, zwischen voraussetzungslosem Herangehen und Vorbereitungsüberfrachtung die Mitte zu wählen, ist gut gemeint, bleibt aber vordergründig, weil er an den Ursachen der unergiebigen Auswertung vorbeigeht. Diese basieren vor allem darauf, daß die *Besonderheiten des Bildverstehens* nicht oder zu wenig beachtet werden. Die Bildwahrnehmung als bloßer optischer Reiz kommt gar nicht erst an den Punkt, an dem über die Verarbeitung dieser Wahrnehmung nachgedacht werden könnte. Eine Schulung des Bildverstehens muß sich aber gerade bemühen, den Schülern prozessuale Abläufe der Bildverarbeitung bewußtzumachen.

Bilder sind – auch wenn sie natürliche Gegenstände täuschend echt abbilden – nicht Duplikate dieser Gegenstände, sondern *Konstruktionen* des Bildproduzenten in bestimmten Codes, die nicht die realen Elemente eines Gegenstandes abbilden, sondern nur bestimmte Kennzeichen (z. B. Konturlinien oder Farbmerkmale), die von der mit dem Auge beobachteten Realität abweichen können. Die Vielfältigkeit der tatsächlichen Welt wird somit durch die vereinbarten ikonischen Codes reduziert, aber gerade dadurch wird es möglich, bestimmte Bedeutungen zu übertragen. Diese Zusammenhänge sind u. a. von Bernd Weidenmann in seinem kognitionspsychologischen Ansatz zum Bildverstehen näher erarbeitet worden. Der folgende Exkurs faßt einige der Gedanken zusammen, um zunächst den Lehrer für die prozessualen Abläufe des Verstehensprozesses zu sensibilisieren (Referenzliteratur: Bernd Weidenmann: Psychische Prozesse beim Verstehen von Bildern. Bern–Stuttgart–Toronto 1988).

Demnach entspricht auch die Verarbeitung von Bildern grundsätzlich dem Prozeß der Informationsverarbeitung, wie er für Texte erarbeitet wurde. Die Wirklichkeitswahrnehmung des Bildproduzenten wird unter bestimmten Intentionen codiert, wobei der ikonische Code einerseits einen fast unendlichen Vorrat an Zeichen und Bildelementen aufweist, sich andererseits die Ausdrucksmöglichkeiten im Medium Bild gegenüber der Sprache als geringer erweisen.

Daß das einzelne ikonische Element in seiner Bedeutung kaum festgelegt ist, müßte die

Kommunikation über Bilder eigentlich stark behindern. Dies wird deshalb kompensiert durch Konventionalisierung von Darstellungselementen, wobei einige eng an ihr zeitliches und kulturelles Umfeld angebunden sind, andere aber auch über große zeitliche Distanz hinweg noch decodiert werden können. Beachtet der Bildrezipient den konstruktiven Charakter der Bildproduktion, sieht er sie als „Objektivationen von mentalen Modellen“ (a. a. O. 40), so muß er sowohl die codierte Botschaft als auch eventuelle Besonderheiten der Code-Benutzung beachten, weil in ihnen wichtige Hinweise zur Bildintention enthalten sein können.

Auch die Bildrezeption durch den Betrachter muß als Konstruktion eines mentalen Modells aufgefaßt werden. Das Wahrgenommene kann nicht identisch mit dem Input an ikonischen Zeichen sein, sondern diese lösen einen Verarbeitungsprozeß aus, in dem der Rezipient - ähnlich dem Sprachverstehen - die neu erfahrenen Code-Zeichen mit dem vorhandenen Netzwerk eigener Wissens- und Erfahrungsbestände in Beziehung setzt. Das gebildete mentale Modell ist oft vorläufig, instabil und unwissenschaftlich, zudem abhängig von zahlreichen Variablen des Verstehensprozesses (z. B. Verstehenssubjekt - Gegenstand - Situation - Codierung im sog. „Tetraeder-Modell“, a. a. O. 38–40), das hier im einzelnen nicht weiter dargestellt werden kann. Wichtig ist aber, einige wesentliche Verstehensbedingungen zu beachten, die auch erklären, weshalb die Auswertungsprozesse bei Bildern oft zu früh abbrechen.

Die Verarbeitung bei der Bildrezeption sollte sich nicht nur auf das „Was“ der Darstellung beziehen, sondern auch auf die Überlegung zielen, *warum* der Gegenstand so und nicht anders dargestellt wurde. Diesen beiden mentalen Modelltypen sind bestimmte „Verstehensmodi“ zugeordnet, die als „ökologisch“ und „indikatorisch“ (a. a. O. 76–81) bezeichnet werden. Im ökologischen Verstehensmodus wird die ikonisch codierte Information gleichsam auf die eigene Welterfahrung des Rezipienten hin „normalisiert“, d. h. er erkennt aus Konturlinien eine Person, entwickelt evtl. eine Vorstellung von deren Bewegung oder Gefühlsäußerung, glaubt in der Fläche einen Raum wahrzunehmen u. a. m. Das Material des Bildes, seine Herstellungstechnik, seine Historizität oder die Intentionen des Bildproduzenten bleiben bei diesem Modus unbeachtet. Demgegenüber fragt das indikatorische Verstehen gerade nach diesen Besonderheiten der Bildentstehung und -gestaltung.

Die in der Regel automatisierten Prozesse des ökologischen Verstehens laufen bei jedem Bildbetrachter ab; ist der Normalisierungsbedarf befriedigt - vgl. die Schüler-Aussage: „. . . handelt es sich um die Abbildung Friedrichs I. . ..“ –, wird die weitere Verarbeitung eingestellt. Die demgegenüber bewußt und systematisch ablaufenden indikatorischen Verstehensprozesse erfolgen meist erst in einem zweiten Zugriff aufgrund einer besonderen Entscheidung. Maßgebend dafür sind zum einen Reize, durch die das betrachtete Bild eine globale Normalisierung „auf einen Blick“ verhindert und das Interesse aufrechtzuerhalten vermag - z. B. durch sog. „Steuerungscodes“ des Bildproduzenten. Andererseits ist dieser Verstehensprozeß des zweiten Zugriffs „besonders abhängig vom Repertoire an Schemata und Konzepten, die dem Bildbetrachter zur Verfügung stehen“. (a. a. O. 95 und 97, „Phasenmodell“).

Damit gewinnen wir auch ein Kriterium für die Notwendigkeit von Voraussetzungen für die indikatorischen Verstehensprozesse. Eine Formensprache des Bildlichen, die es erlaubt,

Bilder zu „lesen“ - wobei man die Unterschiede zum Textverstehen stets beachten muß -, ist in unserer Kultur bisher nur schwach ausgebildet. Von daher ergibt sich die didaktische Begründung, daß Bildquellenanalyse nicht nur das kognitive Sachergebnis zur historischen Epoche zum Ziel haben darf, sondern auch die Einsicht in die beim Bildverstehen ablaufenden Prozesse. Unterricht kann so einen Teil zum Aufbau einer „visual literacy“ in unserer Gesellschaft beitragen.
Für die Planung einer Bildquelleninterpretation ist somit entscheidend, ob und in welchem Maße es gelingt, am Beispiel der Goldbulle Friedrichs I. Barbarossa indikatorische Verstehensprozesse in Gang zu setzen.

Verlaufsstruktur

Im Objekt (**M 1**) selbst sind - bezogen auf die Zeitgenossen von 1152 - nur wenige „Steuerungscodes“ beobachtbar, da sich die künstlerische Gestaltung eng an der traditionellen Siegeldarstellung orientiert. Für den Schüler als Rezipienten aus einer anderen Epoche ergeben sich hingegen Reize des Ungewohnten, die Fragen aufwerfen könnten, z. B.
- nach den Gründen für die Wahl des kostbaren Materials (leider nur sekundär vermittelbar),
- nach den von heutigen Sehgewohnheiten abweichende Größenverhältnissen und der „falschen“ Perspektivik,
- nach dem Zusammenhang von Figur und baulichen Elementen.

Der darauf aufbauende erste Einstieg würde allerdings nicht weit tragen, und auch die Einbeziehung von Vergleichsstücken anderer Siegel bestätigte nur die Konventionalität der Darstellung. Wichtiger scheinen deshalb die im Bewußtsein der Adressaten schon ausgebildeten Verstehensraster, auf die das vorliegende Bildprogramm trifft. Die oben schon erwähnten historischen Verständnisgrundlagen dürfen aber zur Vermeidung einer Schein-Analyse nur *schrittweise* eingebracht werden. Der folgende Planungsvorschlag hat nur Anregungscharakter und stellt nur eine von mehreren Möglichkeiten dar.

1. Hinführung zur Bildquelle

Aus der Vorstunde sollten den Schülern die meist als gescheitert gewerteten diplomatischen Aktivitäten Konrads III. mit Byzanz und der Kurie bekannt sein, ebenso der Tod Konrads, der ihn an der Erlangung der Kaiserwürde hinderte.
Die aktuelle Stunde beginnt mit einer Information über die Umstände von Wahl und Krönung Friedrichs I., die außer durch den Lehrer auch durch ein Schülerreferat eingebracht werden könnte. Die Informationsphase endet mit einer Zuspitzung, die unmittelbar geeignet ist, die Aufmerksamkeit der *Bildquelle* zuzuwenden. Der Lehrer schildert die uns aus den Briefen bekannte Situation wenige Tage nach der Aachener Krönung: Der Entwurf der Wahlanzeige an Papst Eugen III. durch Wibald, das ungeduldige Warten des als Gesandten an die Kurie bestimmten Bischofs Eberhard von Bamberg und die Mahnung des königlichen Notars an Wibald wegen des fehlenden Bullenstempels, die dann zu einer heftigen Reaktion Wibalds führte (Württ. Landesmuseum, 1977, I 20–21).

2. Präsentation der Bildquelle
Sie ist möglich entweder als Projektion mit dem OH-Projektor und/oder als fotokopierte Abbildung wenigstens in Originalgröße, die lateinische Umschrift der Vor- und Rückseite – mit Übersetzung – sollte für alle deutlich lesbar mit abgedruckt werden.

3. Offener Impuls zu einem Gespräch über die Bildquelle
Die Schüler sollen das Siegelbild und die zugehörige Umschrift in eine möglichst konkrete Beziehung zum Ereignishintergrund setzen; die intendierte Bildbotschaft gewinnt auf diese Weise in Papst Eugen III. einen Adressaten:
- Gerade das Drängen auf das neue Siegel läßt vermuten, daß die Darstellung von Intentionen des Königs bestimmt ist („Bildproduzent" ist nicht der Goldschmied).
- Die Darstellung ist nicht „realistisch" und hebt bei der Person auch keine individuellen Merkmale hervor, sondern ist reduziert auf für wesentlich gehaltene Merkmale und Konturen.
- Die Vorderseite akzentuiert durch die Größenverhältnisse die Selbstdarstellung des Königs: Typus der jugendlichen „Heldenfigur", Gestus des Grüßens oder Segnens, Haltung des Thronens, Darstellung der Reichsinsignien Zepter, Krone und Reichsapfel, die in ihrer Symbolik auf weltliche und religiöse Aufgaben verweisen. Die Königsfigur ist verbunden mit den architektonischen Elementen einer Stadt, die die Verbindung zur Bullen-Rückseite aufzeigt. Dort tritt die Stadt ganz ins Zentrum der Darstellung und ist auch ohne Umschrift für die Zeitgenossen durch das „Wahrzeichen" des spätantiken Kolosseums einwandfrei identifizierbar.
- Versuch einer Entzifferung der Bildbotschaft unter dem Aspekt, daß der Papst als Adressat selbst in Rom residiert und sich traditionell in der Nachfolge des antiken Kaisertums begreift („Konstantinische Schenkung" u. a.).

4. Untersuchung der Umschrift
Die Schüler bemühen sich um das Verständnis ihrer Aussage und Funktion:
- AVREA ROMA: Benennung und symbolische Verklärung der Stadt.
- ROMA CAPVT MVNDI . . . : Sinndeutung des Mottos, fakultativ verknüpfbar mit einer Lehrerinformation zu Papst Leo I.
- FREDERICVS: Benennung und einziger Hinweis auf ein Individuum.
- DEI GR(ati)A: Herrschaftslegitimation des Königs.
- ROMANOR(um)REX: Herrschaftsanspruch auf das aus den Königreichen Deutschland, Burgund und Italien bestehende „Imperium" von Anfang an und ohne päpstliches Zutun.

5. Reflexion über die wechselseitige Beziehung von Bild- und Textcode
Neben der Eigenständigkeit beider Darstellungssysteme sollen auch die Funktionen der wechselseitigen Bekräftigung (z. B. durch die Bezüge zwischen „Dei Gratia" und christlichen Krönungssymbolen) und des unverwechselbaren Bezuges auf eine bestimmte Person erkannt werden. Der ikonische Code bezieht sich auf den König schlechthin, weshalb auch eine Portraitähnlichkeit mit dem realen Herrscher nicht erforderlich ist. Erst die Benennung der Umschrift macht dieses Programm zur Botschaft des jungen Staufers.

6. Reflexion über den Prozeß des Bildverstehens

Nach der sachlichen Auswertung der Goldbulle sollte versucht werden, auf die Besonderheiten des Bildverstehens einzugehen. Dabei erscheint es wenig sinnvoll, Schüler mit kognitionspsychologischen Theorietexten zu konfrontieren. Der behutsame Aufbau einer „visual literacy" sollte stattdessen mit ganz einfachen Fragen beginnen:

- Wie sind die Personen und Gegenstände dargestellt?
- Wodurch sind den Zeitgenossen und uns trotz weniger Konturlinien dennoch bestimmte Deutungen möglich?
- Wie kommt es, daß wir auch als heutige Betrachter gleichsam auf „einen Blick" eine Vorstellung von Königtum gewinnen, obwohl sich reale Könige heutiger Staaten in ihrer Erscheinung von der Bildfassung stark unterscheiden? Woher stammen unsere Vorstellung und unser Begriff?
- Welche Bedeutung gewinnen in unserem Denken traditionelle Symbole?
- Welche Bedeutung hatte das Bildsymbol für diejenigen, die nicht lesen konnten, in der überwiegend oralen, nicht literalen Kultur des Mittelalters?
- Welche Möglichkeiten hat das Bild (als visuelles Symbol) gegenüber der Sprache?

Die Besonderheiten des Bildverstehens könnten auch durch einen Vergleich bildlicher und sprachlicher Codierungsmöglichkeiten am vorliegenden Beispiel erarbeitet werden: *Sprachlichen Möglichkeiten entsprechend* enthält das Bild Aussagen zu einem „Was?" oder einem „Wie?". Die Gliederung und Gruppierung von Bildzeichen (Vor- und Rückseite, Personenkennzeichen und architektonische Elemente) lassen sich durchaus wie sprachliche Sätze lesen. Räumliche Akzentuierungen (etwa durch die Abweichungen von den natürlichen Größenverhältnissen) entsprechen sprachlichen Akzentuierungen. Bilder oder Bildelemente lösen wie sprachliche Begriffe Vorstellungen aus und können auch „metaphorisch" gemeint sein.

Anders als in der Sprache kann der Bildproduzent die Auswertung aber nur begrenzt steuern. Während die Gedanken durch Sprache sukzessiv geführt werden und so auch emotionale Reaktionen allmählich evoziert werden können, ist das Königsbild Friedrichs I. in allen seinen Elementen simultan präsent, muß sofort ansprechen und überzeugen, oder es läuft Gefahr, einfach unbeachtet zu bleiben bzw. gar negative Emotionen auszulösen, die eine Übernahme der intendierten Botschaft verhindern. Bilder „stehen quasi im Präsens Indikativ des ‚so ist es'" (Weidenmann a. a. O. 69). Friedrich I. kann somit weder zwischen dem Ist und seinen Wünschen differenzieren, noch kann er bildlich ausdrücken, was er nicht sein möchte.

Reihenfolge und Intensität dieser Überlegungen und ihr Anteil am Unterrichtsgespräch lassen sich nicht in allen Einzelheiten planen; wichtig ist aber, daß entsprechende Impulse gesetzt werden, um diese Form der Quellenarbeit methodisch von anderen möglichen Formen zu unterscheiden. Sie trägt dazu bei, die prozessualen Abläufe beim Bildverstehen bewußter zu machen.

Die vorgeschlagene Reihenfolge der Unterrichtsschritte ließe sich durchaus auch verändern. So könnte z. B. der 6. Schritt mit der Reflexion über das Bildverstehen als *besondere Teileinheit* in den 3. Schritt integriert werden. Dies setzt aber voraus, daß das methodische Bewußtsein der Schüler soweit entwickelt ist, daß Inhalts- und Reflexionsebene nicht vermischt werden.

Themengeleitete Verarbeitung von Text- und Bildinformation (Variante 2)

Begründung der Methodenwahl

Auch diese Form historischer Quellenarbeit muß beim vorliegenden Material die genannten Besonderheiten von Bildquellenarbeit beachten, doch ist das entscheidende Kriterium für den Zugriff hier das an die Quelle herangetragene Thema:

> „In ihm artikuliert sich ein subjektives Interesse des Lesers an einer bestimmten Information, die er bei der Beschäftigung mit Texten gewinnen will" (Grzesik 1990, 253–254).

Die Aussage, die sich auf die themengeleitete Verarbeitung von Texten bezieht, kann analog auf die Bildanalyse erweitert werden. Es werden nur die Teile der Bildquelle relevant, die auf die spezifische Themenfrage eine Antwort geben. Die Erkenntnisse, die zu den Besonderheiten bildlicher Codierung gewonnen werden, sind deshalb nicht abwegig oder uninteressant, doch stehen sie nicht mehr so im Zentrum wie bei dem bereits dargestellten Verfahren zur Schulung des Bildverstehens.

Die themengeleitete Verarbeitung kann sich der vorliegenden Quelle *unter durchaus verschiedenen Frageansätzen* nähern, von denen hier nur zwei kurz skizziert werden sollen: Zum einen könnte sich ein Halbjahreskurs der Sekundarstufe II in einer diachronen Betrachtung mit den *Herrschaftslegitimationen* politischer Machtträger beschäftigen. Das Frageinteresse ist wesentlich bestimmt durch den Kontext des Fragenden, für den die Legitimierung von Herrschaft zum Problem geworden ist. Menschen früherer Epochen hätten wahrscheinlich andere Fragen gestellt, waren sie doch nicht im gleichen Maße wie wir konkurrierenden Theorien von Herrschaftslegitimation ausgesetzt. Die historische Analyse soll dem Fragenden nicht nur additiv Einblick in weitere Modelle und Begründungen von Herrschaft geben, sondern die Beschäftigung mit andersartigen, uns fremden Ausdrucksformen und Lebensverhältnissen ermöglicht auch qualitativ vertiefte Einsichten, indem wir erfahren, daß von uns heute oftmals unbefragt übernommene Prämissen dort nicht existieren oder sogar in Frage gestellt werden.

Die Königsherrschaft des Mittelalters, wird sie exemplarisch am Beispiel des mit der Kaiseridee verbundenen deutschen Königtums erarbeitet, eröffnet nicht nur den Einblick in ganz andere Denksysteme und Vorstellungen, sondern zeigt auch auf, daß Teile dieser Vorstellungen und bestimmte politische Strukturen bis in die Gegenwart fortdauern (Mayr/Störmer 1984, 5). In diesem Zusammenhang kommt nicht nur wegen der Quellenlage, sondern weil sich von seiner Persönlichkeit auch besondere Bezüge zu anderen mittelalterlichen Ansätzen ergeben, dem Königtum Friedrichs I. eine besondere Bedeutung zu. Neben der engen Verbindung zu Konrad III. gibt es über den Versuch der Heiligsprechung Bezüge zu Karl dem Großen, zugleich vollzieht sich die Ausarbeitung der staufischen Königsvorstellung in Abgrenzung von der päpstlichen Gewalt. Die genannten Aspekte werden in der vorliegenden Bildquelle alle, wenngleich mit unterschiedlicher Intensität, angesprochen.

Ein anderer thematischer Zugriff könnte in der modernen Begrifflichkeit ausgehen vom *Verhältnis zwischen Kirche und Staat* und sich innerhalb dieses Rahmens den mittelalterlichen Begriffen von *Regnum (bzw. Imperium) und Sacerdotium* nähern. Die Goldbulle Friedrichs I. entwickelt ihre Botschaft nicht nur in der Konkurrenz beider Gewalten und versucht nicht nur den 1122 bestimmten status quo zu verändern, sondern sie enthält auch Elemente der religiösen Dimension der Königsherrschaft.

Verlaufsstruktur

Je nach Themenschwerpunkt erfordert die Analyse von Bild und Umschrift unterschiedliche Deutungsakzente. Verglichen mit der oben dargestellten reinen Bildquellenanalyse tritt bei beiden Themenschwerpunkten der aktuelle engere Kontext der Stempelanfertigung für die Goldbulle etwas zurück; um so enger müssen die Verbindungen zu den Erkenntnissen genutzt werden, die unter dem jeweiligen thematischen Aspekt schon erarbeitet worden sind. Da nur Teilelemente der Bildquelle verarbeitet werden, ist zu erwarten, daß sie allein nicht die Arbeit einer vollen Unterrichtsstunde zu tragen vermag. Es wird deshalb vorgeschlagen, die Untersuchung der Goldbulle entweder als *Teilsequenz* einer Unterrichtsstunde zu planen oder das Siegelbild Friedrichs I. *in Kombination mit Textquellen als zentrales Materialangebot* einer Stunde einzusetzen.

Für diesen zweiten thematischen Zugriff wird das folgende Verlaufsmodell vorgeschlagen:

1. Hinführung zu Bild- und Textquelle

Anknüpfung an die gescheiterten Bemühungen Konrads III., seine Ansprüche gegenüber Byzanz und Kurie durchzusetzen. Die in den diplomatischen Schreiben verwendeten Titularien sollten im Unterricht behandelt worden sein. Durch Lehrervortrag oder Schülerreferat erfolgt eine Einführung in den unmittelbaren Kontext der Quellen:

- Der Regierungsantritt Friedrichs I. vor dem Hintergrund des staufisch-welfischen Gegensatzes.
- Der Vertrag von Konstanz vom 23. 3. 1153 mit Papst Eugen III.
- Die Zuspitzung der Ereignisse durch die Entwicklung auf dem Reichstag zu Besançon 1157 und die dort durch das Auftreten der päpstlichen Abgesandten aufbrechende Kontroverse.

Als Grundlage der Darstellung bieten sich z. B. kurze Zitate aus dem Brief Papst Hadrians IV. an den Kaiser an (MG Constt. I, Nr. 164, S. 229 - siehe: Lautemann 1975, 399), vor allem aber die plastische Schilderung in Rahewins „Gesta Frederici I. Imperatoris“ III, 12 **(M 2)**.

2. Präsentation der Bildquelle in Kombination mit einer Textquelle

Die Goldbulle Friedrichs I. Barbarossa wird den Schülern in Form einer OH-Projektion angeboten. Als schriftliche Quellen bieten sich zwei hinreichend komplexe Texte an, die alternativ eingesetzt werden könnten. In sehr enger zeitlicher Verbindung mit den Vorgängen auf dem Reichstag von Besançon steht das sog. „Rundschreiben des Kaisers vom Oktober 1157“ (MG Constt. I, Nr. 165, S. 230 f.) **(M 3)**.
Der alternativ einsetzbare Quellentext führt zunächst historisch in das Jahr der Königserhe-

bung Friedrichs I. zurück und scheint auf den ersten Blick wenig Beziehung zu den in Besançon aufbrechenden Konflikten zu haben. Doch die „Wahlmitteilung Friedrichs I. an Papst Eugen III." vom März 1152 (MG Constt. I, Nr. 137, S. 191 f.) **(M 4)** steht in innerer Verbindung zur vorgelegten Bildquelle. Das Schreiben des jungen Königs und der in der Goldbulle erhobene Anspruch sind zusammen zu sehen. Sie sind eine Herausforderung der päpstlichen Gewalt, und so ergibt sich auch ein Spannungsbogen zu den im Einstieg geschilderten Vorfällen von 1157.

3. Vergewisserung über die besondere thematische Schwerpunktsetzung

Die Komplexität der Quellentexte und die sich für die Schüler erst allmählich erschließenden inneren Zusammenhänge von Bild- und Textquelle machen es notwendig, daß sich die Schüler bewußtmachen, welche zentralen Fragestellungen die bisherige Unterrichtsreihe bestimmt haben und somit auch Auswertungsgesichtspunkte für die vorliegenden Quellen sind. Liegt der Akzent eher auf der *Herrschaftslegitimation*, oder geht es eher um das Verhältnis von *Regnum (Imperium) und Sacerdotium?* Die Leitlinien, unter denen die Quellen befragt werden, sollten möglichst nicht vom Lehrer vorgegeben werden, sondern im *Gespräch* unter wesentlicher Beteiligung der Schüler entwickelt werden. Die Vergewisserung über den thematischen Zugriff verknüpft das neue Quellenmaterial auch noch einmal immanent mit den Ergebnissen der Vorstunden.

4. Erarbeitung durch die Schüler

- Stillarbeitsphase zur Bildbetrachtung und erste Lektüre der ausgewählten Textquelle.
- Auswertungsarbeit der Schüler als arbeitsgleiche Einzel-, Partner- oder Gruppenarbeit zur Vorbereitung des folgenden Auswertungsgesprächs im Plenum.
  Aufgabenstellungen:
  1) Bei den Bildelementen der Goldbulle und der Aussage der Umschrift werden zunächst alle Zeichen und Begriffe markiert, die über die Beglaubigungsfunktion eines Siegels hinausweisen.
  2) Zur Textquelle sollte ein Exzerpt angefertigt werden, das die Kerngedanken der „politischen Botschaft" an den Adressaten in kurzer Form zusammenfaßt.
  3) Ein weiterer Teilschritt sollte darauf gerichtet sein, Zusammenhänge zwischen Bild- und Textquelle aufzuzeigen. Ikonische und begriffliche Entsprechungen könnten als Stichworte gegenüberstellt und – auf Folie oder Tafel festgehalten – Denkanstöße für das folgende Plenumsgespräch werden.

5. Gespräch über die Ergebnisse (Versuch einer Synthese)

Analog den Unterrichtsschritten 3–5 der Variante 1 werden die Ergebnisse zur Programmatik der Goldbulle Friedrichs I. zusammengetragen und präzisiert. Die Reihenfolge, in der ikonische und sprachliche Elemente angesprochen werden, ist im Rahmen der thematischen Arbeit von untergeordneter Bedeutung. Der Bezug zur schriftlichen Quelle sollte die Schüler zu der Erkenntnis führen, daß der in der Siegeldarstellung erhobene Anspruch teilweise noch verschärft zum Ausdruck gebracht und argumentativ untermauert wird.
„Rundschreiben des Kaisers", **(M 3)** Oktober 1157:

- Königtum und Kaisertum wurden durch *Gottes* Gewalt in die Hand des *Gesalbten* Friedrich I. gelegt.
- Königtum und Kaisertum kommen von Gott durch die *Wahl der Fürsten.*
- Der Friede in der Welt basiert auf den *zwei Schwertern*, die Quelle spielt an auf die bekannte Stelle in Lukas 22,38, die Grundlage der Herrschaftsansprüche von Kaiser und Papst geworden ist.
- Das Zitat aus 1. Petrus 2,17 „Fürchtet Gott, *ehret den König*" institutionalisiert das Königtum in frühchristlicher Zeit und versucht so eine Widerlegung der päpstlichen Auffassung, die weltliche Herrschaft in der Christenheit (Kaisertum) sei als kirchliches Lehen empfangen worden.
- Das Reich hat *seit der Gründung Roms und Einführung des christlichen Glaubens* bestanden. Das Kaisertum Friedrichs I. sieht sich somit in der Kontinuität der antiken römischen Herrscher. Diese Kontinuität wird also nicht erst durch die sog. „Konstantinische Schenkung" begründet. Aus der Kontinuität ergibt sich die Frage, inwieweit neben dem kirchlichen Recht auch kaiserliches Recht der Antike (Justinian) Geltung beanspruchen kann.

Die Argumentation sichert die schon in der Siegeldarstellung erhobenen Ansprüche des staufischen Herrschers ab und ermöglicht es den Interpreten, weiterreichende Erkenntnisse zu mittelalterlichem Herrschaftsverständnis oder dem Verhältnis von Papsttum und Kaisertum zu gewinnen. Die Form des „Rundschreibens" unterstreicht auch den propagandistischen Charakter der Quelle, die an einen breiten Adressatenkreis gerichtet ist. In diesem Zusammenhang wird den Schülern bewußt, daß auch die Siegeldarstellung länger genutzt worden ist und ihre Programmatik über die Kurie hinaus verbreitet hat.

Alternativtext
„Wahlmitteilung Friedrichs I. an Papst Eugen III.", März 1152 **(M 4)**.
Die Quelle steht zeitlich und inhaltlich in sehr enger Verbindung zu der unmittelbar nach der Aachener Krönung geschaffenen Goldbulle. Der Vergleich zeigt, daß die Titulatur übereinstimmt und in beiden Quellen der Anspruch über das ganze *Imperium* erhoben wird, das durch *Rom* regiert wird:
- DEI GR(ati)A ROMANOR(um) REX vs. „. . . von Gottes Gnaden König der Römer und immer Augustus" und „Vater des Vaterlandes".
- ROMA CAPVT MVNDI REGIT . . . und die Darstellung des Kolosseums auf der Rückseite der Goldbulle vs. „Der Brauch des Römischen Reiches . . . auf uns übergegangen" und „Thron des Reiches".
- Dem thronenden König der Siegeldarstellung mit Zepter, Krone und Reichsapfel entsprechen die Textstellen „. . . beriefen mich mit ihrem Segen auf den Thron des Reiches" und „. . . mit den mannigfachen Zeichen der königlichen Würde bekleidet".

Die Wahlanzeige Friedrichs I. liefert aber auch noch weitere Argumente und stützt so die kaiserliche Rechtsauffassung:
- „Denn da es vornehmlich zwei Gewalten sind, welche diese Welt lenken, die heilige Autorität der Päpste und die königliche Macht".
- „Früherer Könige ehrwürdige Institutionen" zur Stützung einer Herrschafts- und Rechtskontinuität.

- Mehrfache Hinweise auf die Fürstenwahl und die Akklamation des „ganzen Volkes“ als Grundlage königlicher Herrschaftslegitimation.
- Hinweis auf die erfolgte Salbung des Königs, die ihm als priesterliche Würde eine besondere Beziehung zu Gott verleiht.

Die Schüler können durch die Interpretation der Bildquelle und das jeweils zugeordnete Schreiben Friedrichs I. erfahren, daß die Herrschaftsvorstellungen von Kaiser und Papst nicht miteinander vereinbar sind. Der 1157 offen ausbrechende Konflikt der beiden Gewalten ist unausweichlich und folgt aus grundsätzlichen Überlegungen zum Amts- bzw. Herrschaftsverständnis.

6. Entwicklung weiterführender Aspekte zum Leitthema der Unterrichtsreihe

Bei Auswahl des kaiserlichen „Rundschreibens“ als Bezugsquelle zur Siegeldarstellung könnte diese Phase mit einer kurzen Information über die päpstliche Reaktion oder auch mit einem Hinweis zum Gebrauch des Begriffs „sacrum imperium“ in der kaiserlichen Kanzlei beginnen. Daran anschließend könnten u. a. die folgenden Fragen aufgeworfen werden:

- Kann man real von einer Gleichrangigkeit der Gewalten sprechen? Von welchen Faktoren sind die Ansprüche tatsächlich abhängig?
- Inwieweit speisen sich kaiserliche Rechtsauffassungen noch aus theologischen Quellen bzw. traditionellen Schemata? Wie machen sich neuere Tendenzen (z. B. Begründung aus der römischen Rechtstradition des Iustinian, die damals neue Bedeutung gewinnt) bemerkbar?
- Wann kann man von Säkularisationstendenzen in der mittelalterlichen Herrschaftsauffassung sprechen? u. a. m.

Überlegungen dieser oder ähnlicher Art können zur Strukturierung der thematischen Weiterarbeit dienen und erlauben sowohl Bezüge zu weiteren zeitgenössischen Quellen als auch Vergleiche mit den Herrschaftsvorstellungen anderer Kaiserpersönlichkeiten (bzw. Päpste).

III. Mögliche Lernerfolgskontrollen

Zur *Bildquellenanalyse* erscheint es sinnvoll, die Lernzielkontrolle auf der Fertigkeit aufzubauen, ikonische Informationen in das sprachliche Medium zu transferieren. Dies wäre schon im Verlauf der Stunde möglich durch eine schriftliche Darstellungsaufgabe. Der Zwang zur eigenen Organisation der Reihenfolge in der Darstellung würde die Unterschiede zwischen simultaner Präsenz der Bildelemente und bestimmter Abfolge der Sprachdarstellung bewußtmachen helfen:

„Seht her, ich bin Friedrich, inthronisiert in meiner Stadt Rom. Gott gab mir die Krone des Reiches, Zeichen meiner Königswürde, die mich mit David und Salomo und den Kaisern des alten und des neuen Römischen Reiches verbindet. Ich trage das Zepter in meiner Rechten, Zeichen der höchsten richterlichen Gewalt, besetzt mit der Lilie, dem Zeichen des königlichen Friedens. Der Reichsapfel verkörpert meine Herrschaft über den ganzen christlichen Erdkreis . . . usw."

In der häuslichen Weiterarbeit wären ähnliche Aufgaben denkbar, so etwa an vergleichbaren Siegeln von Konrad III., Heinrich VI. oder Friedrich II. Als weiteres Beispiel könnte die zweite Goldbulle **(M 5)** Friedrichs II., die zwischen 1216 und 1219 in Straßburg entstand, von den Schülern ohne große Schwierigkeiten in das Medium Sprache transformiert werden. Die Aufgabenstellung könnte entweder die Selbstaussage des Herrschers auszudrücken versuchen oder sich dem Programm der Goldbulle beschreibend annähern.

Die nach sehr engen Konventionen gestalteten Siegel und Bullen enthalten aber leider relativ wenig neue Aufgabenteile, so daß der gedankliche Reiz sehr schnell verlorengeht. Daher wäre zu überlegen, ob man nicht besser auf andere Königsdarstellungen zurückgreifen könnte.

Ein Beispiel, das die Einsetzung des Königstums durch Christus darstellt, ist die Buchmalerei in einem Sakramentar, das um 1010 im Kloster St. Emmeram entstanden ist. Es zeigt die Krönung Heinrichs II. **(M 6)**.

Eine Bildquelle, die nach der Interpretation der Goldbulle Friedrichs I. von den Schülern einen Perspektivwechsel erfordert, ist das Fresko aus der Silvesterkapelle von SS. Quattro Coronati in Rom, das in der Mitte des 13. Jahrhunderts entstanden ist **(M 7)**. Es stellt Papst Silvester I. (*+335) dar, dem die im 5. Jhdt. entstandene Legende durch Taufe und Heilungen maßgeblichen Einfluß auf den römischen Kaiser Konstantin I. zusprach. Auf ihn bezieht sich auch die im 8./9. Jh. entstandene Fälschung der „Konstantinischen Schenkung", auf der die Päpste ihren Primatanspruch begründeten. Das Fresco zeigt den Empfang des Papstes Silvester durch den Kaiser, der dabei den Stratordienst leistet. Die Bildquelle erlaubt eine direkte Beziehung zu Friedrich I., der sich bei seinem Zusammentreffen mit Papst Hadrian IV. am 8. Juni 1155 in Sutri ausdrücklich weigerte, den vom Papst geforderten Stratordienst zu leisten.

Sicherlich sehr gewagt, aber möglicherweise aufschlußreich wäre auch die kontrastive Analyse einer neuzeitlichen staatlichen Selbstdarstellung im Münzbild. Ein Beispiel hierfür, das zugleich auf die völlige Veränderung der Auffassung vom Kaisertum in der Moderne verweist, ist die britische One-Penny-Münze von 1896 **(M 8)**.

Der *thematische Zugriff* (Variante 2) läßt sich durch zahlreiche Anschlußaufgaben fortführen, von denen solche mit Perspektivwechsel auch die ergiebigsten sein dürften. So könnten die Schüler den Versuch machen, eine päpstliche Gegenargumentation zu den Schreiben Friedrichs I. zu entwerfen.

Die relativ breite Quellenlage zur Stauferzeit ermöglicht auch mehrere neue Quellenuntersuchungen, in denen Teilaspekte weitergeführt und mit neuen Elementen verbunden werden. Beispiele, die der thematischen Interpretation der Goldbulle sehr nahestehen, sind u. a.:

- Brief Papst Hadrians IV. an die Bischöfe des Reiches (1157), MG Constt. I, Nr. 166, S. 232 f. **(M 10)** (Lautemann 1975, 402–403)
- Brief der deutschen Bischöfe an Papst Hadrian IV. (1158) MG Constt. I, Nr. 167, S. 233 f. **(M 11)** (Lautemann 1975, 403–404)

IV. Erweiterungs- und Vertiefungsmöglichkeiten

Auf die mögliche Verbreiterung der Quellengrundlage wurde schon hingewiesen. Dies könnte zum einen diachron geschehen, um die Entwicklung bis zum Machtverfall der späten Staufer zu verfolgen. Am Beispiel Friedrichs II. könnte man bezüglich Deutschland und Sizilien das unterschiedliche Verständnis von „Staat" herausarbeiten.
Sinnvoll wäre aber auch eine Beleuchtung der Diplomatie Friedrichs I. Barbarossa zu anderen Königreichen. So könnte als Beispiel die Entscheidung im dänischen Thronstreit 1152 mit den sich darin widerspiegelnden Rechtsauffassungen und Herrschaftsverhältnissen thematisiert werden. Eine wiederum andere Variante seiner Politik gegenüber weltlichen Machtträgern zeigt sich in der Politik gegen die Anfänge bürgerlicher Selbstverwaltung in den oberitalienischen Städten oder seine Ablehnung einer Beteiligung des stadtrömischen Patriziats bei der Vergabe der Kaiserwürden.
Noch nicht beachtet wurden *literarische Zeugnisse* aus der Zeit Friedrichs I., etwa der Kaiserhymnus „Salve, mundi Domine" **(M 9)**, in dem eine Verbindung zu Augustus und Karl dem Großen gezogen wird.
Es muß allerdings beachtet werden, daß der Einsatz literarischer Quellen im Geschichtsunterricht den Schülern in der Regel große Schwierigkeiten bereitet, da zunächst geklärt werden muß, ob und inwieweit sich solche Quellen in eine Beziehung zu den politischen Zielen Friedrichs I. setzen lassen.

V. Literaturhinweise für die Unterrichtsvorbereitung

1. Quellen

Buchner, R. (Hrg.): Ausgewählte Quellen zur deutschen Geschichte des Mittelalters. Darmstadt 1974

Döll, E.: Herrschaftssystem und Sozialstruktur im Reich und in den Territorien, in: Alter, P./Rumpf, E. (Hrg.): Tempora, Quellen zur Geschichte und Politik. Stuttgart 1984

Krieger, H.: Das Mittelalter. Materialien f. d. Geschichtsunterricht. Frankfurt 1972

Lautemann, W.: Geschichte in Quellen. Bd. II. Mittelalter. München 1975

Mayr, G./Störmer, W.: Königsherrschaft im Mittelalter, in: Atzerodt u. a. (Hrg.): Arbeitsmaterialien für den Geschichtsunterricht. München 1984

Württemberg. Landesmuseum Stuttgart: Die Zeit der Staufer. 4 Bde. Ausstellungskatalog. Stuttgart 1977

2. Sekundärliteratur

Boockmann, H.: Stauferzeit und spätes Mittelalter. Berlin 1987

Engels, O.: Die Staufer. 4. Aufl. Stuttgart 1988

Hampe, K.: Herrschergestalten des deutschen Mittelalters. 3. Aufl. Düsseldorf 1980

Hiller, H.: Friedrich Barbarossa und seine Zeit. München 1977

Jordan, K.: Investiturstreit und frühe Stauferzeit in: Gebhardt: Handbuch der deutschen Geschichte. Bd. 1. Stuttgart 1970 oder Bd. 4 der Taschenbuchausgabe. 7. Aufl. München 1982

ders.: Friedrich Barbarossa. Göttingen, 2. Aufl. 1967

Leuschner, J./Boockmann, H.: Europa im Hoch- und Spätmittelalter. Stuttgart 1982

Rassow, P.: Honor imperii. Die neue Politik Friedrich Barbarossas 1152–1159. Darmstadt, 2. Aufl. 1961

Schieder, Th./Seibt, F.: Handbuch der europäischen Geschichte. Bd. 2. Europa im Hoch- und Spätmittelalter. Stuttgart 1987

Wolf, G. (Hrg): Friedrich Barbarossa. Darmstadt 1975

5 Otto von Bismarck: Emser Depesche

Vergleich verschiedener Textfassungen

Inhalt des Kapitels

Verzeichnis der Materialien zu diesem Kapitel

I. Didaktisch-methodischer Kommentar

Der deutsch-französische Krieg von 1870/71 ist für die Beziehungen beider Länder über lange Zeit zu einer nachhaltigen Belastung von großer Tragweite geworden. Die Vorgänge in Bad Ems und die von Bismarck redigierte Fassung der Emser Depesche haben den unmittelbaren Anlaß zum Kriegsausbruch geboten. Es steht damit außer Frage, daß es sich bei der Emser Depesche um ein historisch außerordentlich bedeutsames Dokument handelt, das die Aufmerksamkeit der Forschung immer neu herausgefordert hat. Beide Fassungen der Emser Depesche sind in zahlreichen gängigen Quellensammlungen für den Geschichtsunterricht an weiterführenden Schulen abgedruckt, sicher auch deshalb, weil Schülern durch die Arbeit an diesem Material in besonders einprägsamer Weise Einblick in geschichtliche Prozesse, ihre Determinanten, aber auch ihre noch offenen, durch Menschen so oder so beeinflußbaren Entwicklungen vermittelt werden kann.

Themenspezifische Voraussetzungen

Voraussetzung für die Arbeit mit der Emser Depesche ist die Einbettung in den historischen Zusammenhang der Entwicklung des deutsch-französischen Verhältnisses seit der Mitte des 19. Jahrhunderts. Die Außenpolitik Bismarcks seit seinem Amtsantritt als preußischer Ministerpräsident muß den Schülern in den Grundzügen bekannt sein. Vor allem müßten der preußisch-österreichische Krieg von 1866, die Gründung des Norddeutschen Bundes sowie die Auseinandersetzung mit Napoleon III. (Luxemburgische Frage) behandelt sein. Dabei wäre zu thematisieren, wie Frankreich seine führende Stellung in Europa durch das Emporkommen eines wirtschaftlich und politisch starken Nachbarstaates gefährdet sah und wie schon die Gründung des Norddeutschen Bundes in Frankreich erhebliche Besorgnis ausgelöst hatte, da die politische Zersplitterung Deutschlands bisher die beste Garantie für ein französisches Übergewicht in Europa gewesen war. In der luxemburgischen Frage blieb Napoleon III. zudem nach langem politischen Hin und Her ein außenpolitischer Erfolg versagt. Eine kriegerische Auseinandersetzung konnte zwar noch vermieden werden, aber das deutsch-französische Verhältnis war erheblich belastet.
Vor diesem Hintergrund erhalten die spanische Thronkandidatur eines Hohenzollern, ihr vorzeitiges Bekanntwerden und die Vorgänge in Bad Ems ihre entscheidende Bedeutung.

Sachlicher Gehalt der Quelle

Die Emser Depesche **(M 1)** in der Fassung des Geheimrats Abeken, der den Preußenkönig als Vertreter des Auswärtigen Amts bei seinem Kuraufenthalt in Bad Ems begleitete, berichtet über die Vorgänge am 13. Juli 1870: Der französische Botschafter Graf Benedetti hatte Wilhelm I., der sich mit Begleitung bei einem Spaziergang auf der Kurpromenade befand, angesprochen und ihn im Auftrag seiner Regierung aufgefordert, verbindlich zuzusagen, auch in Zukunft in keinem Fall der Thronkandidatur eines Hohenzollern in Spanien zuzustimmen. Aus dem Text wird deutlich:

- Die Thronkandidatur Leopolds hatte sich bereits erledigt (Verzicht am 12. Juli). Paris war offiziell und vor dem Preußenkönig darüber informiert.
- Für Wilhelm I. kam damit erneut zum Ausdruck, daß die preußische Regierung amtlich „außer Spiel“ war.
- Ein weiteres Audienzersuchen Benedettis wird mit der Begründung zurückgewiesen, Wilhelm I. sei mittlerweile ebenfalls offiziell vom Verzicht Leopolds unterrichtet worden, so daß es in der Sache mit Seiner Majestät nichts weiter zu besprechen gäbe.

Der Wortlaut des Abekenschen Telegramms vermittelt auf der einen Seite den Eindruck ungewöhnlicher Zudringlichkeit des französischen Botschafters („ . . . fing mich auf der Straße ab“, „ . . . auf zuletzt sehr zudringliche Art . . . zu verlangen“, „ . . . sofort zu telegraphieren“), zeigt aber auf der anderen Seite die insgesamt höfliche Reaktion Wilhelms I., der sein Verhalten begründet, eine offizielle Verantwortlichkeit zurückweist und erst auf Zureden Abekens und Eulenburgs eine weitere Audienz ablehnt. Es scheint, daß Wilhelm nicht an einer Zuspitzung des Konflikts gelegen war, nachdem der Anlaß der Krise nicht mehr bestand. Der Schlußsatz allerdings öffnet Bismarck einen Handlungsspielraum, dessen tatsächliche Nutzung man in Bad Ems kaum zutreffend eingeschätzt haben wird.
Bismarcks Fassung der Emser Depesche betrachtet die Forschung nicht als Fälschung der Vorlage, wohl aber als äußerst zugespitzte Darstellung mit dem Ziel der Demütigung der französischen Regierung. Nichts mehr von dem „Erzählton“ der Abekenschen Fassung. Statt dessen eine knappe, im sachlichen Ton gehaltene Mitteilung, in der die Anmaßung der französischen Regierung um so deutlicher hervortritt, da unmittelbar zu Beginn bereits der Verzicht Leopolds erwähnt wird. Der Schlußsatz vermittelt den Eindruck von Endgültigkeit („ . . . hat es darauf abgelehnt, den französischen Botschafter nochmals zu empfangen“, „ . . . nichts weiter mitzuteilen habe.“). Kein Hinweis darauf, daß Wilhelm den französischen Botschafter auf weitere Gespräche in Berlin verwiesen hatte (was Bismarck wußte). In der Öffentlichkeit sollte der Eindruck entstehen, daß sich ein auf Frieden bedachter König der herausfordernden Zudringlichkeit der französischen Regierung nur durch Abbruch der Gespräche entziehen konnte. Als Wilhelm I. die von Bismarck redigierte Fassung der Emser Depesche am 14. Juli las, war seine unmittelbare Reaktion: „Das ist der Krieg“.

II. Methodenkonzept für den Unterricht

Begründung der Methodenwahl

Die Tatsache, daß der historische Vorgang in zwei verschiedenen Textfassungen dargestellt ist, fordert eine vergleichende Analyse geradezu heraus. Der Reiz der Aufgabe für Schüler liegt darin, daß sie bei deren genauer Analyse feststellen können, daß die Umformulierung Charakter und Wirkung des Berichteten wesentlich verändert. Die Einsicht in den Zusammenhang von Intention, sprachlichem Ausdruck und Wirkung eines Textes ist vorrangige Zielsetzung dieses Verfahrens.

Verlaufsstruktur

1. Hinführung zum Text

Um unmittelbar zur Arbeit mit der Emser Depesche hinzuführen, bietet sich die Vermittlungsform der zusammenhängenden Lehrerdarstellung an, in der über die Hintergrundentwicklung sowie über die dramatische Zuspitzung in den ersten Juli-Tagen 1870 berichtet wird: Sturz der spanischen Königin Isabella 1868, Angebot an den Prinzen Leopold von Hohenzollern-Sigmaringen (katholische Nebenlinie des Hauses Hohenzollern), den Thron zu übernehmen, Bismarcks heimliche Unterstützung dieser Entwicklung, das vorzeitige Bekanntwerden der Kandidatur, Bismarcks offizielle Erklärungen zum „privaten" Charakter der Angelegenheit, die Vorgänge in Bad Ems mit dem Verzicht Leopolds und den weitergehenden Forderungen der französischen Regierung, Erhalt der Emser Depesche in der Fassung des Geheimrats Abeken durch Bismarck. Diese Informationen könnten auch durch ein Schülerreferat anstelle eines Lehrervortrags vermittelt werden.
Bei diesem Informationsstand der Schüler können die beiden Fassungen der Emser Depesche vorgelegt werden.

2. Stillarbeit

Die Schüler erhalten beide Fassungen der Emser Depesche mit dem Arbeitsauftrag, die Texte hinsichtlich dessen, was und wie es mitgeteilt wird, miteinander zu vergleichen und die von Bismarck vorgenommenen Kürzungen, Umstellungen und sprachlichen Veränderungen genau zu markieren.

3. Sammeln und Ordnen der Ergebnisse

Die Schüler müßten zumindest die folgenden Beobachtungen zur Sprache vorbringen:
Die Abekensche Fassung stellt im „Erzählton" folgenden Geschehensablauf dar:
- Der französische Botschafter spricht Wilhelm I. auf der Kurpromenade an und drängt ihn im Auftrag seiner Regierung, für alle Zukunft zu garantieren, einer eventuell erneuten Kandidatur eines Hohenzollern auf den spanischen Thron seine Zustimmung zu verweigern.

- Der König weist dieses Ansinnen zurück und verweist auf die in Paris und Madrid bereits vorliegende Nachricht über die Verzichtserklärung des Hohenzollernprinzen, womit die Angelegenheit, an der seine Regierung offiziell nicht beteiligt gewesen wäre, für ihn erledigt sei.
- Nachdem Wilhelm I. wenig später ebenfalls eine offizielle Mitteilung Leopolds von Hohenzollern über seinen Verzicht erhalten hat, verweigert er auf Anraten Eulenburgs und Abekens dem französischen Botschafter eine weitere Audienz.
- Die Absage eines weiteren Gesprächs wird dem französischen Botschafter unter Hinweis auf die neue Situation durch einen Adjutanten des Königs übermittelt.

Das Verhalten des französischen Botschafters wird als ungewöhnlich zudringlich charakterisiert. Das Verhalten des Königs erscheint dagegen als höflich und auf Ausgleich bedacht.

Die Bismarcksche Fassung der Emser Depesche ist zunächst um fast die Hälfte kürzer als die Vorlage. Sie übernimmt als wesentliche Fakten aus dem Text Abekens
- die Forderung der französischen Regierung,
- den Verzicht des Erbprinzen von Hohenzollern,
- die Weigerung Wilhelms I., den französischen Botschafter erneut zu empfangen.

Sie unterschlägt
- die konkreten Details der Vorgänge auf der Kurpromenade in Bad Ems,
- die „Beschwichtigungsversuche" Wilhelms I.,
- die offizielle Benachrichtigung des Preußenkönigs durch Leopold von Hohenzollern-Sigmaringen,
- die Einflußnahme Abekens und Eulenburgs auf Wilhelm I.,
- die Ermächtigung zur Veröffentlichung.

Hinsichtlich der von Bismarck vorgenommenen Umstellungen wäre von den Schülern im wesentlichen darauf zu verweisen, daß Bismarck die Nachricht vom Verzicht des Hohenzollernprinzen auf die spanische Thronkandidatur an den Anfang seiner Fassung der Emser Depesche stellt und die Forderung der französischen Regierung an die zweite Stelle rückt. Im Blick auf die sprachlich-stilistischen Auffälligkeiten müßten die Schüler vor allem die „Versachlichung" ins Auge fassen, bei der erzählende Passagen weggelassen sind, der „Dialogcharakter" des Vorgangs („Ich wies ihn . . . zurück", „Natürlich sagte ich ihm. . .", „ . . . er wohl einsähe") unterschlagen ist und alle sprachlichen Wendungen herausgenommen sind, mit denen in der Abekenschen Fassung das Bemühen Wilhelms gekennzeichnet ist, den Konflikt nicht zuzuspitzen.

4. Auswertung und Zusammenfassung

Zur Bewertung der Tragweite der Bismarckschen Fassung der Emser Depesche müßten die Schüler zunächst ihre Kenntnisse über die Beziehungen Preußens und des Norddeutschen Bundes zu Frankreich seit 1866 reaktivieren, um den Vorgang vor dem Hintergrund der veränderten Machtkonstellation in Europa zu betrachten. Dann erst vermögen sie zu verstehen, welche Empörung das Bekanntwerden der spanischen Thronkandidatur in Frankreich verursachen mußte und wie die französische Regierung die Gelegenheit sah, Preußen wenigstens eine diplomatische Niederlage zuzufügen, die Einkreisung Frankreichs zu verhindern, seine Stellung in Europa wieder zu stärken und den weiteren deutschen Eini-

gungsprozeß zu erschweren. Wenn diese Aspekte in einem Unterrichtsgespräch in den Blick genommen werden, liegt die Einsicht auf der Hand, wie die überzogene Forderung der französischen Regierung nach Zusicherungen für alle Zukunft Bismarck die Gelegenheit bot, Frankreich vor die Alternative „Demütigung oder Kriegserklärung" zu stellen. Bismarck konnte auf Kriegserklärung setzen, da er auf die Neutralität der anderen europäischen Großmächte vertrauen konnte und den Anschluß der süddeutschen Staaten an den Norddeutschen Bund im Kriegsfall erwartete. Nun wird den Schülern klar, daß Bismarck sich der Tragweite seines Tuns voll bewußt war, daß er die dann eingetretenen Wirkungen nicht nur kalkuliert, sondern provoziert hat. Frankreich sollte brüskiert und zur Kriegserklärung verleitet werden.
Jetzt können die Schüler auch um so besser verstehen, weshalb Bismarck den Verzicht des Hohenzollernprinzen an den Anfang seines Textes setzt (die französische Forderung ist also gegenstandslos), die auf Vermittlung bedachten Worte des Preußenkönigs wegläßt, die Abweisung des französischen Botschafters als endgültig erscheinen läßt.

III. Alternative zur Einführung in die Quellenarbeit

Anstelle der vergleichenden Analyse beider Fassungen der Emser Depesche ließe sich auch ein Verfahren denken, bei dem die Schüler, von der Abekenschen Fassung ausgehend, eine neue, verkürzte und im Ton verschärfte Version formulieren, ohne die Fakten im wesentlichen zu verändern. Die Hinführung zur Arbeit mit der Quelle könnte in der gleichen Weise geschehen, wie dies bei der Vorbereitung zum Quellenvergleich dargestellt wurde. Nur müßten die Schüler darüber informiert werden, daß Bismarck eine den Sachverhalt provozierend zuspitzende Umformulierung des Textes vorgenommen hat, um die drohende diplomatische Niederlage ins Gegenteil zu verkehren. Die Schüler würden also in eine Problemlösungssituation versetzt werden und müßten ihre Fähigkeit schulen, einen vorgegebenen Text sachlich und sprachlich so zu analysieren, daß sie unter einer Aufgabenstellung, welche die beabsichtigten Wirkungen des Textes vorgibt, eine Textalternative erstellen können. Die Aufgabe kann in Einzelarbeit, ebenso aber auch in Partner- oder Gruppenarbeit gelöst werden.
Die Ergebnisse müßten unter Leitfragen wie:
- Enthält der umgeschriebene Text die wesentlichen Fakten?
- Was ist weggelassen worden? Mit welcher Begründung?
- Ist die Reihenfolge des Berichteten beibehalten oder verändert worden? Mit welcher Absicht sind Änderungen vorgenommen worden?
- Welche sprachlichen Abwandlungen tragen zur Verschärfung bei?

ausgewertet werden.
Anschließend müßte dann die Konfrontation mit der Bismarckschen Version erfolgen, deren Besonderheit gerade im Vergleich mit den Schülerversuchen herausgestellt werden könnte.

IV. Erweiterungs- und Vertiefungsmöglichkeiten

1. Textanalyse und -kritik aus autobiographischer Perspektive

Im 22. Kapitel seiner „Gedanken und Erinnerungen“ **(M 2)** berichtet Bismarck aus der Rückschau über die Vorgänge in Bad Ems und die Entstehung seiner Fassung der Emser Depesche.

M 2 könnte zum Gegenstand einer eingehenden Analyse gemacht werden, um mit den Schülern im einzelnen weitere situationsspezifische Einflußfaktoren herauszuarbeiten: Wie Bismarck die französische Politik einschätzt, mit welcher Verärgerung er Wilhelms „Einmischung“ in seinen Verantwortungsbereich aufnimmt und wie er insgesamt nicht bereit ist, den Frieden um den Preis öffentlicher Demütigung politisch zu verantworten. Bei der Texterarbeitung würde zudem deutlich, wie Bismarck die in der Ermächtigung zur Veröffentlichung liegende Chance zur Gegenoffensive erkennt und zu nutzen gewillt ist. Die Darstellung Bismarcks und ihre Bearbeitung könnte sich dem oben dargestellten Textvergleich wie der skizzierten Textproduktion durch die Schüler anschließen. Allerdings müßte, wie bei Memoiren überhaupt, so hier besonders die Frage nach der Wahrheitsgemäßheit des „Erinnerten“ gestellt werden.

2. Textanalyse und -kritik aus der Sicht der Forschung

Damit böte sich eine eigene Unterrichtssequenz an, deren Zielsetzung darin liegen könnte, durch Heranziehen fachwissenschaftlicher Literatur (s. Literaturverzeichnis) zu einer kritischen Überprüfung der vorliegenden Textinformationen zu gelangen. Nach allem, was die historische Forschung zutage gefördert hat, wäre dies im Hinblick auf Bismarcks „Gedanken und Erinnerungen“ eine besonders lohnende und reizvolle Aufgabe. Allerdings verlangte sie eine gründliche Aufarbeitung neuerer Forschungsergebnisse, in denen die Ereignisse der Julitage 1870 in einem genauen Zeitablauf dargestellt und vor allem auch die aktive Betreibung der spanischen Thronkandidatur des Hohenzollernprinzen durch Bismarck spätestens seit Februar 1870 nachgewiesen werden. Die Frage nach der letzten Verantwortung für die kriegerische Auseinandersetzung wird allerdings nach wie vor mit unterschiedlicher Akzentuierung beantwortet.

Die Einschätzung des Wahrheitsgehaltes der Darstellung des Ereignisablaufs durch Bismarck in seinen „Gedanken und Erinnerungen“ soll nur an drei kurzen Textausschnitten **(M 3–5)** aus der historischen Forschung dokumentiert werden.

Die Emser Depesche bietet somit, wie in einigen Varianten aufgezeigt, vielfältige Möglichkeiten, Schüler in grundlegende Verfahren der Textverarbeitung einzuführen oder bereits erworbene methodische Fertigkeiten erneut anzuwenden und zu festigen. Somit rechtfertigt sich die intensive Arbeit an dem Quellenmaterial aus methodischen Überlegungen. Darüber hinaus aber ergeben sich sachliche Vertiefungsmöglichkeiten, wenn die Entstehung des deutsch-französischen Krieges von 1870/71 im Zusammenhang der weiteren Entwicklung des Verhältnisses Deutschland–Frankreich bis in unsere Tage gesehen und eingeordnet wird. Eine Unterrichtsreihe wäre denkbar, die sich auf die zentralen Stationen im deutsch-französischen Verhältnis der vergangenen 120 Jahre konzentrierte (Reichsgründung, Außenpolitik Bismarcks, Entstehung des 1. Weltkriegs, Konfrontation und Aussöhnungsversuche nach dem 1. Weltkrieg, der 2. Weltkrieg und die Nachkriegszeit, die Aussöhnung zwischen Deutschland und Frankreich, die Situation heute nach der Vereinigung Deutschlands). Die Emser Depesche stellt den unmittelbaren Anlaß einer verhängnisvollen Entwicklung dar, die das deutsch-französische Verhältnis über achtzig Jahre bestimmt hat.

V. Hinweis auf Transfermöglichkeiten

Ein gleichermaßen prägnantes und für das Verfahren des Textvergleichs ergiebiges Beispiel wie die Emser Depesche ist nicht leicht zu finden. Bleibt man im Umkreis der Reichsgründung, so bietet sich für eine vergleichende Analyse vor allem ein Auszug aus dem Kriegstagebuch des Kronprinzen Friedrich Wilhelm, des späteren Kaisers Friedrich III., an, das im Original und in einer gekürzten Fassung vorliegt.
Der Kronprinz hat in der Zeit von Juli 1870 bis März 1871 stichwortartige Tagebucheintragungen vorgenommen und diese später in einer eigenhändigen Niederschrift ausgeführt. Die Überlieferungsgeschichte der Originaltexte wie verschiedener Abschriften ist abenteuerlich. Heinrich Otto Meisner hat 1926 das „Kriegstagebuch" Kaiser Friedrich III. erstmals als Gesamttext der Öffentlichkeit zugänglich gemacht. Vorher waren lediglich Exzerpte erschienen, und zwar erstmals im Oktoberheft der „Deutschen Rundschau" des Jahres 1888, verfaßt und zusammengestellt von Heinrich Geffcken, Jura-Professor in Straßburg, einem Studienfreund des Kronprinzen, dem dieser 1873 das Tagebuch für einige Wochen ausgeliehen hatte. Nach eigenen Aussagen will Geffcken einen Auszug von zwanzig Seiten aus der 700 Seiten umfassenden Vorlage erstellt haben. Nach Erscheinen der Exzerpte hat Bismarck durchgesetzt, daß Geffcken wegen „Fälschung" und Verrat von „Staatsgeheimnissen" der Prozeß gemacht wurde.
Die zur vergleichenden Analyse ausgewählten Textpassagen **(M 6)** beziehen sich sachlich auf die Auseinandersetzung um die offizielle Bezeichnung für den Deutschen Kaiser, wie sie am Tage vor der Kaiserproklamation in einer Beratung bei König Wilhelm stattgefunden hat. Methodisch könnten die Schüler die Texte unter ähnlichen Fragestellungen wie beim Vergleich der beiden Fassungen der Emser Depesche untersuchen.

VI. Literaturhinweise für die Unterrichtsvorbereitung

Grundlegende Informationen zur Entstehung des deutsch-französischen Krieges finden sich u. a. in folgenden Werken:

Schieder, Th.: Vom Deutschen Bund zum Deutschen Reich. In: Gebhardt: Handbuch der Deutschen Geschichte. 13. Aufl., hrsg. von Herbert Grundmann. Bd. 15. München 1990 (dtv). Der Darstellung schließt sich ein ausführliches Literaturverzeichnis an.

Gall, L.: Bismarck. Der weiße Revolutionär. 5. Aufl., Frankfurt/M. 1981

Engelberg, E.: Bismarck. Urpreuße und Reichsgründer. Berlin 1985

Craig, G. A.: Deutsche Geschichte 1866–1945. München 1989

Nipperdey, Th.: Deutsche Geschichte. Band II. München 1992

Stürmer, M.: Das ruhelose Reich. Deutschland 1866–1918. Berlin 1983. In: Die Deutschen und ihre Nation. Bd. 3

Vogt, M. (Hrsg.): Deutsche Geschichte. Von den Anfängen bis zur Wiedervereinigung. 2. Aufl., Stuttgart 1991 (Fortführung des „Rassow-Handbuches").

Detailuntersuchungen zur unmittelbaren Vorgeschichte des Krieges (spanische Thronkandidatur):

Dittrich, J.: Bismarck, Frankreich und die spanische Thronkandidatur der Hohenzollern. Die „Kriegsschuldfrage" von 1870. München 1962

Kolb, E.: Der Kriegsausbruch 1870. Politische Entscheidungsprozesse und Verantwortlichkeiten in der Julikrise 1870. Göttingen 1970

Morsey, R.: Die Hohenzollernsche Thronkandidatur in Spanien. HZ 186 (1958)

Becker, J.: Zum Problem der Bismarckschen Politik in der spanischen Thronfrage 1870. HZ 212 (1971).

Die beiden letztgenannten Aufsätze enthalten auch zahlreiche Hinweise auf die Weigerung des Auswärtigen Amtes sowie des Hauses Sigmaringen, Dokumente zur spanischen Thronkandidatur der Forschung zugänglich zu machen (z. T. bis Ende der 20er Jahre unseres Jahrhunderts).

Als informativer **Überblick über die Forschung** zur Entstehung des deutsch-französischen Krieges von 1870/71 eignet sich:

Grützner, F.: Die Politik Bismarcks 1862 bis 1871 in der deutschen Geschichtsschreibung. Eine kritische historiographische Betrachtung. Frankfurt 1986. In: Studien zum Kontinuitätsproblem der deutschen Geschichte. Hrsg. von Wilhelm Alff.

Die **wichtigsten Quellen** sind u. a. veröffentlicht in der Reihe „Ausgewählte Quellen zur Deutschen Geschichte der Neuzeit" (Freiherr-vom-Stein-Gedächtnisausgabe). Darin:

Scheler, E.: Otto von Bismarck. Werke in Auswahl. Band IV: Die Reichsgründung. Zweiter Teil 1866–1871. Darmstadt 1968

Hohlfeld, J.: Dokumente der Deutschen Politik und Geschichte von 1848 bis zur Gegenwart. Bd. I., Berlin 1952

Meisner, H. O. (Hrsg.): Kaiser Friedrich III. Das Kriegstagebuch von 1870/71. Berlin/ Leipzig 1926

6 Lenin: Dekret über den Frieden – Wilson: Vierzehn Punkte

Textvergleich

Inhalt des Kapitels

Verzeichnis der Materialien zu diesem Kapitel

I. Didaktisch-methodischer Kommentar

Um die Jahreswende 1917/18 entspann sich zwischen den Bolschewiki im revolutionären Rußland und den USA ein politischer Dialog, dessen Bedeutung von den alten Großmächten des kriegführenden Europa erst allmählich wahrgenommen wurde. Dabei hatte schon das Frühjahr 1917 deutliche Zeichen für den *Beginn einer neuen Epoche für Europa* gesetzt.

Die Vorgänge in Rußland

Kriegsmüdigkeit, Hungerrevolten und gravierende Fehlentscheidungen des Zaren Nikolaus II. hatten seit dem 26. Februar/11. März 1917 in der russischen Hauptstadt Petrograd zu Massenstreiks geführt, die in unerwarteter Schnelligkeit zum politischen Umsturz des Zarenregimes führten. Appelle von Dumaabgeordneten an den Zaren, die Krise durch eine schnelle Regierungsumbildung und Partizipationsrechte für die Duma zu entschärfen, blieben dort ungehört. Statt dessen erhielt General Chabalow, Kommandant des Petrograder Militärbezirks, den Befehl, die „Unruhen in der Hauptstadt zu liquidieren“ (Telegramm des Zaren an Chabalow vom 25. 2./10. 3. 1917 in: Hellmann 1980, 118). Am 27. Februar/12. März überschlugen sich dann die Ereignisse, als sich der Seniorenkonvent der Reichsduma dem Zaren widersetzte (Hellmann 1980, 126) und mit einem Vollzugskomitee der Reichsduma die Basis einer Provisorischen Regierung bildete (Hellmann 1980, 127 u. 130 f.). Der gleiche Tag führte aber durch die Anwesenheit revolutionärer Truppen im Taurischen Palais, dem Duma-Gebäude, zur Bildung eines Arbeiter- und Soldatenrates. Auch er formierte ein Provisorisches Exekutivkomitee, das sich als revolutionäres neues Regierungsorgan am 28. Februar/13. März an die Bevölkerung wandte und die vollständige Beseitigung des alten Regimes forderte (Hellmann 1980, 128 f.). So war es nur noch eine Frage der Zeit, daß in Rußland mit Nikolaus II. die jahrhundertealte autokratische Herrschaft der Zaren zu Ende ging. Nach der Abdankung des Zaren am 3./16. März und dem gleichzeitigen Verzicht seines zunächst als Nachfolger auserkorenen Bruders, des Großfürsten Michail Alexandrowitsch (Hellmann 1980, 138 u. 140) schien Rußland auf dem Wege zu einer demokratischen Republik.

Das Ziel des Petrograder Sowjets war die Einberufung einer Konstituante auf der Grundlage allgemeiner, gleicher, direkter und geheimer Wahlen. Doch was äußerlich als Übereinstimmung mit der am 3./16. März veröffentlichten Erklärung der inzwischen durch den Fürsten G. J. Lwow geführten Provisorischen Regierung erschien (Hellmann 1980, 152–154), überdeckte nur die realen Unterschiede zwischen den liberalen Patrioten aus der Reichsduma und dem revolutionären Instrument der Arbeiter- und Soldatenräte.

Der Sozialrevolutionär Kerenskij, Justizminister der Provisorischen Regierung und zugleich Vizepräsident des Exekutivkomitees des Sowjets, konnte zwar eine Zeitlang die politische Verbindung beider Gremien aufrechterhalten, doch die russische Februarrevolution war von Anfang an gekennzeichnet durch eine *Doppelherrschaft* mit gegensätzlichen Zielvorstellungen vor allem in bezug auf die Fortführung des Krieges gegen die Mittelmächte. Schon der Befehl Nr. 1 des Petrograder Sowjets vom 1./14. März 1917 verstand die Provisorische Regierung nur als geduldet:

„3. In allen politischen Angelegenheiten untersteht jeder Truppenteil dem Sowjet der Arbeiter- und Soldatendelegierten und seinen Komitees.

4. Die Befehle der militärischen Kommission der Reichsduma sind nur in den Fällen auszuführen, wenn sie zu den Befehlen und Beschlüssen des Sowjets der Arbeiter- und Soldatendelegierten nicht in Widerspruch stehen." (Hellmann 1980, 134)

Der Appell des Petrograder Sowjets an die Völker der ganzen Welt vom 14./27. März 1917 signalisiert noch sehr viel deutlicher, daß die Arbeiter- und Soldatenräte nicht mehr bereit sind, den Krieg in der bisherigen Form fortzusetzen. Gemäß der Überzeugung, daß Kriege bisher stets im Interesse der herrschenden Klassen stattgefunden haben, fordern sie die Proletarier aller Länder auf, die „Entscheidung über Krieg und Frieden in ihre eigenen Hände [zu] nehmen" und „mit den räuberischen Bestrebungen der Regierungen aller Länder aufzuräumen" (Hellmann 1980, 182). Wenn dies mehr war als eine taktisch gemeinte Adresse an die ebenfalls kriegsmüden Soldaten der Mittelmächte, dann kündete schon die Februarrevolution an, daß es in Zukunft in Europa nicht mehr nur um die alten Kriegsziele gehen würde. Noch aber war der Machtkampf zwischen Provisorischer Regierung und Sowjets nicht entschieden, und das weitere Schicksal Rußlands blieb noch ungewiß.

Die Reaktion in den USA

Ein weiteres epochales Moment bahnte sich in den Vereinigten Staaten an. Dort hatten sich zwar die Sympathien mit zunehmender Kriegsdauer zugunsten Großbritanniens und Frankreichs verlagert, doch zu einem direkten Eingreifen in den Krieg war die Administration Wilson noch nicht bereit. Die revolutionären Vorgänge in Rußland wurden mit großer Aufmerksamkeit und hochgespannten Erwartungen verfolgt:

„The morning papers of March 16 carried the news that could no longer be held back from the cables . . . but few were prepared for the rapidity or completeness of the overturn in which on March 15 the Army and the Duma forced the abdication of Nicholas II. . . .The spoken belief among the Allies was that a democratic Russia would fight longer and harder than Czarist Russia. . ." (Paxton 1966, 410)

Da der kurzzeitige Außenminister der Provisorischen Regierung Miljukow in den USA bekannt war, richteten sich die Hoffnungen im State Department auf die liberal gesinnten Politiker der Duma-Regierung. Äußerungen Leo Trotzkijs, der sich am 17. März zu einem Treffen russischer Radikaler in New York aufhielt und in Frage stellte, daß diese Revolution zwangsläufig zugunsten der westeuropäischen Großmächte verlaufen müßte, wurden kaum gehört. In Reaktion auf eine Depesche Miljukows vom 4./17. März 1917 an alle Auslandsvertreter Rußlands, in der dieser die Einhaltung der Bündnisverträge mit den Alliierten zusicherte, schrieb der amerikanische Gesandte in Petrograd David R. Francis an seinen Außenminister Robert Lansing:

„Ich ersuche Sie höflich, mir sofort die Vollmacht zu geben, die neue Regierung anzuerkennen, da diese erste Anerkennung von jedem Gesichtspunkt aus wünschenswert ist.

Diese Revolution ist die praktische Verwirklichung des Regierungsprinzips, das wir verteidigt haben, ich meine eine Regierung durch den Willen der Regierten. Unsere Anerkennung wird eine erstaunliche Wirkung haben, besonders, wenn sie zuerst ausgesprochen wird." (Hellmann 1980, 164)

Tatsächlich hatten es die USA mit der Anerkennung eilig, und schon am 9./22. März sprach Francis noch vor dem britischen und französischen Botschafter die Anerkennung der Provisorischen Regierung Rußlands aus (Hellmann 1980, 165). Die Februarrevolution in Rußland wurde für die USA zum Prüfstein, ihr eigenes Engagement im Weltkrieg zu überdenken. Wir wissen heute, daß die Vorgänge in Rußland ein wesentlicher Faktor für die Entscheidung Präsident Wilsons waren, dem Kongreß am 2. April 1917 seine Kriegsbotschaft vorzutragen und an der Seite der Entente-Mächte in den Krieg gegen das Deutsche Reich und die Donaumonarchie einzutreten.

Durch dieses letztlich kriegsentscheidende Eingreifen der USA und die eingeleiteten Demokratisierungsprozesse in Rußland kündeten sich bereits tiefgreifende Veränderungen der alten europäischen Staatenwelt an. Das Schicksal der Mittelmächte war im April 1917 faktisch besiegelt, und da schon die Kriegsbotschaft von Präsident Wilson die Kriegsziele der USA in der griffigen Formulierung zusammenfaßte „The world must be made safe for democracy" (Commager 1973, 131) und dabei ausdrücklich die Befreiung des deutschen Volkes von seiner autokratischen Herrscherkaste erreichen wollte, deutete sich auch schon an, daß es in Europa am Ende dieses Krieges tiefgreifende, in die innere Struktur der Staaten hinreichende Veränderungen geben würde. Für die Donaumonarchie stellte sich damit bereits die Existenzfrage. Noch aber schien es, als würde Rußland den politischen und militärischen Zielen seiner westlichen Verbündeten folgen.

Lenins „Dekret über den Frieden"

Lenins bolschewistische Revolution vom 25. Oktober/7. November veränderte den eingeleiteten Umbruchprozeß des Epochenjahres 1917 noch einmal grundlegend. Die dem Zweiten Sowjetkongreß, der die bolschewistische Machtübernahme nur noch zur Kenntnis nehmen konnte, vorgelegten Dekrete des Vorsitzenden des neugebildeten Rates der Volkskommissare über den Frieden (Hellmann 1980, 312–315), über den Grund und Boden (Hellmann 1980, 315–318) und nur wenig später auch über die Arbeiterkontrolle (Hellmann 1980, 327–328) gestalteten nicht nur die innere gesellschaftliche und politische Struktur Rußlands radikal um, sondern die proletarische Revolution wurde von Lenin auch zum Handlungskonzept außenpolitischer Entscheidungen gemacht.

Das „Dekret über den Frieden" vom 26. Oktober/8. November 1917 geht in seinen Zielsetzungen weit über die bisher in Europa vorgelegten Waffenstillstands- und Friedensangebote hinaus. Was als „Friede ohne Annexionen" vordergründig an Wilsons Senatsrede vom 22. 1. 1917 („Peace without victory" – Commager 1973, 125–128), die Friedensrevolution des Deutschen Reichstages vom 19. 6. 1917 („Frieden der Verständigung") oder das Vermittlungsangebot von Papst Benedikt XV. vom 1. 8. 1917 („status quo ante") anknüpft, entpuppt sich bei näherem Hinsehen als eine revolutionäre Umgestaltung des Systems der außenpolitischen Beziehungen insgesamt. Die vorliegende Quelle hat einen Schlüsselcha-

rakter nicht nur in bezug auf die spätere Außenpolitik Rußlands bzw. der UdSSR, sondern auch die Staaten des alten Europa sind fortan gezwungen, über die Prinzipien des bisherigen Staatensystems nachzudenken, wenn sie sich nicht selbst einer existentiellen Bedrohung durch inneren Umsturz aussetzen wollen.
Die europäischen Mächte hatten diese weitreichende Bedeutung von Lenins „Dekret über den Frieden" noch nicht voll erkannt. Die Reaktionen bezogen sich zumeist auf die Ebene des konkreten Verhandlungsangebots an die Adresse der kriegführenden Regierungen. Die Überlegungen betrafen vor allem Zeitpunkt und Modalitäten der evtl. Beendigung von Kriegshandlungen. Lediglich der britische Premierminister Lloyd George sah sich durch den Druck der Labour Party genötigt, am 4. Januar 1918 vor dem British Trade Union Congress näher auf die bolschewistischen Vorstöße einzugehen und eine Kriegszielerklärung abzugeben, die bei den Liberalen und der Konservativen Partei ein geteiltes Echo fand:

> „The settlement of the new Europe must be based on such grounds of reason and justice as will give some promise of stability. Therefore it is that we feel that government with the consent of governed must be the basis of any territorial settlement in this war." (Dos Passos 1962, 303)

Daß dieser britischen Antwort auf Lenins außenpolitische Herausforderung keine weiterreichende Bedeutung zukam, lag an den Ereignissen, die sich gleichzeitig hinter den Kulissen in Washington vollzogen. Präsident Wilson hatte früher als die Europäer die prinzipielle Bedeutung und den revolutionären Charakter von Lenins „Dekret über den Frieden" erkannt. Zur Kongreßeröffnung im Neuen Jahr wollte er mit einer „13-Punkte-Erklärung" als einer eigenen Kriegszielformulierung auf „the Bolshevik challenge" antworten. Die Nachricht von der Rede des britischen Premierministers erreichte ihn durch die Abendzeitungen des 5. Januar 1918, als er mit seinem außenpolitischen Berater Oberst Edward M. House die eigene Erklärung entwarf. Durch den britischen Vorstoß zunächst entmutigt und gewillt, den eigenen Entwurf in den Papierkorb zu werfen, ließ sich Präsident Wilson mit dem Argument, Lloyd George habe eigentlich nur einen Weg geöffnet („clearing the air" - Dos Passos 1962, 303), zu einer sehr viel weiter ausgearbeiteten und grundlegenderen Kongreßerklärung überreden. Er ging dabei kein geringes Risiko ein, denn das beabsichtigte intensivere amerikanische Engagement bei eventuellen Friedensregelungen in Europa würde den Widerstand der Isolationisten hervorrufen.

Wilsons „Fourteen Points"

Die dann am 8. Januar 1918 vor beiden Häusern des Kongresses vorgetragene „14-Punkte-Erklärung" traf viele Senatoren und Abgeordnete unvorbereitet (Situationsbeschreibung: Dos Passos 1962, 305–307), wurde aber selbst bei politischen Gegnern mit erstaunlichem Beifall bedacht. Politiker und Öffentlichkeit der USA erkannten, daß Präsident Wilson mit seinen „Fourteen Points" neben konkreten Angaben über die amerikanische Kriegsziele ein grundlegendes Programm für eine Neuordnung der internationalen Beziehungen im zwanzigsten Jahrhundert vorgelegt hatte. Im Gegensatz zu Großbritannien und Frankreich, die sehr kühl reagierten, oder dem Deutschen Reich, das selektiv nach amerikanischem Entgegenkommen suchte, sah man in den USA die Kongreßbotschaft nicht nur dem

von Lenin vorgelegten Konzept in seinem prinzipiellen Charakter als mindestens ebenbürtig an, sondern man erkannte, daß mit Wilsons Programm der bolschewistischen Herausforderung wirksam begegnet werden konnte.
Daß sich dieses Programm auch gegen die bolschewistischen Vorstellungen von Außenpolitik richtete und letztlich sogar wesentlich zum Scheitern der auf proletarische Revolutionen in ganz Europa ausgerichteten Politik Lenins beitrug, hatten damals weder der Vorsitzende des Rates der Volkskomissare noch Trotzkij, sein Kommissar für auswärtige Fragen, in vollem Maße realisiert. Die Übermittlung der „Vierzehn Punkte" nach Petrograd und die Erstellung einer russischen und deutschen Übersetzung dauerten etwa eine Woche. Das amerikanische „Committee on Public Information" übergab durch seinen Petrograder Repräsentanten, Edgar Sisson, Lenin persönlich die Übersetzungen. Nach seinem Bericht war Lenin nach der Lektüre fröhlich wie ein kleiner Junge („joyous as a boy" - Dos Passos 1962, 307), telegrafierte den Text sofort an Trotzkij, der in Brest-Litowsk mit den Mittelmächten verhandelte, und erlaubte auch die Verteilung der „Vierzehn Punkte" bei den deutschen Gefangenen und an der Frontlinie. Weitere 300 000 Handzettel mit dem Text wurden durch Edgar Sisson auch unter der russischen Bevölkerung verteilt.
Der *politische Dialog* zwischen Lenin und Wilson kann in seiner Bedeutung für die außenpolitischen Beziehungen im zwanzigsten Jahrhundert kaum überschätzt werden. Beide Texte sind Schlüsselquellen für die auf Jahrzehnte hin ausgelegten Strategien der späteren Supermächte USA und UdSSR. Die Konzepte wurden im Laufe der Jahre taktisch bedingt modifiziert, doch die Zielformulierungen aus der Jahreswende 1917/18 gelten fort bis in die unmittelbare Gegenwart. Dieser Dialog steht am Anfang von über 70 Jahren Ost-West-Gegensatz, und beide Quellen haben auch nach dem sich Ende der 80er Jahre unter Michail Gorbatschow offenkundig werdenden Zusammenbruch der kommunistischen Herrschaft in Osteuropa und der folgenden Auflösung der UdSSR nichts von ihrer thematischen Aktualität verloren. Wer über die offensichtlichen gegenwärtigen Wirkungsfaktoren der wirtschaftlichen Überlegenheit und des technologischen Vorsprungs des Westens hinausschaut, wird unter den tieferen Ursachen für den heutigen Wandel auch die Konfrontation jener politischen Prinzipien finden, die um die Jahreswende 1917/18 den politischen Dialog zwischen Lenin und Präsident Wilson bestimmt haben. Der Umbruch in Rußland und seinen Nachbarstaaten nimmt über 70 Jahre später die politischen Kontroversen aus der Zeit der Doppelherrschaft auf, ohne daß man schon absehen könnte, wohin diese Entwicklung führt.

Themenspezifische Voraussetzungen

Die beiden vorliegenden Quellen können wichtige Gelenkpunkte von durchaus unterschiedlichen Unterrichtssequenzen in Kursen der Sekundarstufe II sein. Der politische Dialog zwischen Lenin und Wilson hat seinen Stellenwert zum einen im Kontext der Russischen Revolution. Er macht deutlich, daß die Vorgänge in Petrograd von Lenin als Auslöser für die Machtergreifung des Proletariats in allen entwickelten Staaten des alten Europa gedacht waren, und er deckt mit Wilsons Gegenprogramm zugleich einen wesentlichen Faktor auf, der Lenins Erwartungen auf außenpolitischem Gebiet zunichte machte. Zum

anderen haben beide Quellen einen ganz entscheidenden Erklärungswert im Kontext der amerikanischen Geschichte des 20. Jahrhunderts. Auch wenn aus amerikanischer Sicht das Jahr 1917 keinen so epochalen Einschnitt bedeutet wie für die Europäer (vgl. Angermann 1987, 7), so formulieren und begründen die „Vierzehn Punkte" Wilsons wesentliche Konstanten des amerikanischen Selbstverständnisses und der amerikanischen Außenpolitik. Dem widerspricht nicht, daß Wilsons Völkerbundsidee 1919 zunächst im Senat scheiterte und die sog. „Isolationisten" die Oberhand gewannen. Spätestens seit der Präsidentschaft von Franklin D. Roosevelt knüpften die USA wieder an die Prinzipien von Wilsons Außenpolitik an, und auch die heutigen Vorstellungen über die Rolle der USA in der Welt sehen sich noch immer den Prinzipien der „Vierzehn Punkte" von 1918 verpflichtet. Die neuerliche Erschütterung der ost- und südosteuropäischen Staatenwelt hat sogar bestimmten Detailregelungen eine unerwartete Aktualität verliehen.
Beide Quellen wären aber auch innerhalb einer Unterrichtsreihe von Bedeutung, die sich im Rahmen der deutschen Geschichte mit dem Ausgang des Ersten Weltkrieges und der deutschen Revolution von 1918/19 beschäftigt. Das bolschewistische Friedensprogramm und seine unmittelbare Revolutionserwartung ist wesentlicher Faktor für die Radikalisierung der Fronttruppen und der Arbeiterschaft in den Rüstungsbetrieben. USPD und Spartakusbund trugen Leninsche Zielsetzungen in die deutsche Revolution hinein. Wilsons „Vierzehn Punkte" wurden von der deutschen Reichsregierung aufgegriffen und mit teilweise illusionären Erwartungen zur Grundlage des Friedensersuchens gemacht. Vor allem unter Stresemann öffnete sich später auch die Weimarer Republik dem Völkerbund und setzte die sich gut entwickelnden Beziehungen zu den USA geschickt ein, um sich aus der Umklammerung der europäischen Großmächte zu lösen. Diese Ansätze wurden später vor allem von Hitler leider wieder zugeschüttet.
Für alle genannten thematischen Zusammenhänge ist es notwendig, daß der Unterricht für die eingehende Analyse des politischen Dialogs zwischen Lenin und Wilson die zum Verständnis unerläßlichen Voraussetzungen schafft. Diese liegen, wenn man es vereinfacht ausdrückt, auf zwei verschiedenen Ebenen. Ein gleichsam horizontaler Zugang ergibt sich über die Erarbeitung des unmittelbaren historischen Kontextes der beiden Quellen:

- Der Unterricht sollte wesentliche Grundlinien der Russischen Revolution erarbeitet haben. Die Schüler müßten wissen, daß es in Rußland seit dem Februar 1917 Versuche gab, das Land im Sinne liberaler Vorstellungen zu demokratisieren. Da sich aber gleichzeitig revolutionäre Arbeiter- und Soldatenräte (Sowjets) konstituierten, war politisches Handeln in Rußland nur unter den Bedingungen einer Doppelherrschaft möglich.
- Mit Lenins „Aprilthesen" (Hellmann 1980, 189–191), vorgetragen unmittelbar nach seiner Rückkehr aus dem Schweizer Exil, erscheint dann als weiteres revolutionäres Element der Machtwille der Bolschewiki. Die Schüler sollten erarbeitet haben, daß Lenins Strategie auf die Liquidierung der Provisorischen Regierung und damit auch jeglicher liberaler Demokratievorstellungen gerichtet ist; dabei werden die Sowjets aber nur scheinbar gestärkt, denn Lenins Ziel ist nicht die Herrschaft der Räte, sondern die Machtkonzentration bei der revolutionären Kaderpartei der Bolschewiki.
- Der Unterricht sollte auch die Zuspitzung der revolutionären Situation in Rußland nach dem Scheitern der Brussilow-Offensive und der noch immer offenen Frage der Bodenverteilung aus den Adelsgütern thematisiert haben. Nur vor diesem Hintergrund wird

verständlich, warum es den Bolschewiki gelang, bei den Wahlen zu den Petrograder und Moskauer Sowjets Mehrheiten zu erlangen, mit deren Hilfe sie die Voraussetzungen schaffen konnten für ihr Losschlagen am 25. Oktober/7. November und für die Verhaftung der Provisorischen Regierung. Die Schüler müßten erkannt haben, daß der nach Petrograd einberufene Zweite Allrussische Sowjetkongreß von Lenin sehr schnelle Entscheidungen bei der Bodenfrage und bei der Frage der weiteren russischen Kriegsbeteiligung erwartete.

- Zum Verständnis der „Vierzehn Punkte" Wilsons müßte sich der Unterricht auf jeden Fall mit den Motiven des amerikanischen Kriegsbeitritts befaßt haben. Es sollte deutlich geworden sein, daß zwar auch für die USA machtpolitische Überlegungen und wirtschaftliche Interessen als Motive für den Eintritt in den Ersten Weltkrieg nachweisbar sind (Angermann 1987, 25–26), daß sich aber die Politik des amerikanischen Präsidenten trotz vieler Einseitigkeiten von Anfang an durch einen besonderen moralischen Anspruch und einen programmatischen Charakter von den Zielen seiner europäischen Kriegspartner unterscheidet.
- Eine spezielle Unterrichtsreihe zur Geschichte der USA sollte darüber hinaus aufzeigen, welche längerfristigen Konstanten der amerikanischen Außenpolitik seit den letzten Jahrzehnten des 19. Jahrhunderts wirksam geworden sind. Begriffe wie
  New Frontier,
  Open Door Policy,
  Informal Empire,
  Dollar Diplomacy,
  „Imperialism of Idealism" (Angermann 1987, 23),
  Big Stick Policy,
  Progressive Movement u. a. m.
  umschreiben die Denkansätze und die Handlungsfelder der amerikanischen Außenpolitik, zu denen auch der programmatische Entwurf von Präsident Wilson in Beziehung gesetzt werden muß.
- Für eine Unterrichtsreihe, die den Zusammenbruch der Mittelmächte und die Umbruchsituation der deutschen Revolution der Jahre 1918/19 ausleuchtet, sollte der vorangehende Unterricht das Kalkül des deutschen Generalstabs bei der Einschleusung Lenins thematisiert haben. Es verdeutlicht, daß man recht eindimensional die Destabilisierung der russischen Kampflinie erwartete, nicht jedoch weiterreichende Rückwirkungen auf den Widerstandswillen des deutschen Heeres oder gar eine Ausweitung der Revolution auf mehrere europäische Staaten. Tatsächlich kommt es dann aber zu ersten Fraternisierungen, Unruhen bei der Hochseeflotte und Massenstreiks in den Fabriken, bei denen die Appelle Lenins eine zunehmende Rolle spielen.
- In bezug auf Wilson sollte eine Unterrichtsreihe zur deutschen Geschichte erarbeitet haben, daß sich die USA noch als neutrale Macht immer wieder um eine Vermittlung zwischen den kriegführenden Europäern bemüht hatten, dabei aber weder bei den Entente- noch bei den Mittelmächten ernsthaftes Entgegenkommen fanden. Das deutsche Kaiserreich schuf dann aber den Anlaß für den Kriegsbeitritt der Vereinigten Staaten, indem es dem amerikanischen Präsidenten Wilson am 31. Januar 1917 die Wiederaufnahme des uneingeschränkten U-Boot-Krieges mitteilte. Dabei müßten die Schüler erkannt haben,

daß die deutsche Verantwortung nicht allein auf der Ebene einer schwierigen militärischen Entscheidung zu suchen ist, sondern vor allem in einer schwerwiegenden *politischen Fehlleistung*. So war die Entscheidung für den uneingeschränkten U-Boot-Krieg im deutschen Hauptquartier bereits am 9. Januar gefallen. Weder die einen Tag später veröffentlichten Kriegsziele der Entente noch die Senatsrede Wilsons vom 22. Januar über „Peace without victory" wurden zum Anlaß genommen, Möglichkeiten zur Kriegsbeendigung auszuloten. Auch die Warnungen des deutschen Botschafters Graf v. Bernstorff wurden in den Wind geschlagen, und die deutsche Politik hat selbst noch in der Zeit zwischen dem Abbruch der diplomatischen Beziehungen durch die USA am 31. Januar und der Kriegsbotschaft Wilsons am 2. April immer neue Anlässe geliefert, den amerikanischen Präsidenten in seinen Friedensbemühungen zu brüskieren (Doerries, in: Trommler 1986, 1-15; Dos Passos 1962, 195; Angermann 1987, 289).
- In allen genannten Unterrichtsreihen kann natürlich auch nicht darauf verzichtet werden, die Lage an den Fronten aufzuzeigen. Die Schüler sollten erkennen, daß der Kriegsbeitritt der USA das Schicksal der Mittelmächte durch ihr wirtschaftliches und später auch militärisches Gewicht endgültig besiegelt. Diese Erwartung gilt insbesondere auch für den Revolutionär Lenin, der schon am 4./17. Juni 1917 in seiner Rede über die Stellung zur Provisorischen Regierung ausführt:
  „Deutschland steht am Rande des Abgrundes, und nach dem Eingreifen Amerikas . . . ist die Lage Deutschlands hoffnungslos: Deutschland wird vernichtet werden." (Hellmann 1980, 234)

Es wäre historisch deshalb kurzsichtig, den Zusammenbruch der Mittelmächte erst der Zeit nach dem Frieden von Brest-Litowsk zuzuordnen und die Ursachen zu eng bei den militärischen Einbrüchen an der Westfront zu suchen.

Neben der genannten Einbettung der beiden Quellen in ihren unmittelbaren historischen Kontext müßten im vorangehenden Unterricht auch Voraussetzungen für eine *vertikale Vertiefung* der Quellenanalyse geschaffen werden:
- Zum Verständnis von Lenins „Dekret über den Frieden" sollten sich die Schüler mit Lenins Begriff der proletarischen Revolution beschäftigt haben, insbesondere mit der Rolle der Kaderpartei aus Berufsrevolutionären als Avantgarde des Proletariats. Die Unterschiede zu den Vorstellungen von Marx und Engels sollten dabei deutlich geworden sein.
- Eine Auseinandersetzung mit Wilsons „Vierzehn Punkten" setzt voraus, daß die Schüler nicht nur die Stellung des amerikanischen Präsidenten im Verfassungssystem einschätzen können, sondern sich auch schon einmal mit den Besonderheiten der amerikanischen Ideologie beschäftigt haben (vgl. Lösche 1989, 271 f.; Wasser 1983, 96-109; Spillmann 1984). Sie sollten zumindest ansatzweise dazu in der Lage sein, Wilsons „Vierzehn Punkte" mit längerfristigen amerikanischen Denkvorstellungen in Beziehung zu setzen.

Sachlicher Gehalt der Quellen

1. Lenins „Dekret über den Frieden" (M 1)

Als erste außenpolitische Erklärung des Rates der Volkskommissare ist die vorliegende Quelle zunächst einmal unter dem Gesichtspunkt von Interesse, wie sich die neue bolschewistische Regierung unmittelbar nach der Zerschlagung der Provisorischen Regierung Kerenskij der irritierten Öffentlichkeit präsentiert. Das gilt einmal für den von den Ereignissen einfach überfahrenen Allrussischen Sowjetkongreß in Petrograd und die unruhigen Massen in den Zentren des Landes und an der Front, aber auch für die kriegführenden Staaten, die nun einschätzen müssen, mit wem sie es künftig zu tun haben.

Lenin spricht von einer „Arbeiter- und Bauernregierung" (Z. 1 und 79), die sich auf die Sowjets der Arbeiter-, Soldaten- und Bauerndeputierten stütze (Z. 2). Die Vorgänge des 24.–25. Oktober/6.–7. November 1917 in Petrograd werden als eine besondere „Revolution" (Z. 1) von den bisherigen revolutionären Vorgängen in Rußland abgehoben. Die Begriffswahl macht deutlich, daß sich die Regierung des Rates der Volkskommissare von der marxistisch-leninistischen Ideologie her legitimiert. Real ist die neue Regierung Herrschaft der Partei der Bolschewiki, die Verankerung in der breiten Bewegung der Sowjets besteht in Mehrheiten, die durch taktisch geschicktes Vorgehen errungen wurden, die aber zwangsläufig von kurzer Dauer waren. Es war weder möglich noch beabsichtigt, die Macht an die Sowjets der Arbeiter-, Soldaten- und Bauerndeputierten zu übergeben. Neben taktischen Überlegungen waren es vor allem ideologische Gründe, die den 25. Oktober/7. November als besondere Revolution erscheinen lassen sollten. Es ging Lenin um die Überwindung bürgerlicher Revolutionsvorstellungen, die seit 1789 das politische Denken in Europa bestimmten, und die Einleitung der *proletarischen Revolution* im Sinne von Marx und Engels. Eine Modifizierung der Revolutionstheorie mit einer neuen Rolle des „revolutionären Bauerntums" und der führenden Rolle einer gut organisierten marxistischen Kaderpartei sollten diese proletarische Revolution auch in einem wirtschaftlich und gesellschaftlich rückständigen Land ermöglichen. Und so knüpft Lenin bei der Vorstellung seiner neuen Regierung im „Dekret über den Frieden" unmittelbar an das revolutionäre Programm an, das er in seinen „Aprilthesen" formuliert hatte:

> „Die Eigenart der gegenwärtigen Lage in Rußland besteht in dem Übergang von der *ersten Etappe* der Revolution, die infolge des ungenügend entwickelten Klassenbewußtseins und der mangelnden Organisiertheit des Proletariats die Bourgeoisie an die Macht brachte, zur *zweiten Etappe*, die die Macht in die Hände des Proletariats und der armen Schichten der Bauernschaft legen muß." (Hellmann 1980, 190)

Klassenbewußtsein und Organisation werden eingebracht durch die Partei der Bolschewiki, die sich damit als Avantgarde der arbeitenden Klassen legitimiert. Sie muß gemäß der marxistischen Ideologie während der nun in Rußland beginnenden Phase der *Diktatur des Proletariats* alle Macht in ihren Händen behalten. Wenn der Text Lenins die Regierung des Rates der Volkskommissare, die Sowjets und die arbeitenden Klassen wie Synonyme gebraucht, so ist das Ausdruck dieser ideologischen Legitimation der bolschewistischen Herrschaft.

Sachlicher Schwerpunkt des „Dekrets über den Frieden" ist das Problem der weiteren Kriegsbeteiligung Rußlands. In dieser Frage standen sich die verhaftete Provisorische

Regierung und Bolschewiki unversöhnlich gegenüber. Noch Kerenskij, selbst Sozialrevolutionär, hatte sich in seiner letzten Regierungserklärung vom 25. September/8. Oktober mit verständlichen Argumenten für eine Beibehaltung der alliierten Kriegskoalition ausgesprochen:

„Weil die Provisorische Regierung für den Frieden kämpft, will sie nichtsdestoweniger die gemeinsame Sache der Alliierten mit allen Mitteln verteidigen, das Land schützen, allen Versuchen, nationales Territorium abzutrennen und unter fremdes Joch zu beugen, sich widersetzen und die feindlichen Truppen vom Boden unseres Vaterlandes vertreiben. . ." (Hellmann 1980, 277)

Die Position Kerenskijs, die den Beginn von Friedensverhandlungen mit den Mittelmächten keinesfalls ausschloß, entsprach eigentlich russischen Interessen. Nur von den Westmächten, vor allem von den USA, konnte Rußland noch materielle Unterstützung erwarten, und wer sonst, wenn nicht die Alliierten, konnten die russische Position gegenüber den tief im Lande stehenden Mittelmächten stärken? Hatte nicht auch Lenin selbst durch den Kriegsbeitritt der USA schon am 4./17. Juni 1917 das Schicksal der Mittelmächte als besiegelt angesehen?

Die Ausführungen zeigen, daß die in der Kriegsfrage konträre Position Lenins und der Bolschewiki nicht auf der Ebene rationalen politischen und militärischen Kalküls zu finden sein kann. Die Unterstellung pazifistischer Motive ginge ebenfalls am politischen Denken der Bolschewiki vorbei, und so sehr auch Lenin und Trotzkij die allgemeine Kriegsmüdigkeit für ihre Zwecke taktisch nutzten, so ist sie *nicht* das Handlungsmotiv für Lenins Position, den Krieg sofort und auch gegen den Willen der Verbündeten zu beenden. Wie sonst wäre zu erklären, daß sich vor allem unter Trotzkij gleichzeitig der Aufbau einer „Roten Armee" vollzieht, die schon 1918 mehr als 3 Millionen Soldaten umfaßt?

Das „Dekret über den Frieden" folgt in seiner Position dem Kurs, den Lenin für die Partei schon in den „Aprilthesen" festgeschrieben hatte. Ein *revolutionärer Krieg*, so Lenin, ist durchaus zu rechtfertigen, wenn er die Macht der Bourgeoisie brechen und Proletariat und Bauernschaft zur Herrschaft führen würde. Der gegenwärtige Krieg aber hat als *imperialistischer Raubkrieg* einen qualitativ anderen Charakter:

„Man muß ihnen den untrennbaren Zusammenhang zwischen Kapital und imperialistischem Krieg klarmachen, man muß ihnen beweisen, daß die Beendigung des Krieges durch einen wahrhaft demokratischen Frieden, nicht durch einen Gewaltfrieden, ohne den Sturz des Kapitalis *unmöglich* ist. Organisierung der breitesten Propaganda dieser Auffassung unter den Fronttruppen. Verbrüderung." (Hellmann 1980, 189).

Die Gegenübersetzung von imperialistischem Raubkrieg der Bourgeoisie und revolutionärem Krieg der werktätigen Klassen ist wesentliche Prämisse für die Interpretation von Lenins „Dekret über den Frieden". Ohne Aufdeckung dieses ideologischen Hintergrundes könnten die eigentlichen Ziele dieses Dekrets nicht erkannt werden.

Für eine Interpretation sollte man zwischen der *taktisch-pragmatischen* Dimension des Textes und seinen längerfristigen *strategischen und ideologischen* Zielen differenzieren: Auf der taktisch-pragmatischen Ebene sah sich Lenin vor allem gegenüber den Sowjets im Wort. Um seinen Einfluß auf die Deputierten zu stärken, war schnellstmögliches Handeln erforderlich. International ging es darum, für die neue Regierung des Rates der Volksbeauftragten Anerkennung, wenigstens aber Beachtung zu finden. Inhalt und Begriffswahl des

Dekrets zeigen, daß sich Lenin bewußt in die Waffenstillstands- und Friedensüberlegungen einschaltete, die in Europa und den USA schon das ganze Jahr 1917 andauerten. Nach dem Vorschlag eines sofortigen Waffenstillstands mit einer Frist von 3 Monaten zur Vorbereitung und Durchführung von Friedensverhandlungen (Z. 70–74) enthält das Dekret Leitvorstellungen für einen Friedensschluß, die auf den ersten Blick den schon früher entwickelten Vorschlägen von Präsident Wilson, des Deutschen Reichstages oder dem Vermittlungsgesuch des Papstes entsprechen:

Z. 4–5: „einen gerechten demokratischen Frieden"
Z. 11–13: „Friede ohne Annexionen . . . und ohne Kontributionen"
Z. 17–19: „Bestätigung aller Bedingungen eines solchen Friedens durch die bevollmächtigten Versammlungen der Volksvertreter aller Länder und aller Nationen"
Z. 36–38: „in freier Abstimmung über die Formen ihrer staatlichen Existenz ohne den mindesten Zwang selbst zu entscheiden"
Z. 51–52: „bei unbedingter Ausschaltung jeder Zweideutigkeit und Geheimhaltung"
Z. 53: „Die Regierung schafft die Geheimdiplomatie ab"
Z. 76–78: „Einberufung bevollmächtigter Versammlungen der Volksvertreter aller Länder zur endgültigen Bestätigung der Friedensbedingungen"
Z. 97–98: „Befreiung der werktätigen und ausgebeuteten Volksmassen von jeder Sklaverei und jeder Ausbeutung"

Schon wenige Vergleiche mit den Friedensappellen anderer Mächte zeigen inhaltliche und sprachliche Übereinstimmungen. So spricht z. B. die Friedensresolution des Deutschen Reichstages vom 19. Juli 1917 in einigen Punkten ähnliche Prinzipien an:

> „Wie am 4. August 1914 gilt für das deutsche Volk auch an der Schwelle des vierten Kriegsjahres das Wort der Thronrede: ‚Uns treibt nicht Eroberungssucht' · Zur Verteidigung seiner Freiheit und Selbständigkeit, für die Unversehrtheit seines territorialen Besitzstandes hat Deutschland die Waffen ergriffen. Der Reichstag erstrebt einen Frieden der Verständigung und der dauernden Versöhnung der Völker . . . Der Reichstag wird die Schaffung internationaler Rechtsorganisationen tatkräftig fördern. . ." (Alter/Hufnagel 1985, 132–133)

Lenins „Dekret über den Frieden" ist aber nicht nur insgesamt umfassender, sondern wesentlich entschlossener als der Deutsche Reichstag, den Frieden sofort (Z. 4; 11; 16; 43; 66; 71 u. a.) und notfalls auch unter „anderen Friedensbedingungen" (Z. 49) zu unterzeichnen. Vorbehalte und Stärkebekundungen, wie sie die Resolution des Deutschen Reichstages auszeichnete,

> „Solange jedoch die feindlichen Regierungen auf einen solchen Frieden nicht eingehen, solange sie Deutschland und seine Verbündeten mit Eroberung und Vergewaltigung bedrohen, wird das deutsche Volk wie ein Mann zusammenstehen *(lebhafte Zustimmung im Zentrum bei der Fortschrittlichen Volkspartei und bei den Sozialdemokraten)*, unerschütterlich ausharren und kämpfen, bis sein oder seiner Verbündeten Recht auf Leben und Entwicklung gesichert ist. *(Bravo! im Zentrum, bei der Fortschrittlichen Volkspartei und bei den Sozialdemokraten.)* In seiner Einigkeit ist das deutsche Volk unüberwindlich. *(Lebhafte Zustimmung.)*. . ." (Alter/Hufnagel 1985, 133)

waren für Lenin und die Bolschewiki nicht denkbar. Territoriale Unversehrheit des Reiches – und schon gar seiner Verbündeten! – unterschied sich wesentlich von Lenins „Friede ohne

Annexionen", der die Selbstbestimmung der Nationen in den Vordergrund stellte (Z. 22–25; 30–39).

Sehr viel enger sind die Beziehungen zwischen Lenin und den früheren Äußerungen des amerikanischen Präsidenten Wilson. Deshalb ist es auch berechtigt, den Vergleich zwischen Lenins „Dekret über den Frieden" und Wilsons „Vierzehn Punkten" einen *politischen Dialog* zu nennen. Nicht nur die „Fourteen Points" beziehen sich auf Lenins Dekret, sondern auch das „Dekret über den Frieden" richtet sich auf der taktisch-pragmatischen Ebene auf Wilsons Vorgaben aus. Belege dafür lassen sich u. a. in Wilsons Senatsrede vom 22. Januar 1917 finden:

> „The present war must first be ended . . . The treaties and agreements which bring it to an end must embody terms which will create a peace that is worth guaranteeing and preserving, a peace that will win the approval of mankind, not merely a peace that will serve the several interests and immediate aims of the nations engaged . . . No covenant of co-operative peace that does not include the peoples of the New World can suffice to keep the future safe against war . . . If the peace presently to be made is to endure, it must be a peace made secure by the organized major force of mankind . . . They imply, first of all, that it must be a peace without victory . . . Victory would mean peace forced upon the loser, a victor's terms imposed upon the vanquished . . . Only a peace between equals can last. Only a peace the very principle of which is equality and a common participation in a common benefit . . . No peace can last, or ought to last, which does not recognize and accept the principle that government derive all their just powers from the consent of the governed . . . and that henceforth inviolable security of life, of worship, and of industrial and social development should be guaranteed to all peoples . . . These are American principles, American policies. We could stand for no others. And they are also the principles and the policies of forward looking men and women everywhere, of every modern nation, of every enlightened community. They are the principles of mankind and must prevail." (Commager 1973, 125–128)

Der appellative Charakter vor allem des letzten Teils von Wilsons Senatsrede lädt geradezu zu einer Erwiderung ein, und Lenins „Dekret über den Frieden" knüpft sprachlich und inhaltlich relativ eng an die amerikanischen Vorschläge an. Selbstbestimmung der Völker, Ausschluß von Annexionen, eine friedensgarantierende Gemeinschaft aller Nationen werden von Lenin übernommen. Mit der Abschaffung der Geheimdiplomatie und der Offenbarung früherer Geheimverträge geht Lenin zunächst weit über Wilsons Vorschläge hinaus. Durch die Einbeziehung auch der zeitlich weit zurückliegenden Annexionen (Z. 25–29) bezieht Lenin auch die Kolonialherrschaft in seine Überlegungen mit ein.

Interessant sind aber auch die Stellen, an denen politische Leitbegriffe von Lenin möglicherweise anders verwendet werden:

Z. 4-5: „einen . . . demokratischen Frieden" u. a.
Z. 18–19: „Volksvertreter aller Länder. . ." (zu „consent of the governed")
Z. 84–85: „Sache des Fortschritts und des Sozialismus" (zu „industrial and social development")
Z. 97: „Befreiung der werktätigen und ausgebeuteten Volksmassen" u. s. w.

Die taktisch-pragmatische Interpretation sieht also das „Dekret über den Frieden" in seiner engen Beziehung zu anderen zeitgenössischen Friedensvorschlägen, doch es enthält weitergehende Vorschläge, die geeignet sind, das traditionelle Staatensystem des alten Europa nachhaltig zu erschüttern.

Noch sehr viel gefährlichere Dimensionen werden aber sichtbar, wenn man die im Text enthaltenen längerfristigen *strategischen und ideologischen Zielsetzungen* herausarbeitet. Der ideologische Charakter des Textes zeigt sich eindeutig in seiner Begrifflichkeit, und zwar nicht nur im Hinblick auf die Funktion, die gerade abgesetzte Provisorische Regierung als „Regierung der Gutsbesitzer und Kapitalisten“ (Z. 5) zu diffamieren, sondern der gesamte außenpolitische Entwurf des „Dekrets über den Frieden“ basiert auf marxistischer Ideologie:

Z. 1: „Arbeiter- und Bauernregierung“
Z. 7–8: „Klassen der Arbeiter und der Werktätigen aller kriegführenden Länger“
Z. 81–82: „wendet sich an die klassenbewußten Arbeiter“
Z. 84–85: „Sache des Fortschritts und des Sozialismus“
Z. 86–91: Das Dekret knüpft ausdrücklich an historische Vorbilder „proletarischer Massenbewegungen“ an

Der Schlüsselbegriff für die längerfristige strategische Zielsetzung von Lenins außenpolitischem Programm ist die *„Aufgabe der Befreiung der Menschheit“* (Z. 93–94). Vordergründig als Befreiung vom Kriege ausgewiesen, ist sie in Wirklichkeit gemeint als Befreiung vom Kapitalismus. Ziel ist für Lenin die *proletarische Revolution in allen entwickelten Staaten Europas*. Die werktätigen Arbeiter und Bauern nehmen, so das Kalkül, die Sache des Friedens in ihre Hände und liquidieren die bisher herrschenden Regierungen der Bourgeoisie. Was aus der historischen Rückschau vermessen anmutet, war aus der Sicht der Jahre 1917/18 nicht ganz irreal. Nach dem Zusammenbruch der Mittelmächte schien es, als würden Revolutionen nach bolschewistischem Muster auf Ungarn und vor allem Deutschland übergreifen. Mit welcher Intensität Lenin seine Ziele verfolgte, zeigt ein Brief, den er am 3. Oktober 1918 an Moskauer Parteiorganisationen sandte:

> „Die Krise in Deutschland hat gerade begonnen. Sie wird unausweichlich durch den Übergang der politischen Macht in die Hände des deutschen Proletariats beendet werden. Das russische Proletariat verfolgt die Ereignisse mit größter Aufmerksamkeit und Begeisterung.“ (Ruffmann 1977, 195–196)

Lenin entsandte mit Adolf Joffe und Karl Radek nicht nur einige seiner tüchtigsten Mitstreiter nach Deutschland, sondern aus dem hungernden Rußland kam auch Getreide für deutsche Arbeiter. Das „Dekret über den Frieden“ war somit die Initialzündung für eine sehr konkrete Revolutionspolitik, deren Gefährlichkeit man im alten Europa erst allmählich erkannte.

2. Wilsons „Vierzehn Punkte“ (M 2)

Die angebotene Textfassung der Quelle beschränkt sich mit Absicht nicht nur auf die Wiedergabe der 14 Einzelbestimmungen, sondern sie versucht durch weitere kurze Auszüge aus der in Wirklichkeit sehr viel umfangreicheren Kongreßrede des Präsidenten Sprachgestus, Atmosphäre und weitergehende Intentionen der amerikanischen Politik durchscheinen zu lassen.

Wir wissen nicht nur aus dem weiter oben dargestellten Kontext der Quelle, daß Präsident Wilson mit seinen Kriegszielformulierungen und konkreten Friedensregelungsvorschlägen auf Lenins Dekret Bezug nimmt. Der Leser erkennt auch selbst sehr schnell viele sprachliche und inhaltliche Bezüge:

Z. 2-6: „Friedensverhandlungen . . . absolut offen . . . sollen künftig geheime Absprachen . . . weder enthalten noch erlauben. Die Tage der Eroberung und der Machterweiterung sind vorbei, ebenso die Tage der Geheimverträge, die im Interesse einzelner Regierungen abgeschlossen wurden."

Z. 28-31: „keine privaten internationalen Abmachungen gleich welcher Art . . . Diplomatie stets frei und vor den Augen der Öffentlichkeit"

Z. 50-52: „freie, vorbehaltlose und absolut unparteiische Regelung aller kolonialen Ansprüche" (mit Berücksichtigung der Betroffenen!)

Z. 64-72: „Rußland . . . mit [politischen und gesellschaftlichen] Institutionen eigener Wahl"

Z. 123-126: „internationale Garantien für die politische und wirtschaftliche Unabhängigkeit und die territoriale Unverletzlichkeit" (Bsp. Balkan)

Z. 149-155: „allgemeine Vereinigung der Nationen . . . mit besonderen vertraglichen Abmachungen zur Gewährleistung wechselseitiger Garantien . . . sowohl der großen wie auch der kleinen Staaten"

Z. 157: „Korrekturen früheren Unrechts"

Z. 170-172: „Frieden . . . nur gesichert, . . . wenn Hauptanlässe für den Krieg beseitigt"

Z. 196-198: „Der . . . Höhepunkt dieses Krieges, dessen Gipfel und Ziel die menschliche Freiheit war"

Wilsons Bestrebungen scheinen Lenins Forderungen direkt aufzugreifen, vor allem bezüglich der Abschaffung der Geheimdiplomatie, der politischen Selbstbestimmung, der Einbeziehung von Kolonialansprüchen und der Garantie des Friedens durch eine Völkergemeinschaft. Vergleichbar ist auch der Anspruch, mit dem Frieden auch die *Ursachen für die Kriege* zu beseitigen. Es ging ihm auch um eine „Reform des Weltstaatensystems" (Angermann 1987, 29).

Doch bei genauerem Hinsehen erkennt man, daß Wilson in Wirklichkeit einen *Gegenentwurf* zu Lenins Friedensvorstellungen entwickelt hatte. „This was not designated as a public international charter but as a diplomatic weapon, to meet the Bolshevik drive for peace and to strengthen the morale of the Allied liberals" (Dictionary of American Biography 1962, X.363). Wenn Wilson die menschliche Freiheit („human liberty") zum Ziel aller Bemühungen macht, dann meint er damit etwas wesentlich anderes als Lenins „Befreiung" der werktätigen Klassen. Individualrechte werden in den Vordergrund gestellt, und auch die wirtschaftlichen Vorstellungen, dem amerikanischen „Open door"-Konzept verpflichtet, stehen marxistischen Entwürfen diametral gegenüber. Freiheit der Meere, Abbau von Handelsschranken bedeuten reine Konkurrenz auf dem Weltmarkt. Alte Rechtsbindungen werden nicht - wie bei Lenin - ersatzlos abgeschafft, sondern mit den neuen Prinzipien der Selbstbestimmung und der Offenheit zu vermitteln versucht. So wie die Begriffe „Freiheit", „Gerechtigkeit" und „Selbstbestimmung" andere Inhalte und Ziele beschreiben als in Lenins Dekret, so geschickt löst Wilson den bei Lenin eindeutig belegten Imperialismusbegriff aus seinem Kontext und nimmt ihn für seine neue Weltordnung in Anspruch. Die USA sind „eng verbundene Partner aller Regierungen, die sich gegen die Imperialisten zusammengeschlossen haben." (Z. 159-161). Die Wurzeln der Kriege zu beseitigen, heißt nicht mehr die Entmachtung der Bourgeoisie, sondern gerade die weltweite Durchsetzung liberaler Prinzipien in Politik und Wirtschaft.

Vor diesem Hintergrund erstaunt es zunächst, daß Wilson die seinen Prinzipien konträre Herrschaft der Bolschewiki in Punkt VI anzuerkennen scheint. Hinter der vermeintlichen Großzügigkeit gegenüber dem politischen Gegner verbirgt sich, wie wir aus späteren Äußerungen wissen, ein rigoroses Kalkül. Man solle, so Wilson am 25. März 1919 im Rat der Vier, „Rußland den Bolschewisten überlassen – sie werden im eigenen Saft schmoren, bis die Verhältnisse die Russen klüger machen – und uns darauf beschränken, den Bolschewismus am Eindringen in andere Gebiete Europas zu hindern." (Parker 1967, 48)
Wilsons „Vierzehn Punkte" sind in ihrer grundsätzlichen politischen Zielsetzung nicht nur eine Herausforderung der Bolschewiki, sondern auch der alten europäischen Mächte. Letztere hatten noch nicht erkannt, daß das Festhalten an den alten Strukturen der Außenpolitik angesichts der revolutionären Gefahr nicht mehr möglich war. Deshalb wurden Wilsons Gedanken bei den Regierungen in London und Paris sehr zurückhaltend aufgenommen. Lenins anfängliche Freude über die „Vierzehn Punkte" wich auch sehr bald der Erkenntnis, daß die Anziehungskraft der amerikanischen Vorstellungen auf die nach politischer Partizipation strebenden Menschen in den kriegführenden Staaten sehr viel größer war als erwartet. Nur eine Minderheit war bereit, weiter für Lenins proletarische Revolution zu kämpfen.

Neben ihren grundsätzlichen Ausführungen zu einer neuen Ordnung des Weltstaatensystems mit dem Kernstück des in Artikel XIV konzipierten Völkerbundes enthalten die „Vierzehn Punkte" relativ genaue Regelungsvorschläge für Truppenrückzug, Grenzziehungen und Abstimmungsmodalitäten für die betroffenen Völkerschaften. Eine Detailinterpretation der Problemlösungen würde den Rahmen schulischer Quellenanalysen sprengen, und deshalb wird auch im Rahmen dieser Darstellung darauf verzichtet. Allgemein kann aber gesagt werden, daß sich die Administration Wilson für europäische Erwartungen überraschend gut in die einzelnen Probleme eingearbeitet hat. Für eine genauere Würdigung ist dabei zu beachten, daß die „Vierzehn Punkte" Wilsons durch eine halbamtliche Interpretation ergänzt wurden (Commager 1973, 139–143), die Frank Copp und Walter Lippmann unter der Leitung von Oberst House erstellt hatten. Sie führte nicht nur die einzelnen Punkte weiter aus, sondern war auch bemüht, die noch vagen oder mißverständlichen Stellen von Wilsons ursprünglicher Erklärung zu präzisieren. Bei den Pariser Vorortverträgen, die den Ersten Weltkrieg schließlich beendeten, waren nicht nur die „Vierzehn Punkte", sondern auch deren amerikanische Interpretation Verhandlungsgrundlage.
Im folgenden werden nur wenige dieser Ergänzungen und Präzisierungen angedeutet. Sie erleichtern das sachliche Verständnis der Quelle und die Einschätzung der später auf dieser Grundlage erzielten Verhandlungsergebnisse:
- **zu I.:** Nur der *endgültige* Vertrag muß offengelegt werden. Heikle Themen dürfen natürlich in vertraulichen Gesprächen sondiert werden. In Zukunft soll jeder Vertrag Teil eines allgemeinen Völkerrechts („public law of the world") werden.
- **zu III.:** Bedeutet konkret die Gewährung der Meistbegünstigungsklausel für Völkerbundsmitglieder bei evtl. Restriktionen gegen Nichtmitglieder.
- **zu IV.:** Abrüstung nicht nur auf Polizeistärke („internal policing"), sondern Schutz vor feindlichem Angriff muß möglich sein.
- **zu V.:** Gilt nicht für sämtliche alte Kolonialfragen, sondern nur für die durch den Krieg entstehenden Neuregelungen (z. B. ehemals deutsche Kolonien, osmanische Gebiete).

Friedenskonferenz soll einen Code für Kolonialherrschaft entwickeln: Schutzmächte sollen sich nicht wie Eigentümer („owner“) gebärden, sondern „as trustee for the natives“.

- **zu VI.:** Den Russen kann nicht das ganze Zarenreich zugebilligt werden, sondern Finnland, Lettland, Litauen, Polen, vielleicht auch die Ukraine sollten selbständig sein. Eine Union zwischen den neuen Staaten und evtl. auch Rußland wäre möglich. Zu beachtende Probleme: Die neuen Staaten haben untereinander viele konkurrierende Ansprüche, und ein Truppenabzug birgt überall die Gefahr eines bolschewistischen Umsturzes.
- **zu VIII.:** Französische Saarforderung verletzt die Vorschläge von Präsident Wilson. Die Luxemburger sollen selbst über ihr Schicksal abstimmen.
- **zu IX.:** Die italienischen Ansprüche auf Südtirol entsprechen reinen Sicherheitsinteressen, vor allem für den Fall, daß Deutsch-Österreich dem Deutschen Reich beitritt. Die Zugehörigkeit Südtirols zu Italien widerspricht den Prinzipien Wilsons. Sollte sie dennoch durchgesetzt werden, ist den Deutschen dort Autonomie zu gewähren, und sie sollten auch nicht in der italienischen Armee dienen müssen.
- **zu X.:** Der Vorschlag ist inzwischen überholt durch neue Einzelprobleme:
  a) Vorschläge sind notwendig für die Deutschen in der Tschechoslowakei
  b) Galizien ist aufzuteilen zwischen Polen und der Ukraine
  c) Deutsch-Österreich sollte zum Deutschen Reich gehen dürfen, aber es gibt französischen Widerstand dagegen
  d) Jugoslawien hat nicht nur Grenzprobleme mit Italien und Rumänien, sondern auch die Furcht der Kroaten vor der serbischen Dominanz und die Angst der habsburgtreuen islamischen Bevölkerung Bosniens.
- **zu XII.:** Die Meerengen gehören nominell der Türkei, die Durchfahrt wird durch internationale Garantien gewährleistet. Hauptproblem ist die „autonome“ Entwicklung der nichttürkischen osmanischen Reichsteile, die sich Großbritannien und Frankreich schon vor dem Kriege gesichert hatten [Anspielung auf das Sykes-Pikot-Abkommen von 1916, das gerade von den Bolschewiki veröffentlicht worden war!]
- **zu XIII.:** Die „unzweifelhafte“ Zugehörigkeit kann nur per Abstimmung („impartial census“) festgestellt werden. Minderheitenrechte für die Deutschen und Juden im neuen polnischen Staat sind erforderlich.
- **zu XIV.:** Der Völkerbund ist der Eckpfeiler der neuen Friedensordnung.

Die Anmerkungen, deren Aktualität z.T. bis in unsere Gegenwart reicht, belegen, daß die Administration Wilson mit den „Vierzehn Punkten“ nicht nur eine allgemeine Leitlinie für ein neues Weltstaatensystem vorgelegt hat, sondern auch sehr konkrete Lösungsvorschläge für die komplizierte Völkerwelt Europas. Enttäuschend bleiben sicher die konkreten Ausführungen zu den Kolonialfragen, und es „fehlte . . . auch an Vorschlägen zu einer sinnvollen Neuordnung der Weltwirtschaft.“ (Angermann 1987, 43)

Die Interpretation dieser Quelle, die bisher unter der Fragestellung erfolgt war, *wie sie Lenins außenpolitischer Herausforderung entgegentritt* und *welche konkreten Beiträge sie für den Friedensschluß in Europa geliefert hat*, kann auch noch unter einer weiteren wichtigen Dimension erfolgen. Der Text ist ein repräsentatives *Beispiel für die amerikanische Ideologie.* In einem Staatswesen, das durch gesellschaftliche Segmentierung und politische Fragmentierung bestimmt ist (Lösche 1989, 10–12), wird die nationale Identität „überhaupt erst durch die Integrationsideologie, die amerikanische zivile Religion, hergestellt“ (Lösche

1989, 296). Die tieferen Wurzeln, die vor allem durch Kurt R. Spillmann (1984) eingehend dargestellt wurden, gehen zurück auf das Puritanische Erbe des 17./18. Jahrhunderts sowie auf das politische Denken John Lockes und der amerikanischen Gründungsväter. Die „Progressive Era", in deren Zusammenhang Präsident Wilson zu sehen ist, ist die dritte politische „Erweckungsbewegung" (Lösche 1989, 276), bei der die Grundelemente der amerikanischen Ideologie eine besondere Rolle spielen. Der Sozialist Leon Samson hat 1935 die Prinzipien des „Americanism" so definiert:

1. Demokratie
2. Freiheit („liberty and freedom")
3. Opposition gegen jegliche Art von Machtanhäufung
4. Individualismus (besonders auch: Eigentum)
5. Fortschrittsglaube (verbunden mit dem Leistungs- und Wettbewerbsgedanken (zit. nach: Lösche 1989, 280–284)

Die amerikanische Geschichte ist eine Art „Heilsgeschichte". Schon die „Pilgrim Fathers" sprachen von einem „neuen Kanaan", von der Aufgabe, ein „Neues Jerusalem" zu errichten:

„. . . for we must Consider that we shall be as a Citty upon a Hill, the eies of all people ware uppon us. . ." (Winthrop zit. nach: Spillmann 1984, 47)

Die Kontinuitäten dieses politischen Denkens können nicht im einzelnen nachgezeichnet werden, doch ist für den tief im Christentum verwurzelten presbyterianischen Pfarrerssohn Wilson, für den tägliches Gebet und Bibelstudium selbstverständlich waren, die Verankerung in dieser Tradition besonders deutlich. So sieht er die Aufgabe der USA darin, ein Modell für die Zukunft aller Nationen zu sein. Ihnen ist es vorbehalten, die neue Weltordnung zu errichten:

„We have built up . . . a great system of government, which has stood through a long age as in many respects a *model* for those who seek to set liberty upon foundations that will endure against fortuitous change, against storm and accident."

„We think of the future, not the past, as the more glorious time in comparison with which the present is nothing. Progress, development, – those are modern words. The modern idea is to leave the past and press onward to something new." (Wilson, zit. nach Spillmann 1984, 221)

Die „Vierzehn Punkte", die Wilson als eine Ausdehnung der jedem Amerikaner vertrauten Monroe-Doktrin verstand (Spillmann 1984, 230), sind voll von Missionarismus, verkünden der Welt die Wertsetzungen der amerikanischen Ideologie und verkünden damit letztlich auch einen Führungsanspruch der USA:

Z. 22–25: „Deshalb ist das Programm für den Frieden der Welt unser Programm und, wie wir meinen, das einzig mögliche Programm, ist dieses:. . ."

Z. 186–187: „. . . der neuen Welt, in der wir nun leben,. . ."

Z. 192–199: „Das Volk der Vereinigten Staaten konnte auf keiner anderen Grundlage handeln, und zur Durchsetzung dieser Prinzipien ist es bereit, sein Leben, seine Ehre und alles, was es besitzt, zu opfern. Der moralische Höhepunkt dieses Krieges, dessen Gipfel und Ziel die menschliche Freiheit ist, ist gekommen. . ."

Der politische Dialog der Jahreswende 1917/18 zwischen Lenin und Wilson repräsentiert somit auch zwei sehr unterschiedliche politische Ideologien, die je auf ihre Weise einen globalen Geltungsanspruch erheben. Das gänzlich „unamerikanische“, von Klassenkämpfen bestimmte Geschichtsbild Lenins wird durch Wilson von Anfang an in Frage gestellt. Lenin hat nach seiner anfänglichen Freude die amerikanischen Vorschläge nur mehr als Spielart imperialistischer Raubpolitik aufgefaßt und leidenschaftlich bekämpft. So schreibt er z. B. am 6. Juli 1920:

> „Der Friede von Brest-Litowsk, von dem monarchistischen Deutschland diktiert, und dann der weitaus bestialischere und niederträchtigere Frieden von Versailles, von ‚demokratischen‘ Republiken, von Amerika und Frankreich sowie vom ‚freien‘ England diktiert, haben der Menschheit den nützlichsten Dienst geleistet, indem sie sowohl die gedungenen Tintenkulis des Imperialismus entlarvten wie auch die reaktionären Kleinbürger. . ., die den ‚Wilsonismus‘ priesen.“ (Vorwort zur dt. und frz. Ausgabe in: Lenin 1952, 9)

II. Methodenkonzept für den Unterricht

Begründung der Methodenwahl

Die aufgezeigten Bezüge zwischen Lenins „Dekret über den Frieden“ und Wilsons „Vierzehn Punkten“ reizen dazu, die beiden Quellen nicht isoliert zu betrachten, sondern durch die Unterrichtsmethode eines *Textvergleichs* zu erschließen. Die besondere Schwierigkeit besteht darin, daß nicht zwei Textfassungen eines Autors zum gleichen Sachverhalt verglichen werden, wie im Kapitel über Bismarcks Emser Depesche, sondern daß es die Schüler hier mit zwei sehr unterschiedlichen Autoren zu tun haben, deren Denken von ganz verschiedenen Kategorien und Werthorizonten bestimmt wird. Nur scheinbar geht es um dieselbe Frage, in Wirklichkeit wird auch die Friedensfrage als Sachverhalt in den Texten sehr unterschiedlich angegangen. Was aber macht dann dennoch den Textvergleich möglich?

Eigentlich ist es zunächst nur die zeitliche Nähe der beiden Quellen, die es dem Interpreten erlaubt, sie in einer synchronen Beziehung zu einem gemeinsamen Problemfeld zu sehen. Die weitere Beschäftigung mit kontextuellen Bezügen deckt dann auf, daß beide Autoren tatsächlich einen politischen Dialog geführt haben. Dabei wurden historisch-politische Begriffe bewußt aufgenommen und anders gewendet.

Die recht komplexen Beziehungen der beiden Quellen lassen sich im Unterricht nicht durch eine textimmanente Analyse erreichen, sondern es sind fast alle Formen *integrativer* Textverarbeitung (Grzesik 1990, 347) erforderlich. Die Erkenntnisprozesse setzen den jeweiligen Textsinn zu anderen, außertextlichen Informationen in Beziehung, die aus dem Vorwissen der Schüler stammen oder durch methodische Schritte des Unterrichts neu angeboten werden.

Im vorliegenden Fall werden Kenntnisse zu der für beide Texte relevanten historischen Epoche vorausgesetzt, und auch der zum Verständnis wichtige Problemzusammenhang der

Friedensfrage ist zu Beginn des Unterrichts zu erarbeiten. Die weitere Texterschließung erfolgt dann, indem in einzelnen Schritten der jeweilige Textsinn zu
- unmittelbaren situativen Bedingungen,
- autobiografischen Zusammenhängen ihrer Verfasser,
- zeitlich zurückliegenden Äußerungen der Verfasser und anderer für sie relevanter Autoren,
- bekannten Vorstellungen und Begriffen,
- vorhandenen Wertsystemen und Ideologien

in Beziehung gesetzt wird. Die Komplexität des Textvergleichs läßt es ratsam erscheinen, sich den Quellen nicht schon von Anfang an unter bestimmten vorgegebenen Vergleichsgesichtspunkten zu nähern. Nach Grzesik (1990, 364) ist für den Schüler „jeder Text zunächst überhaupt nicht Vergleichsgegenstand, sondern hochkomplexer singulärer Erfahrungsbereich, dem er alle mit ihm gemachten Erfahrungen zuschreibt, ohne sich um den Unterschied zwischen Besonderheit und irgendeiner Allgemeinheit zu kümmern". Erarbeitung von individuellen Besonderheiten einer historischen Quelle und Fragen der Klassifikation im Vergleich erfordern deshalb in der Regel mehrere Erarbeitungsstufen.

Verlaufsstruktur

Der zeitliche Rahmen für die Untersuchung der beiden umfangreichen Quellentexte und den beabsichtigten Textvergleich wird in der Regel auf mehrere Unterrichtsstunden anzusetzen sein. Als Minimum sind dafür wohl wenigstens eine Doppel- und eine Einzelstunde zu rechnen. Da die Quellen nicht von Anfang an unter Vergleichsgesichtspunkten gelesen werden sollen, sollen sich die Schüler zunächst voll auf Lenins „Dekret über den Frieden" einlassen. Da die Quelle nach einem ersten Lesen nicht selten als „einfach zu verstehen" klassifiziert wird, weil sie mit dem Wunsch nach Frieden direkt auf ein menschliches Grundbedürfnis zielt, dem man allzu gerne zustimmen möchte, bedarf es in der Regel eines *zweiten*, bewußt gesteuerten Zugangs, um zu erkennen, daß Lenin hier letztlich das Konzept einer neuen Außenpolitik vorgelegt hat. Deshalb ist es nicht nur aus zeitökonomischen Gründen sinnvoll, die Quelle in häuslicher Arbeit für eine Besprechung vorbereiten zu lassen.

1. Vorbereitende Hausaufgabe

Nach einem ersten Textzugang durch stilles Lesen sollen die Schüler Material zu ersten möglichen Auswertungsgesichtspunkten sammeln. Diese betreffen aber zunächst nur den Rahmen eines Vorverständnisses, da die spezifizierte thematische Fragestellung dann im Rahmen des Unterrichts entwickelt werden soll. In bezug zum vorangegangenen Unterricht können sich die gestellten Fragen der Haufaufgabe auf die Verbindungen der Quelle zu ihrem unmittelbaren historischen Kontext beziehen:
- Inwieweit entsprechen die Forderungen Lenins der politischen Situation der Oktoberrevolution?
- Welche grundsätzlichen, auch schon früher geäußerten Positionen Lenins lassen sich im Dekret erkennen? (z. B. konkreter Vergleich mit Lenins „Aprilthesen")

2. Hinführung zum Text

Die Unterrichtsphase könnte zwei Hauptstränge miteinander verknüpfen. Zum einen könnte im Unterrichtsgespräch an die in den Vorstunden erarbeitete Russische Oktoberrevolution angeknüpft werden. Dabei wird noch einmal bewußt gemacht, daß sich der revolutionäre Akt nicht nur auf die Verhaftung der Provisorischen Regierung beschränkt, sondern daß sich der neugebildete Rat der Volkskommissare vom Zweiten Sowjetkongreß *sofort* ein aus drei sich ergänzenden Dekreten bestehendes politisches *Gesamtprogramm* legitimieren läßt. Während die Vorstunde(n) eher der Frage nachging(en), ob Lenin tatsächlich die Macht in die Hände der Sowjets übergeben hat oder ob sich nicht vielmehr die verdeckte Ermächtigung einer bolschewistischen Parteidiktatur vollzogen hat, tritt in dieser Stunde das politische Konzept der Dekrete im einzelnen in den Mittelpunkt des Interesses. Das „Dekret über den Frieden" ist verbunden mit den Dekreten über „Grund und Boden" und die „Arbeiterkontrolle".

Nach Einbeziehung der vorbereitenden Hausaufgabe sollte das Unterrichtsgespräch aufzeigen, daß Lenin auf den ersten Blick nicht mehr zu tun scheint, als den schon lange vorgetragenen Forderungen der Arbeiter- und Soldatenräte zu folgen:

- Liquidierung der russischen Bourgeoisie durch entschädigungslose Enteignung sämtlicher Produktionsmittel;
- sofortige Beendigung des von der Bourgeoisie angezettelten „imperialistischen Raubkrieges".

Es wird deutlich, daß auch unter diesem vorläufigen Aspekt dem „Dekret über den Frieden" eine hohe Bedeutung zukommt.

Ein zweiter Hauptstrang der Hinführung zur Quelle könnte durch ein Schülerreferat (Auswertung von Texten aus der Sekundärliteratur) eröffnet werden. Alternativ könnten die Zusammenhänge auch in einem Lehrervortrag angeboten werden; Stichworte dazu wären:

- Die militärische Situation an der durch russisches Gebiet verlaufenden Front;
- Kriegsmüdigkeit der Soldaten auf beiden Seiten, Fraternisierungserscheinungen, Erfolge der bolschewistischen Agitation vor allem nach dem Scheitern der letzten russischen Offensiven;
- Zusammenbruch des gesamten russischen Nachschubsystems durch Streiks bzw. Befehlsverweigerungen in Industrie und Transportsystem;
- die ausweglose Lage der Provisorischen Regierung unter Kerenskij: Politische Radikalisierung der Truppen führte zur Auflösung aller Befehlsstrukturen, die Logik des militärischen Erfolges - permanent angemahnt durch die westlichen Verbündeten - erforderte demgegenüber die Fortsetzung des Krieges gegen die faktisch längst besiegten Mittelmächte u. a. m.

Die Verknüpfung beider Stränge im Unterrichtsgespräch macht noch einmal den engen Zusammenhang von Kriegsgeschehen und Oktoberrevolution deutlich. Untersucht man das „Dekret über den Frieden" vor diesem Hintergrund etwas genauer, dann könnten die Schüler erkennen, daß die Quelle zwar auf ihren politischen und militärischen Kontext reagiert, aber unter weitergehenden Aspekten untersucht werden muß.

3. Erarbeitung eines thematischen Aspekts

Alle Teile des Quellentextes, die über das einfache, von den Sowjets schon früher geforderte Angebot einer Waffenruhe an den Fronten hinausgehen, verweisen auf weitergehende Intentionen Lenins. Eine kurze Reflexion über mögliche Zielsetzungen des Textes müßte die Schüler wenigstens folgende zwei Aspekte erkennen lassen:

- Die politische Situation des 26. Oktober/8. November 1917 erfordert gegenüber den Volksmassen und dem Allrussischen Sowjetkongreß eine *Selbstdarstellung der neuen revolutionären Regierung.*
- Kriegssituation und bestehende Bündnisverpflichtungen gegenüber den westlichen Verbündeten erforderten schnellstmöglich die Entwicklung eines *außenpolitischen Programms* des Rates der Volkskommissare.

Die folgenden Untersuchungen sollten zeigen, ob und inwieweit die vorliegende Quelle diesen vermuteten Funktionen entspricht. Aufbauend auf den häuslichen Notizen zur Quelle und den Erkenntnissen aus der Hinführung zum Text sollen die Schüler in einem zweiten Durchgang durch Lenins Dekret die Passagen markieren bzw. in Schlüsselbegriffen herausschreiben, die der vorher entwickelten thematischen Fragestellung entsprechen.

4. Sammeln und Ordnen der Ergebnisse

Der Vortrag einzelner Textstellen oder Begriffe durch die Schüler und deren Weiterverarbeitung im Unterrichtsgespräch zu zusammenfassenden ersten Deutungsversuchen sollte hinsichtlich der beiden Hauptaspekte wenigstens zu den folgenden allgemeineren Erkenntnissen führen:

- Die revolutionäre Regierung des Rates der Volkskommissare ist in ihrem Selbstverständnis nicht mehr die Regierung der „Gutsbesitzer und Kapitalisten", sondern „Arbeiter- und „Bauernregierung". Die Herrschaft, angeblich gestützt auf die Sowjets, erfolgt im Namen der „werktätigen Klassen", entspricht dem marxistischen Begriff der „Diktatur des Proletariats".
- Die proletarische Regierung verfolgt das von der marxistischen Ideologie abgesteckte Ziel der „Befreiung der wekttätigen und ausgebeuteten Volksmassen" durch den Klassenkampf gegen die Bourgeoisie. Der Klassenkampf ist seinem Wesen nach stets international, das russische Proletariat (sprich: die durch die Bolschewiki geführte revolutionäre Regierung) ist somit natürlicher Verbündeter der werktätigen Klassen der anderen Länder.
- Durch den internationalen Charakter des Klassenkampfes, der bis zu den unentwickelten überseeischen Kolonialgebieten reicht, stellt sich von Anfang an die Frage der Beendigung aller „imperialistischen Raubkriege im Interesse der Bourgeoisie" und einer neuartigen, auf internationaler Solidarität des Proletariats beruhenden Außenpolitik.
- Unter den gegenwärtigen Bedingungen Rußlands und seiner außenpolitischen Beziehungen kann Außenpolitik nur aus einer Doppelstrategie bestehen:
  1) Friedensverhandlungen mit den bestehenden Regierungen der Völker unter jedweder Bedingung zwecks Erreichung eines mindestens dreimonatigen Waffenstillstandes.
  2) Energische, allseitige Verstärkung des internationalen Klassenkampfes, Ausbreitung der in Rußland erfolgreichen Revolution kurzfristig über alle kriegführenden Staaten Europas, langfristig über alle Völker der Erde.

Die Schüler sollten erkennen, daß das „Dekret über den Frieden" von einem Friedensbegriff ausgeht, der keinesfalls das Ende aller Kampfhandlungen bedeutet, sondern nur der Bourgeoisie werden die Waffen aus der Hand geschlagen.
Die vorgenannten Ergebnisse können auf der Grundlage des Leninschen Dekrets erarbeitet werden, wenn dieses mit vorhandenen Grundvorstellungen der Schüler zur marxistischen Ideologie in Beziehung gesetzt werden kann. Alternativ ließe sich der vorliegende Quellentext in Gruppenarbeit auch mit Auszügen aus zeitlich früheren Friedensappellen von Präsident Wilson, des Deutschen Reichstages oder des Papstes Benedikt XV. vergleichen, um die andersartigen Zielsetzungen Lenins hervorzuheben. Die Ergebnisse der Textarbeit sollten dann abschließend auch durch Tafel- oder Folienanschrieb für die folgenden Unterrichtsabschnitte festgehalten werden.

5. Reflexion der bisherigen Ergebnisse

Es geht um eine Beurteilung des erarbeiteten außenpolitischen Konzepts Lenins. Kriterien sind dabei aber nicht pauschal Erfolg oder Mißerfolg, da eine Einschätzung ohne die amerikanische Antwort der „Vierzehn Punkte" keine sinnvolle Bewertung erlauben würde, und die Bearbeitung dieses Komplexes steht noch aus. Kriterium ist der Vergleich mit der traditionellen Außenpolitik der europäischen Großmächte. Die Schüler müßten erkennen, daß mit Lenin ein *grundlegender Umbruch* außenpolitischer Vorstellungen eingeleitet wird, der die alten Herrschaftsformen einschließlich der bürgerlichen Formen parlamentarischer Demokratie existentiell bedroht. Durch die Doppelstrategie Lenins würden traditionelle diplomatische Reaktionen der Mittelmächte oder der westlichen Verbündeten Rußlands eher ins Leere laufen, ja durch den für Lenin erreichten Zeitgewinn die existentielle Bedrohung der eigenen Herrschaft möglicherweise noch verstärken. Wie könnten dann aber die betroffenen Regierungen auf die bolschewistische Herausforderung reagieren? Die Reflexionsphase könnte am Ende von den Schülern einige Arbeitshypothesen entwickeln lassen, die vermutete Handlungsoptionen der Regierungen zu umreißen versuchen: z. B.

- Die Mittelmächte treten in Verhandlungen mit der bolschewistischen russischen Regierung, um einen Separatfrieden zu erreichen.
- Die Westmächte lehnen Lenins Konzept ab und versuchen durch Hinweise auf die unmittelbar bevorstehende Niederlage der Mittelmächte den Widerstandswillen der russischen Soldaten an der Front für ein paar Monate zu stabilisieren.
- Die Mittelmächte und die Westmächte ignorieren Lenins außenpolitisches Programm und verfolgen weiter ihre bisherigen Zielsetzungen.

6. Lehrervortrag: Die Entstehung der „Vierzehn Punkte"

Aus Gründen des Methodenwechsels, aber auch bedingt durch die Schwierigkeit, in der Sekundärliteratur verstreut angegebene Informationen zu bündeln und mit der Kontinuität amerikanischer Außenpolitik in Beziehung zu setzen, wird hier auf die Form des Schülerreferats verzichtet. Wichtig ist auch eine sprachliche Pointierung und eine lebendige inhaltliche Gestaltung des Vortrags, denn die Schüler sollen durch ihn zur Auseinandersetzung mit der zweiten großen Schlüsselquelle motiviert werden.
Inhaltlich sollte der Lehrer an den früher behandelten Kriegsbeitritt der USA anknüpfen,

der angesichts der positiven Erwartungen bezüglich der Russischen Februarrevolution von der ideologischen Zielsetzung bestimmt wird, „to make the world safe for democracy". Lenins Oktoberrevolution löste demgegenüber in den USA Betroffenheit aus, vor allem das „Dekret über den Frieden" wurde als Herausforderung gesehen, dem nur mit einem eigenen Konzept entgegengetreten werden konnte. Die Darstellung sollte dann die Entstehung der „Vierzehn Punkte" in Zusammenarbeit mit Oberst House schildern und den Erfolg, den die Erklärung in den USA und in Rußland hatte, während sich die europäischen Verbündeten zunächst reserviert verhielten.

7. Erarbeitung der Quelle in einem mehrstufigen Verfahren

7.1. Lektüre der „Vierzehn Punkte" in Stillarbeit

7.2. Übersicht über die von Wilson projektierten territorialen Veränderungen in Europa: Die genauen Details der Veränderungen sind unter dem gegebenen thematischen Aspekt nicht um ihrer selbst willen von Interesse, sondern vor allem als Bausteine einer Nachkriegsordnung, die den Anspruch erhebt, dem Prinzip der Selbstbestimmung Rechnung zu tragen. Die Übersicht könnte z. B. tabellarisch in Stichworten erfolgen und in eine Matrix **(M 7, M 8)** eingetragen werden:

Konfliktfeld:	Ursache d. Konfliktes:	Wilsons projektierte Lösung:
...	...	...

Alternativ könnte den Schülern auch ein Arbeitsblatt gegeben werden, auf dem in grafischer Form die Umrisse der europäischen Länder in den Grenzen von 1914 eingezeichnet sind. Hilfsweise könnten auf der Kopie aus Sprachen- oder Nationalitätenkarten, die in mehreren Geschichtsatlanten für diese Zeit angeboten werden, Schraffierungen unterlegt werden. Die Schüler sollen dann die Veränderungen, die Wilson vorschlägt, farbig akzentuieren.

7.3. Übersicht über die Friedensvorschläge Wilsons, die über die territorialen Regelungen hinausgehen, in Stichworten: z. B.

- Abschaffung der Geheimdiplomatie,
- Freiheit der Weltmeere,
- Freihandel nach dem Prinzip der „Open door",
- Abrüstung aller Staaten,
- internationale Regelung der Kolonialansprüche unter Berücksichtigung der Interessen der betroffenen Völker,
- Neuordnung der Staatenwelt nach dem Kriege nach den Gesichtspunkten:
  Berücksichtigung legitimer Rechte der Vorkriegszeit,
  Grenzziehung nach dem Nationalitätsprinzip,
  politische Selbstbestimmung der Nationen,
- Schaffung einer supranationalen Organisation („association of nations" - Völkerbund) als Garantiemacht der Staaten und ihrer Rechte.

Es müßte bei diesen vorbereitenden Stufen der Texterschließung geprüft werden, ob und in welchem Umfang die Unterrichtsschritte 7.1. bis 7.3. auch in Hausaufgabenarbeit geleistet werden könnten, um knapp bemessene Unterrichtszeit zu sparen.

7.4. Sammeln und Ordnen der Ergebnisse:
Die Schüler müßten erkennen, daß sich die „Vierzehn Punkte“ Wilsons zwar außerordentlich detailliert und mit beachtlicher Sachkenntnis europäischer Verhältnisse mit Grenz- und Nationalitätenfragen befassen, der Schwerpunkt aber bei der Durchsetzung leitender Prinzipien für eine neue globale Weltfriedensordnung liegt. Partielle Berührungen mit dem Konzept Lenins können dabei sowohl inhaltlich als auch sprachlich konstatiert werden. Das Unterrichtsgespräch sollte die wesentlichen Konturen von Wilsons Friedensordnung, wie sie oben aufgezeigt wurden, sichtbar werden lassen.

8. Reflexion der bisherigen Ergebnisse
Auch die „Vierzehn Punkte“ Wilsons sollten vor dem Hintergrund der traditionellen Außenpolitik der europäischen Großmächte vor und während des Ersten Weltkrieges beurteilt werden. Auch Wilsons Konzept müßte den Schülern als ein radikaler Umbruch zwischenstaatlicher Beziehungen erscheinen, obwohl der Entwurf keine radikalen gesellschaftlichen Veränderungen intendiert, wie sie bei Lenin erarbeitet wurden. Adressaten des Programms sind die bestehenden Regierungen der Staaten bzw. die politischen Sprecher der Völkerschaften, die aus bisherigen Zwängen nach eigener Staatlichkeit streben. Aber auch wenn Wilson es formal bei einem etwas erweiterten Staatensystem nach bisherigem Muster beläßt, so würden auch hier alte diplomatische Gegenstrategien der europäischen Großmächte ins Leere laufen. Wilsons Programm ist eine Herausforderung an die alten Mächte, weil es starke *normative Aspekte* in den Bereich der Außenpolitik einführt, an denen sich kurz- oder langfristig Regierungen messen lassen müssen. Das Prinzip der Öffentlichkeit erfordert auch zunehmend die Legitimation der Regierenden durch die eigene Bevölkerung. (Wenn im Unterrichtsgespräch von seiten der Schüler Vergleiche zu den jüngsten Veränderungen im Staatensystem Mittel- und Osteuropas gezogen werden, bei denen u. a. die Normen der KSZE eine wichtige Rolle gespielt haben, so kann das dem Verständnis von Wilsons Konzept durchaus nützlich sein. Allerdings sollten diese Vergleiche innerhalb der vorliegenden Planung kein Eigengewicht bekommen.)
Die vorangehende Analyse der Lenin-Quelle hatte den Schülern ermöglicht, sprachliche Bezüge zwischen Lenins und Wilsons Konzept aufzuzeigen. Die Frage nach der Bedeutung dieses Befundes führt die Schüler schließlich zu der Erkenntnis, daß der amerikanische Präsident offenbar in einen *politischen Dialog* mit Lenin eingetreten ist. Wilson hat die bolschewistische Herausforderung angenommen und eher reagiert als jene Staaten, die ganz unmittelbar von dem Ausgreifen der Russischen Oktoberrevolution bedroht waren. Die Konzepte Lenins und Wilsons sind deshalb nicht nur an der bisherigen traditionellen Außenpolitik der europäischen Großmächte zu messen, sondern sie verstehen sich wechselseitig als Gegenentwürfe, müssen als konkurrierende Zukunftsentwürfe betrachtet werden. Daraus ergibt sich die Notwendigkeit eines Vergleichs der beiden außenpolitischen Konzeptionen.

9. Entwicklung von Vergleichsaspekten
Da die sprachlichen und inhaltlichen Überschneidungen der beiden Texte schon in den vorangehenden Unterrichtsschritten erkannt wurden, geht es nun bei den Überlegungen der Schüler um Aspekte für einen vertieften, weitergehenden Vergleich. Dieser ist einmal mög-

lich auf der Ebene der *Sachkritik*, indem beide Konzepte nicht nur auf gedankliche Schlüssigkeit befragt werden, sondern auch daraufhin, wie sie der historisch-politischen Realität ihrer Zeit gerecht werden und Lösungen für die akuten Probleme bereithalten.
Doch damit allein wäre eine vergleichende Beurteilung der beiden außenpolitischen Konzepte noch nicht erreichbar. Sowohl die Situationsanalyse als auch die Lösungsvorschläge beider Autoren basieren auf Prämissen, die ihrerseits auf bestimmten Wertentscheidungen beruhen. Ein Vergleich auf der Ebene der *Wertkritik* kann diese Prämissen aufdecken und die Zusammenhänge bewußt machen, doch ein Richtig oder Falsch kann nicht das Ergebnis eines Textvergleichs sein. Auch für den einzelnen Schüler bleiben beide Quellen letztlich ein Politikum, zu dem er sich lediglich durch eigene Wertentscheidung in Beziehung setzen kann.

10. Stillarbeit

Die beiden Quellentexte werden unter den neugewonnenen Vergleichsgesichtspunkten nochmals gelesen und ausgewertet. Die Schwierigkeit dieses Textvergleichs läßt es ratsam erscheinen, für diesen Arbeitsschritt die Zeit etwas reichlicher zu bemessen. Die erforderliche Konzentration bedingt zunächst Einzelarbeit der Schüler, doch ließen sich für die zweite Phase des Unterrichtsschrittes sicher auch Partner- oder Gruppenaufgaben planen.

11. Sammeln und Ordnen der Ergebnisse

Die erarbeiteten Vergleichsgesichtspunkte werden von den Schülern vorgetragen und durch Tafelanschrieb gesichert. Es müßte deutlich werden, daß beiden Autoren im Gegensatz zu den alten europäischen Großmächten erkannt haben, daß das bisherige Staatensystem ursächlich an der Katastrophe des Ersten Weltkrieges mitbeteiligt ist. Die Volksmassen, so wird von beiden erkannt, fordern nunmehr von ihren Regierenden Partizipationsrechte ein. Auch in der Außenpolitik werden sich „Demokratisierungsprozesse“ einstellen, die ein völlig neuartiges System zwischenstaatlicher Beziehungen (resp. supranationaler Organisationsformen) zur Folge haben werden.
Beide Konzepte gehen aber bei Analyse und Lösungskonzept von radikal verschiedenen Prämissen und Wertsetzungen aus:
- Ist das alte System einfach ungerechtfertigte Usurpation von Macht oder Ausdruck einer Klassenherrschaft?
- Kämpfen die breiten Volksschichten um Partizipation, oder verbirgt sich dahinter nur der Klassenkampf des Proletariats?
- Manifestiert sich der Volkswille in Wahlen und Abstimmungen, oder ist die theoriegeleitete Herrschaft einer Elitepartei Vertreterin der eigentlichen Interessen des Proletariats? u. a. m.

Die Fragen sollen nur anreißen, wie stark beide Texte auf bestimmten Wertentscheidungen und Ideologien beruhen.

12. Abschlußreflexion und Zusammenfassung

In diesem abschließenden Unterrichtsschritt sollten die Schüler reflektieren, welchen Stellenwert Lenins „Dekret über den Frieden“ und Wilsons „Vierzehn Punkte“ für den weiteren Fortgang der historischen Entwicklung haben. Dabei genügt nicht der Hinweis auf den unmittelbaren „Erfolg“ der beiden Konzepte. Da sich entgegen Lenins Erwartungen die Russische Oktoberrevolution nicht „exportieren“ und der Völkerbund sich durch die Weigerung des Senats in Washington nur in veränderter Form realisieren ließ, wären beide Konzepte vordergründig betrachtet „erfolglos“. Tatsächlich aber markieren sie einen epochalen Einschnitt in das globale Staatensystem, dessen Auswirkungen bis in unsere Gegenwart reichen.

III. Alternative zur Einführung in die Quellenarbeit

Beide Quellen könnten innerhalb ihres Unterrichtskontextes auch in der Form der *themengeleiteten Verarbeitung von Textinformation* interpretiert werden. Der thematische Aspekt würde dann aus dem Frageansatz der jeweiligen Reihe gewonnen werden. So markiert Lenins „Dekret über den Frieden“ eine bestimmte Phase der russischen/sowjetischen Außenpolitik, die dann wenig später mit der Entscheidung für eine Teilnahme an der Konferenz von Genua modifiziert wird. Leitender Gesichtspunkt der Analyse könnte somit die Frage nach Kontinuitäten bzw. Bruchstellen in der russischen Außenpolitik sein. Ähnliche Fragestellungen ergäben sich auch aus dem Zusammenhang der amerikanischen Geschichte.
Der Verzicht auf einen vollen Textvergleich, wie er in diesem Kapitel vorgestellt wurde, würde den Aspekt des *politischen Dialogs* zwischen Lenin und Wilson zurücktreten lassen. Die innere Verbindung der beiden Quellen ließe sich aber punktuell in die themengeleitete Interpretation der Einzelquelle einfügen, z. B. durch die gezielte Vergabe eines Schülerreferats, das Intention und Inhalt der jeweilig anderen Quelle vorstellen würde und so einen zusätzlichen Interpretationsimpuls für eine abschließende Bewertung der Einzelquelle liefern könnte. Die durch diesen punktuellen Vergleich gewonnenen Einsichten blieben dabei aber deutlich hinter dem Gesamtvergleich beider Texte zurück.

IV. Erweiterungs- und Vertiefungsmöglichkeiten

Von den zahlreichen Möglichkeiten, die durch den vorliegenden Quellenvergleich gewonnenen Erkenntnisse weiterzuführen und zu vertiefen, können hier aus Platzgründen nur einige wenige angesprochen werden. Im Rahmen der russischen/sowjetischen Geschichte ließe sich die Entwicklung zum Frieden von Brest-Litowsk verfolgen. Neben der Analyse der Vertragsbestimmungen selbst sind vor allem auch die Begründungen Lenins für den Abschluß eines Separatfriedens mit dem Deutschen Reich von Interesse. In Lenins „Thesen vom 7./20. Januar 1918“ **(M 3)** (Lenin 1955–64, XII 192 f.; auszugsweise: Fischer 1979, 9–10) wird nicht nur die schwierige Entscheidungssituation der bolschewistischen Regierung sichtbar, die durch den weiteren deutschen Vormarsch in eine militärisch prekäre Lage geriet, sondern auch das Verhältnis zu den bisherigen „imperialistischen“ Verbündeten Rußlands. Nicht zuletzt werden in diesen Thesen die Interessen des Sozialismus und des durch Wilson favorisierten Prinzips der Selbstbestimmung der Völker gegeneinander abgesetzt.

Für den Bereich der amerikanischen Geschichte könnten die ideologischen Aspekte der „Vierzehn Punkte“ Wilsons in einer diachronen Untersuchung mit zahlreichen anderen Äußerungen zur besonderen Rolle der USA in der Weltpolitik in Beziehung gesetzt werden. Der zeitliche Rahmen erlaubt einmal Rückblicke bis zu den Verfassungsvätern des 18. Jahrhunderts, zum anderen aber auch Weiterführungen der Wilsonschen Konzeptionen bis in die Jahre nach dem Zweiten Weltkrieg. Die Arbeiten von Kurt R. Spillmann (1984) sind dafür eine reichliche Fundgrube. Um Kontinuitäten in der amerikanischen Außenpolitik aufzuzeigen, empfiehlt sich eine weitere Vertiefung an Texten von Franklin D. Roosevelt. Besonders geeignet sind dafür die Jahresbotschaft des Präsidenten vom 6. Januar 1941 **(M 4)** („Four Freedom Speech“ - Commager 1973, 446–449) und die Atlantikcharta vom 14. August 1941 **(M 5)** (Commager 1973, 451).

Der politische Dialog zwischen Lenins „Dekret über den Frieden“ und den „Vierzehn Punkten“ des amerikanischen Präsidenten Wilson ließe sich auch über eine Analyse der Friedensverhandlungen von Versailles vertiefen. Die Gesprächsprotokolle des „Rates der Vier“ gewähren in besonderem Maße Einblick in die Denkformen und politischen Interessen der beteiligten Siegermächte. Ein gutes Beispiel sind die Verhandlungen über das Schicksal des Saargebietes vom 28. März 1919 **(M 6)** (Lautemann/Schlenke 1970, 124–126). Vor allem die Kontroverse zwischen Wilson und Clemenceau läßt erkennen, daß das europäische Denken nicht ohne weiteres bereit ist, die Prinzipien der von Wilson entwickelten Weltfriedensordnung zu akzeptieren.

V. Literaturhinweise für die Unterrichtsvorbereitung

1. Quellen

Commager, H. St. (Hrsg.): Documents of American History, Vol. II, Englewood Cliffs. New Jersey 1973

Fischer, A.: Sowjetische Außenpolitik 1917–1945. Stuttgart 1979 (Klett Quellen 42621)

Hellmann, M. (Hrsg.): Die russische Revolution. München 1964, (4. Aufl. 1980) - dtv-dokumente 2903

Lautemann/Schlenke (Hrsg.): Geschichte in Quellen, Bd. V. Weltkriege u. Revolutionen 1914–1945. München 1970

Lenin, W. I.: Werke, 40 Bde. Berlin (Ost) 1955–64.

ders.: Studienausgabe, hrsg. v. I. Fetscher, 2 Bde. Frankfurt 1970 (Fischer-TB).

ders.: Der Imperialismus als höchstes Stadium des Kapitalismus, Berlin (Ost) 1952

2. Sekundärliteratur

Adams, W. P. (Hrsg.): Die Vereinigten Staaten von Amerika. Frankfurt 1977
Altrichter, H.: Staat und Revolution in Sowjetrußland 1917-1022/23. Darmstadt 1961
Angermann, E.: Die Vereinigten Staaten von Amerika seit 1917. 8. Aufl., München 1987
Czempiel, E. O.: Amerikanische Außenpolitik. Stuttgart 1979
Dictionary of American Biography: Vol. 10, „Wilson", New York 1964
Dos Passos, J.: Mr. Wilsons War. Garden City, N.Y. 1962
Fischer, A.: Sowjetische Außenpolitik 1917-1947. Stuttgart 1979
Geyer, D.: Die russische Revolution. Göttingen 1977
Gitermann, V.: Geschichte Rußlands. Frankfurt 1987
Goehrke/Hellmann u. a.: Rußland. Fischer Weltgeschichte, Bd. 31. Frankfurt 1972
Guggisberg, H. R.: Geschichte der USA. 2. Aufl., Stuttgart 1988
Heckscher, A.: Woodrow Wilson. A Biography, Charles Scribner's Sons. New York 1991
Levin, N. G.: Woodrow Wilson and World Politics. Americas Response to War and Revolution. Oxford, N.Y. 1968
Link, A. S.: Wilson - Confusion and Crisis. Princeton, New Jersey 1964
Lösche, P.: Amerika in Perspektive. Darmstadt 1989
Parker, R. A. C.: Das Zwanzigste Jahrhundert, 1918-1945, Fischer Weltgeschichte, Bd. 34. Frankfurt 1967
Paxton, F. L.: American democracy and the World War, Vol. 1, New York 1966
Pommerin, R.: Der Kaiser und Amerika. Die USA in der Politik der Reichsleitung 1890-1917. Köln/Wien 1986
Ruffmann, K. H.: Sowjetrußland 1917-1977. München 1977
Sautter, U.: Geschichte der Vereinigten Staaten von Amerika. 4. Aufl., Stuttgart 1991
Schoenthal, K.: Amerikanische Außenpolitik. Köln/Berlin 1964
Schroeder, H. J.: Amerika als Modell? Das Dilemma der Washingtoner Außenpolitik gegenüber revolutionären Bewegungen im 20. Jahrhundert, HZ, Beiheft 5 (Neue Folge). München 1979
Schulte Nordholt, J. W.: Woodrow Wilson. A Life for World Peace, Univ. of Calif. Press. Berkeley 1991
Spillmann, K. R.: Amerikas Ideologie des Friedens. Bern 1984
Trommler, F.: Amerika und die Deutschen. Opladen 1986
Wasser, H.: Die Vereinigten Staaten von Amerika. Portrait einer Weltmacht. Stuttgart 1980
ders.: Die USA - der unbekannte Partner. Paderborn 1983
Wildman, A. K.: The End of the Russian Imperial Army, Bd. 2. The Road to Soviet Power and Peace. Princeton 1987

7 Roosevelt: Pressekonferenz vom 17. 12. 1940 (Auszug)

Darstellendes Vorlesen (Variante 1) und Focusmethode (Variante 2)

Inhalt des Kapitels

Verzeichnis der Materialien zu diesem Kapitel

I. Didaktisch-methodischer Kommentar

Der Pressekonferenz des amerikanischen Präsidenten (**M 2**) wurde nicht nur die besondere Aufmerksamkeit der damaligen Öffentlichkeit zuteil, sondern sie wird auch in der historischen Literatur als wichtige Gelenkstelle für den Weg der USA in den Zweiten Weltkrieg angesehen. Ob dieser Weg, wie es aus der Rückschau scheint, planmäßig und mit großer Konsequenz gegangen wurde oder sich der Kriegsbeitritt eher ungewollt ergab, wird bis heute diskutiert.

Vor allem Weinberg (in: Trommler 1986, 46 f.) gibt zahlreiche Belege dafür an, daß die USA die direkte Kriegsbeteiligung noch im Sommer 1941 vermeiden wollten, obwohl zahlreiche Zwischenfälle dazu Gelegenheit boten. Auch über den persönlichen Anteil des Präsidenten Franklin D. Roosevelt wird noch immer diskutiert. Wollte er den Krieg? Oder befürwortete er eigentlich nur „methods short of war“, wie er es in seiner Jahresbotschaft am 4. Januar 1939 formuliert hatte? Sicher ist nur, daß er früher als andere Amerikaner bereit war, die Konflikte in Übersee wahrzunehmen und die Außenpolitik des nationalen Egoismus zu verlassen. Und so schreibt Angermann (1987, 210): „Die Wende in der amerikanischen Außenpolitik vom doktrinären Neutralismus zu einer Konzeption der kollektiven Sicherheit war ein überaus langwieriger und komplizierter Prozeß, und Roosevelt selbst war dabei durchaus nicht der weitblickende und zielstrebige Führer, als den ihn die Legende hinstellt.“

Ungeachtet der genannten Deutungsspektra markiert die vorliegende Quelle einen Wendepunkt des Geschehens, den der Unterricht den Schülern bewußt machen sollte. Die USA hatten sich nach dem Ersten Weltkrieg freiwillig auf das Niveau abgerüstet, das dem Deutschen Reich im Versailler Friedensvertrag auferlegt wurde - etwa 100 000 Mann -, und es gab weder eine moderne Flotte noch eine Luftwaffe. Der Kongreß hatte dem Präsidenten durch die Neutralitätsgesetze von 1935 die Unterstützung einer kriegführenden Partei durch Waffenlieferungen fast unmöglich gemacht. Die vom Gallup-Institut durchgeführten Meinungsumfragen ergaben noch im Oktober 1939, daß 96,5% aller Befragten gegen einen amerikanischen Kriegsbeitritt votierten, obwohl 82% von einer deutschen Schuld überzeugt waren und 84% einen Sieg der westlichen Alliierten wünschten. Nicht weniger heftig war der Widerstand der amerikanischen Öffentlichkeit gegen Interventionen in Asien. Präsident Roosevelt hatte am 5. Oktober 1937, kurz nach dem japanischen Angriff auf China, in seiner „Quarantäne-Rede“ (Cotner/Ezell/Fite/Frantz 1976, 267-269; Lautemann/Schlenke 1970, 365-366) versucht, den Amerikanern ein Konzept der kollektiven Isolierung der kriegerischen Diktatoren nahezubringen. Die Isolationisten sahen darin allenfalls verschwommene und gefährliche Vorstellungen, eine Politik des „deceptive and dangerous fog“, wie es der Kommentator der Zeitschrift „New Republic“ vom 20. Oktober 1937 formulierte (vgl. auch **M 1**). Wie aber kommt es dennoch zu einem erst allmählichen und sich dann immer mehr beschleunigenden Hineingleiten der USA in den Krieg?

Themenspezifische Voraussetzungen

Auslöser waren die von den Amerikanern nicht erwarteten Blitzkriegserfolge Hitlers:
- die schnelle Niederwerfung Polens in Kooperation mit der UdSSR,
- der sowjetische Angriff auf Finnland,
- die deutsche Besetzung von Dänemark und Norwegen,
- die deutschen Erfolge im Westfeldzug,
  Kapitulation der Niederlande, Belgien und Luxemburgs;
  Waffenstillstand mit Frankreich in Compiègne (22. 6. 1940) mit deutscher Besetzung der Kanal- und Atlantikküste,
  Kriegsbeitritt Italiens (10. 6. 1940),
- Seekrieg im Atlantik und verschärfte U-Boot-Kriegführung durch Deutschland (seit dem 17. 8. 1940 Operationsgebiet um England),
- Andauern der „Luftschlacht" um England mit systematischen Bombenangriffen auf britische Städte,
- die Verbindung zwischen dem deutschen, italienischen und japanischen Expansionsstreben durch den Dreimächtepakt (27. 9. 1940) und dessen gegen Amerika gerichtete Ziele (vgl. u. a. Hitlers Antworten auf Molotows Fragen in Berlin im November 1940).

Der Präsident konnte am 4. November 1939 zunächst nur eine Modifizierung des Neutralitätsgesetzes durchsetzen, das nunmehr eine „Cash and Carry"-Klausel enthielt: Den Kriegführenden wurde erlaubt, Waffen und Munition auf eigenen Schiffen gegen Barzahlung zu kaufen. Die Maßnahme kam, wie beabsichtigt, vor allem Großbritannien zugute. Seit Mai 1940 bewilligte der Kongreß dem Präsidenten auch enorme Mittel für die Aufrüstung der eigenen Streitkräfte (bis Oktober insgesamt 17 Mrd. $). Nach der Niederlage Frankreichs vollzog sich dann „eine Art politische Revolution in den Vereinigten Staaten" (Weinberg 1986, 44):
- Präsident F. D. Roosevelt nahm am 20. 6. 1940 zwei namhafte Politiker der Republikanischen Partei in sein Kabinett auf: Henry L. Stimson als Kriegsminister und Frank Knox als Flottenminister.
- Am 2. 9. 1940 erfolgte der sog. „Destroyer Deal" zwischen Roosevelt und Churchill: Durch ein Präsidialabkommen am Kongreß vorbei wurden Großbritannien 50–60 angeblich „überalterte" Zerstörer überlassen; die USA erhielten dafür militärische Stützpunkte auf Neufundland, den Bermudas und in der Karibik.
- Nach Churchills Mitteilung am 2. 12. 1940, daß ihm „Cash and Carry" durch das Ende der Dollarreserven Großbritanniens nicht länger möglich sei, entschloß sich Roosevelt zu seiner *Sonderaktion für den geplanten „Lend Lease Act"*:

Kernstück ist zunächst die vorliegende Quelle, die berühmte *Pressekonferenz vom 17. Dezember 1940*, in der die amerikanische Öffentlichkeit auf den Grundgedanken der Unterstützung von Großbritannien durch Kredite eingestimmt werden sollte. Durch seine Wiederwahl konnte der Präsident selbstbewußt agieren.

Nach einer weiteren „Kaminplauderei" Roosevelts am 29. 12. 40, in der in bewußter Aufnahme Wilsonscher Formulierungen die USA. zum „Arsenal der Demokratien" erklärt wurden, erfolgte am 6. Januar 1941 mit der „Four Freedom Speech" eine an die Programmatik der „14 Punkte" Wilsons angelehnte politische Grundsatzerklärung.

So vorbereitet, wurde dem Kongreß dann Anfang Januar der Gesetzentwurf unterbreitet. Trotz schwieriger Beratungen trat der „Lend Lease Act“ dann am 11. März 1941 in Kraft. Großbritannien erhielt zunächst einen Kreditrahmen von 7 Mrd. $, und nach Ausweitung der Hilfe auch auf andere Länder einschließlich der UdSSR haben die USA bis 1946 mehr als 50 Mrd. $ im Rahmen dieses Programms aufgewendet. Es gilt gemeinhin als wesentlicher Faktor für den militärischen Erfolg der Alliierten. Im Zusammenhang damit ist dann auch der vorläufige Endpunkt von Roosevelts besonderem politischem und propagandistischem Engagement gegen Japan, Deutschland und Italien zu sehen, die Verkündung der *Atlantik Charta* am 14. August 1941 nach dem persönlichen Zusammentreffen mit Churchill auf Kriegsschiffen vor Neufundland. Hintergrund ist der Überfall Hitlers auf die UdSSR, der Stalin nun auch zum Verbündeten der Alliierten gemacht hatte. Aber nicht Stalin und Churchill vereinbaren hier gemeinsame Kriegsziele, sondern Churchill und Roosevelt, dessen Land noch gar nicht am Kriege beteiligt ist.
Es ist der amerikanische Versuch, zunächst Großbritannien und später auch die UdSSR in eine ursprünglich amerikanische „One World“-Konzeption einzubinden. Wie wir rückblikkend wissen, war dieses „propagandistische Nebenprodukt“ (Angermann 1987, 226) unerwartet erfolgreich: Nicht nur die UdSSR unterschrieb diese Ziele in Erwartung amerikanischer Kredite, sondern es konnten mehr als vierzig Staaten auf dieser Grundlage in der Kriegskoalition der „United Nations“ zusammengefaßt werden.
In welchem Umfang und mit welcher Intensität dieser Kontext für die Interpretation der vorliegenden Quelle aufgeschlossen werden muß, hängt von der jeweiligen Halbjahres- oder Reihenplanung ab:
Ein Halbjahreskurs, der sich schwerpunktmäßig mit der amerikanischen Geschichte seit 1898 oder 1917 beschäftigt, könnte sich der Quelle wegen ihrer zentralen Bedeutung möglicherweise in der Form der *themengeleiteten Verarbeitung* von Textinformation nähern. Es wäre dann wünschenswert, den gesamten Kontext der Pressekonferenz möglichst differenziert durch Lehrerinformation, Bearbeitung wissenschaftlicher Sekundärliteratur oder Schülerbeiträge aufzuzeigen. Der jeweilige Leitaspekt, etwa die Frage nach der persönlichen Verantwortung des Präsidenten, ergibt sich ja vor allem aus dem Bezug zwischen seiner Aussage hier und den vielfältigen, z.T. widersprüchlichen Entscheidungen in anderen Situationen zwischen 1939 und Dezember 1941.
Kürzere Reihen zur amerikanischen Geschichte, etwa innerhalb einer Sequenz zum Zweiten Weltkrieg oder zu Formen der politischen Propaganda, könnten sich auf wenige wesentliche Eckpunkte der Quellenvorgeschichte beschränken:
- die Stimmung der amerikanischen Bevölkerung gegen die direkte Kriegsbeteiligung;
- die restriktiven Beschränkungen der Neutralitätsgesetze und der Kontrolle des Präsidenten durch den Kongreß;
- die prekäre Lage der Briten nach den deutschen Erfolgen und ihr Mangel an Devisen für Waffenkäufe in den USA.

Die vorliegende Quelle könnte somit auch vordergründiger befragt werden, inwieweit sie einen Beitrag zur Lösung des unmittelbaren Problems leistet, amerikanische Öffentlichkeit und Kongreß zu einer weiteren wirksamen Unterstützung Großbritanniens zu bewegen. Welche Erkenntnisse gewinnt man dabei über Formen und Methoden des politischen Handelns des Präsidenten?

Als Zugriffsweisen auf den Text bieten sich bei dieser Quelle sowohl *die Erschließung durch darstellendes Vorlesen* als auch die Interpretation nach der *Focusmethode* an. Beide Verfahren sind besonders geeignet, den persuasiven Charakter dieses Textes auch für die Schüler erfahrbar zu machen.

Sachlicher Gehalt der Quelle

Das inhaltliche Verständnis des Textes **(M 2)** dürfte zunächst wohl keinem Schüler ernsthafte Schwierigkeiten bereiten: Präsident F. D. Roosevelt möchte die bisherige Regelung, die es den Kriegführenden (d. h. in der Praxis vor allem Großbritannien) erlaubte, Waffen gegen Barzahlung und bei Transport auf eigenen Schiffen („Cash and Carry") in den USA einzukaufen, *erheblich erweitern.* Um dies im Kongreß durchzusetzen, betreibt er Öffentlichkeitsarbeit. In seiner Rede vor der Presse bringt er sein Anliegen in anschaulicher Weise zum Ausdruck: Es soll nicht mehr gegen Dollar verkauft werden müssen, sondern die USA sollten Großbritannien Kriegsmaterial auch „leihweise" zur Verfügung stellen. Auch wenn noch genauer bestimmt werden muß, was denn im Kriege das „Leihen" tatsächlich meint, so ist die Entschlüsselung des Sachverhalts nur Vorfeldarbeit bei der Interpretation dieser Quelle. Im Zentrum steht die Frage, mit welchen sprachlichen Mitteln es Präsident Roosevelt gelang, seine Intentionen in der Öffentlichkeit und im Kongreß durchzusetzen.
Bei beiden Verfahren stehen der situative Rahmen einer Pressekonferenz und die genaue Untersuchung der sprachlichen Gestaltung im Vordergrund. Arbeit an der Sprache ist in diesem Fall auch *Verstehen durch Übersetzen.* Auf den englischen Originalwortlaut kann der Interpretierende bei dieser Quelle kaum verzichten, sei es, daß er in Kursen mit guter Fremdsprachenkompetenz mit der englischen Version arbeitet oder – wie hier vorgeschlagen – Original und Übersetzung parallel benutzt. Die Übersetzung ist dabei nicht nur Arbeitserleichterung für den Schüler, sondern, genau betrachtet, meist auch ein zu wenig beachtetes Hindernis für eine Interpretation der Quelle; das Problem ist dabei nicht so sehr die sprachliche Richtigkeit, sondern die in der Übersetzung *schon erfolgte Akzentuierung und Interpretation.* Es ist nicht mehr nur Roosevelt allein, der den Schülern in der Übersetzung gegenübertritt. Dies an einigen wesentlichen Textstellen zu verdeutlichen, wäre ein wichtiges Lernziel im Hinblick auf die methodische Schulung des Textverstehens. Es kann durch beide Zugriffsweisen gleichermaßen angestrebt werden.
Darstellendes Vorlesen und Focusmethode ermöglichen den Schülern die Einsicht in situative Gegebenheiten und *methodische Besonderheiten* der politischen Rede unmittelbarer, als dies etwa durch eine themengeleitete Interpretation möglich wäre. Emotionales Erleben und kognitive Verarbeitung sind gleichermaßen wichtig für das Verständnis adressatenbezogener politischer Äußerungen. Die Schüler sollen erkennen, daß sich hier politisches Handeln *sprachlich* vollzieht. Das äußere Arrangement der Pressekonferenz, die gewählte Sprachebene, die Begriffswahl, der Vergleich mit einer alltäglichen Lebenssituation, ja sogar die bewußt eingesetzten Redundanzen stehen in einem Funktions- und Wirkungszusammenhang, der die Zielgruppe entscheidend beeinflußt hat, dem geplanten Lend Lease Act schließlich doch zuzustimmen.
Im System der *checks and balances* der amerikanischen Verfassung basiert das politische

Durchsetzungsvermögen des Präsidenten wesentlich auf seinen Fähigkeiten in der Öffentlichkeitsarbeit. Die Schüler sollen erkennen, daß auch in der Demokratie manipulativer Umgang mit Sprache erfolgt. Gerade weil sich politische Entscheidungen nicht einfach mit Gewalt durchsetzen lassen, hat die Steuerung über Sprache eine besondere Bedeutung.

Die an dieser Quelle gewonnenen Einsichten könnten auch Grundlage für eine weiterreichende Reflexion sein, die sich mit politischen Entscheidungen überhaupt und der Rolle des einzelnen im Bedingungsgefüge seiner Situation beschäftigt, die durch politische, soziale und wirtschaftliche Strukturen bestimmt wird. Diese Zielebene dürfte aber im Rahmen einer Einzelstunde kaum erreichbar sein, doch das Fallbeispiel der Pressekonferenz vom 17. 12. 1940 könnte zusammen mit anderen Grundlage für eine eigene Unterrichtseinheit werden.

II. Methodenkonzept für den Unterricht: Texterschließung durch darstellendes Vorlesen (Variante 1)

Begründung der Methodenwahl

Das vorgeschlagene Verfahren der Texterschließung durch darstellendes Vorlesen ist ein Erschließungsverfahren mit begrenzter Reichweite (Grzesik 1990, 187–207), das in der sachlichen Intensität hinter der Methode der *themengeleiteten Verarbeitung von Textinformation* zurückbleibt, andererseits aber bestimmte Dimensionen des vorliegenden Quellentextes, insbesondere die situativen Bedingungen und die sprachliche Gestaltung, schärfer hervortreten läßt als andere mögliche Verfahren. Wie die Ausführungen zu den sachlichen Besonderheiten der Quelle gezeigt haben, geht es bei der Erschließung des Textes nur phasenweise um die Dekodierung des Inhalts von F. D. Roosevelts Presseerklärung, sondern vor allem um die in ihr enthaltenen manipulativen Mechanismen, um die propagandistische Dimension dieser Rede.

Verlaufsstruktur

Die historische Originalversion der Pressekonferenz ist bestimmt durch den *mündlichen Vortrag* des Präsidenten. Dem Schüler liegt die Rede Roosevelts in *schriftlicher Form* vor. Diese Unterscheidung scheint auf den ersten Blick redundant, aber sie ist die Bedingung für den Zugriff über das darstellende Vorlesen, denn es geht darum, „zu der vom Autor geschaffenen Repräsentation in Schriftsprache selbst eine Repräsentation in Lautsprache zu schaffen“ (Grzesik 1990, 188). Der Einsatz des Originalmitschnitts würde den Schülern den eigenen Zugang zum Textverstehen ebenso verstellen wie die Verwendung von professionell erstellten Nachspielungen in Schulfunksendungen.

Der entscheidende Vorgang ist somit die *freie Gestaltung* der Textvorlage durch die Vorlesenden, wobei sie mehrere Teilfähigkeiten des Textverstehens mobilisieren, sich dem Text aber nicht analytisch, sondern ganzheitlich-synthetisch annähern. Die dabei gewonnenen Erkenntnisse und Erfahrungen, die teilweise im kognitiven, vor allem aber im sensomotorisch-emotionalen Bereich liegen, werden nicht begrifflich erfaßt, sondern in die neu geschaffene Lautform des Vorlesenden integriert. Erst sekundär kann dann über die in der Lautform enthaltene vorbegriffliche Interpretation gesprochen werden, um einerseits den Vorlesenden zur Reflexion seiner Entscheidung zu bewegen, andererseits den Mitgliedern der Lerngruppe über verschiedene Leseversuche Einsicht in ein Deutungsspektrum zu geben.

Die Texterschließung durch darstellendes Vorlesen erfordert mithin unterrichtliche Verarbeitungsprozesse auf drei Ebenen:

- Erfassen und innere Verarbeitung der schriftlichen Quelle durch jedes Mitglied der Lerngruppe;
- Produktion einer eigenen lautlichen Präsentation durch mehrere Schüler;
- Reflexion über im Vortrag zum Ausdruck gebrachte vorbegriffliche Interpretationen im Unterrichtsgespräch.

Im einzelnen wird zur vorliegenden Quelle die folgende Verlaufsstruktur vorgeschlagen.

1. Hinführung zum Text (M 2, ggf. in Kombination mit M 1):

Wie oben beschrieben, sind bei allen wesentlichen außenpolitischen Entscheidungen der USA seit 1937 zwei an sich getrennte Handlungszusammenhänge miteinander verbunden: Zum einen das innenpolitische Ringen zwischen Präsident und Kongreß um ein wirksames außenpolitisches Konzept angesichts weltweiter Krisen und Konflikte, zum anderen der Ausbruch des Zweiten Weltkrieges in Europa und Hitlers Anfangserfolge bis Ende 1940. In welcher Reihenfolge diese Zusammenhänge aufgearbeitet werden, ist weniger relevant. Doch sollten die Schüler erkannt haben, daß sowohl die Entscheidungen des Kongresses von der „Cash and Carry"-Klausel bis zu den 17 Mrd. $ Rüstungsprogramm als auch die „politische Revolution" des Präsidenten von der Kabinettsumbildung bis zum „Destroyer Deal" unmittelbare Reaktionen auf die Kriegsereignisse in Europa sind. An dieses Ergebnis kann die aktuelle Planung anknüpfen.

Für die Hinführung zur Quelle wird anschließend ein kurzer *Lehrervortrag* vorgeschlagen, und zwar nicht nur aus zeitökonomischen Gründen, sondern auch, weil das darstellende Vorlesen und das Auswertungsgespräch die Gewichte auf Schüleraktivität legen. Er könnte am „Destroyer Deal" ansetzen und nochmals verdeutlichen, in welche Lage sich der Präsident durch seine Eigenmächtigkeit gegenüber Kongreß und Öffentlichkeit gebracht hatte. Andererseits hatte sich der britische Widerstandswille gegen Deutschland verstärkt, und die anfangs bittere Stimmung gegenüber Amerika wandelte sich zu einer zunehmend hoffnungsvollen Zusammenarbeit. Dies könnte u. a. durch einen kurzen Auszug aus Churchills Memoiren belegt werden (Lautemann/Schlenke 1970, 487–488). Der Lehrervortrag sollte dann mit Churchills Notruf wegen aufgebrauchter Zahlungsreserven enden. Roosevelt, damals gerade auf Kreuzfahrt in der Karibik, entschloß sich unmittelbar nach seiner Rückkehr zu einer Reihe von Sonderaktionen für die britische Sache. Die vorliegende Pressekonferenz sollte die Aktionen auf den Weg bringen.

2. Erste Texterschließung durch die Schüler

Sie beginnt zunächst in jedem Fall durch *stilles Lesen* des deutschen und des englischen Textes durch alle Schüler. Die Sinnerfassung wird erleichtert, wenn die Schüler diesem ersten Lesedurchgang einen zweiten Durchgang durch die Z. 19–55 in der „verinnerlichten Form des lauten Lesens" (Grzesik 1990, 195) folgen lassen. Die entscheidenden Passagen werden dabei nicht nur durch die Wiederholung nochmals eingeprägt, sondern diese Form der Darstellung zwingt alle Schüler zu ersten Akzentuierungen für sich selbst.

3. Darstellendes Vorlesen durch einen oder mehrere Schüler

Die Darstellung sollte sich ebenfalls auf die Z. 19–55 konzentrieren, da die vorhergehenden Äußerungen des Präsidenten nur das Sachproblem umreißen. Dies erfolgt zudem in sprachlich verklausulierter Form, denn noch sind die Zuhörer auf das politische Vorhaben, das ja real ein Kriegsrisiko enthält, nicht eingestimmt. Der Lehrer sollte sich nur durch Rückfragen vergewissern, ob die Schüler den sachlichen Gehalt der Z. 1–18 verstanden haben.

Das darstellende Vorlesen beginnt somit mit Zeile 19. Wahrscheinlich wird man nur in wenigen Lerngruppen ganz mit der englischen Version arbeiten können; sie ist farbiger und stärker durchgestaltet als die Übersetzung. Das Ziel der Texterschließung läßt sich aber auch mit der deutschen Version erreichen. Die entsprechenden Abschnitte sollten entweder zweimal durch einen Schüler oder in verschiedenen Versionen mehrerer Schüler präsentiert werden. Im letzteren Fall sollten aber die Leseversuche für die Lerngruppe überschaubar bleiben, so daß sich in der Regel mehr als vier Leseversuche verbieten. Auch wenn für die Schule professionelle Lesefähigkeiten bewußt ausgeklammert werden, so gibt es für das darstellende Vorlesen doch eine wichtige Voraussetzung. Der Vorlesende muß Sprache soweit beherrschen, daß er überhaupt gestalterische Optionen wahrnehmen kann.

4. Diskussion der Leseversuche durch die Lerngruppe

Das Gespräch sollte vom Lehrer mit einem möglichst offenen Impuls eingeleitet werden, um den Schülern die Artikulierung unterschiedlichster Beobachtungen zu ermöglichen. Weder die Reihenfolge des Gesprächsverlaufs noch seine Schwerpunktsetzungen sind planbar. Die folgenden Aspekte könnten angesprochen werden:

- Inwieweit haben sich die Vorleser bemüht, ihre Sprachhaltung in den drei Textabschnitten Z. 19–23, Z. 24–47 und Z. 48–55 zu differenzieren? Warum haben sie das getan?
- Das vorgestellte Gespräch Roosevelts mit dem Nachbarn ist u. a. gekennzeichnet durch einen familiären Sprachstil und eine überausführliche direkte Rede. Wie haben die Vorlesenden diese Passagen vorgetragen? Wie wurde das Gespräch gestaltet? Was hat sich Roosevelt bei dieser inhaltlich an sich redundanten Textversion gedacht?
- Wurden bestimmte eingearbeitete rhetorische Mittel von den Vortragenden besonders herausgearbeitet?

  „something brand new" (Z. 20): Die Formulierung weckt Aufmerksamkeit und gesteht zugleich zu, daß sich der Hörer zunächst möglicherweise beunruhigt; ansonsten versuchen amerikanische Präsidenten neue Ideen meist als alte Ideen der Verfassungsväter auszuweisen;

„to eliminate the dollar sign . . . get rid of the silly, foolish old dollar sign" (Z. 19/20 und 22/23): Preisauszeichnungen an Waren sind jedem Amerikaner vertraut. Wie gelingt es dem Präsidenten, sie gerade in einer so schwierigen Sache wie Waffenkäufen in Frage zu stellen?
besondere Unterstreichungen wie „I am in pretty good shape", „your are all right" und „you come out pretty well" (Z. 46/47, 50/51 und 53);
die zusammenfassende und zugleich bewertende Charakteristik des Beispielgeschehens mit „we don't have to have too much formality about it" (Z. 39/40);
die Wortwahl „fellow" für die Bezeichnung der Briten (Z. 54). An dieser Stelle lassen sich auch die Probleme des Übersetzens besonders gut verdeutlichen.

Durch ihre besonderen Akzentuierungen haben die Schüler schon vorbegrifflich wesentliche Erkenntnisse über den Text gewonnen. In einer real sehr schwierigen, politisch und rechtlich äußerst komplexen Entscheidungssituation propagiert Präsident Roosvelt seine gewünschte Lösung auf der Ebene der *common sense philosophy.* Die als Vergleich ausgewählte Bild- oder Spielszene enthält eine eigene Handlungslogik, die dazu bestimmt ist, die Einstellung zu dem komplexen Vorgang der politischen Realität zu steuern.

5. Ergebnissicherung und Lernerfolgskontrolle

Innerhalb der Texterschließung durch darstellendes Vorlesen sollte konsequenterweise auf die schriftliche Fixierung evtl. inhaltlicher Ergebnisse verzichtet werden. Die Ergebnissicherung erfolgt durch eine abschließende Präsentation des besprochenen Textes. Der Vortrag sollte bemüht sein, die im Gespräch gewonnenen Einsichten lautlich umzusetzen. Zur Unterstützung könnte in dem auf OH-Folie projizierten Text mit farbigen Markierungen der dreiteilige Aufbau sichtbar gemacht werden, und auch die anderen besonderen rhetorischen Mittel könnten optisch hervorgehoben werden.
Eine weiterführende Hausaufgabe oder eine themengeleitete Quellenuntersuchung in der Folgestunde sind geeignet, die über das darstellende Vorlesen gewonnenen inhaltlichen Erkenntnisse erneut zu aktivieren und durch erneute Verarbeitung in anderer Form zu festigen. Dies könnte beispielsweise durch eine Analyse des Gesetzestextes des „Lend Lease Act" vom 11. 3. 1941 (Commager 1973, 449–450) **(M 4)** erfolgen, evtl. ergänzt durch tabellarische Übersichten über die Höhe der amerikanischen Hilfe (**M 5** und **M 6**). Der Umfang der Bestimmungen und die Fülle der präsidentiellen Vollmachten stehen im deutlichen Kontrast zu den in der Pressekonferenz durch F. D. Roosevelt suggerierten Vorstellungen. Inhaltliche Aussage und Methode der Darstellung werden so aus anderer Perspektive bewußt gemacht.

Texterschließung nach der Focusmethode (Variante 2)

Begründung der Methodenwahl

Im Gegensatz zum darstellenden Vorlesen, bei dem die Intention und die Auswirkungen sprachlicher Mittel vor allem vorbegrifflich erfahren werden, geht es bei der Focusmethode um ein Bewußtmachen der kognitiven Struktur des Textes. Gemessen an der Vielfalt der Aspekte, unter denen sich diese Pressekonferenz als historische Quelle interpretieren ließe, ist die Focusmethode ein konzentrierendes Erschließungsverfahren. Es trainiert in besonderem Maße die Fähigkeit, gedankliche Beziehungen innerhalb des Textes herzustellen und so die spezifische Funktion einzelner Abschnitte im Gesamtkonzept zu erkennen.
Die vorgeschlagene Planungsvariante hat das Ziel, den Schülern vor allem die spezifische Funktion des von Roosevelt geschilderten Beispiels bewußt zu machen. Es hat die Funktion, das „absolut Neue" seines Vorhabens als etwas eigentlich Selbstverständliches erscheinen zu lassen. Der propagandistische Erfolg der Pressekonferenz am 17. 12. 1940 zeigt, daß das Beispiel seine Funktion tatsächlich erfüllt hat und sich die Eigenlogik des gewählten Bildes auch steuernd in das Denken über die reale Politik eingeschlichen hat.
Die Focusmethode kann dazu beitragen, den Schülern diesen Mechanismus bewußt machen, indem sie den vorliegenden Text für die Schüler zunächst künstlich verfremdet. Die einfachste Form ist die vorläufige *Aussparung des bildlichen Vergleichs* (Z. 24–47) mit der Aufgabe, die Lücke durch ein eigenes Beispiel zu füllen. Die geforderte Rekonstruktionsleistung erfordert eine genaue und eigenständige Analyse des vorliegenden Rahmentextes und seiner inneren Bezüge. Gleichsam in die Rolle des Präsidenten versetzt, ist der einzelne Schüler dann gezwungen, die geforderte „illustration" so zu formulieren, daß sie ihrer persuasiven Funktion gerecht wird. Es ist zu erwarten, daß viele Schüler mit ihren Lösungen hinter Roosevelts Darstellung zurückbleiben, und zwar nicht nur bezüglich der Art des gewählten Beispiels, sondern auch hinsichtlich der Ausführlichkeit und Plastizität des Vortrags. Diese Erfahrung ist aber gerade notwendig für den Erkenntnisprozeß im weiteren Verlauf der Stunde, in dem dann die eigenen Beispiele mit dem *Originaltext* von Roosevelt verglichen werden sollen.

Verlaufsstruktur

Das folgende Verlaufsmodell ist eine von mehreren Möglichkeiten, die genannten Schrittfolgen umzusetzen.

1. Hinführung zum Text
Wie in Variante 1 sollte den Schülern die Kriegslage der Jahreswende 1940/41 bekannt sein, doch sollte auf weitere umfangreiche Lehrerinformationen verzichtet werden, um der anschließend geforderten Schüleranalyse nicht vorzugreifen. Wichtig ist aber der Hinweis auf Churchills Schreiben über die bevorstehende Zahlungsunfähigkeit Großbritanniens, da diese den Präsidenten zu schnellem Handeln zwingt.

2. Erschließung des „Rahmentextes“

Der Lehrer hat die vorliegende Quelle auf die folgenden Textstücke zusammengeschnitten:
- Z. 1–24 bis einschließlich
„Well, let me give you an illustration:. . .“
- Z. 48–55 beginnend mit
„In other words. . .“

Nach stiller Lektüre des deutschen und englischen Textes sollen die Schüler in Einzel-, Partner- oder arbeitsgleicher Gruppenarbeit das sachliche Problem und Roosevelts Zielsetzung herausarbeiten, wobei ihnen aufgrund ihres Vorwissens über Kriegsverlauf, Stimmung der amerikanischen Bevölkerung und Entscheidung des Kongresses auch die Risiken dieser Lösung sowie die Schwierigkeit ihrer politischen Umsetzung bewußt werden müßten. Im einzelnen könnten die folgenden Punkte genannt werden.

- Der Gedanke der Übernahme von „British orders“ ist zunächst nicht neu, sondern knüpft an die bestehende Rechtslage der Lieferung auf „Cash and Carry“-Basis an.
- Neu, und deshalb vorsichtig und verklausuliert geäußert, ist der Gedanke, Großbritannien leihweise Kriegsmaterial zu liefern. Den USA sollen dafür „Sicherheiten“ überschrieben werden, ein Begriff, der semantisch völlig offen gehalten wird.
- Begründet wird der geplante politische Schritt nicht mit Sympathie für Großbritannien oder einer Erörterung der Kriegsschuldfrage, sondern mit der „general theory“, daß die Verteidigung Großbritanniens immer auch Verteidigung der USA sei. Roosevelt schließt sich hier an Ausführungen Präsident Wilsons aus dem Jahre 1917 an.
- Auffällig ist schließlich auch die Verwendung des Begriffs „fellow“. Im engeren Kontext ist es derjenige, der das Kriegsmaterial geliefert bekommt, konkret also Winston Churchill, der hier salopp schulterklopfend als „Kerl“ oder „Bursche“ bezeichnet wird; im weiteren Kontext ist es der Kamerad des Ersten Weltkrieges, an dessen Seite man zwei Jahre gegen die Deutschen gekämpft hatte. Verbirgt sich möglicherweise hinter diesem Begriff eine weitergehende Absicht Roosevelts?

3. Formulierung der schriftlichen Aufgabe und Textproduktion

Nach Erarbeitung dieser Textaussagen geht es zunächst darum, sich im Plenum eines gemeinsamen Ausgangspunktes zu vergewissern. Welche Funktion hat die von Roosevelt angekündigte „illustration“ im Gesamtkonzept der Presseerklärung?

Die Schüler formulieren dann ein eigenes illustrierendes Beispiel, von dem sie annehmen, daß es die Zuhörer überzeugt, Roosevelts „Lend-Lease“-Gedanken als politisches Konzept zu akzeptieren.

4. Vergleich der Schülerbeiträge

Einige Beiträge werden vorgelesen und befragt, inwieweit sie der vorgegebenen Funktion gerecht werden. Maßstab ist dabei nicht nur das Vorhandensein eines ‚tertium comparationis‘, sondern eine weitergehende semantische Verzahnung zwischen Beispiel- und Rahmentext:

- Welche Vorstellungen werden im Beispiel aktiviert?
- Wird es ‚weit hergeholt‘, oder nehmen wir es an, weil es eigene Erfahrungen unmittelbar anrührt?

- Wird der Vergleich nur kurz angerissen, der Zuhörer dann in seinem Verarbeitungsprozeß alleingelassen, oder führt der Autor den Vergleich so aus, daß er die Gedanken seines Zuhörers sukzessive steuert?

5. Vortrag von Roosevelts „illustration"

Nicht nur aus Gründen des Methodenwechsels, sondern auch, weil sich die Schüler noch im Banne ihrer eigenen Lösungen befinden, sollte Roosevelts Beispiel hier *vom Lehrer* vorgetragen werden. Ihm ist es auch möglich, den familiären Sprachstil zu gestalten und rhetorische Feinheiten herauszuarbeiten. Da es in Lerngruppen der Sekundarstufe II meist schwierig ist, weitere Überlegungen zum Text auf reinem Hörverstehen aufzubauen, könnte der Lehrervortrag textgestützt erfolgen, etwa durch eine OH-Projektion, die dann auch für die folgende Unterrichtsphase verwendet wird.

6. Vergleich der Schülerlösungen mit Roosevelts Beispiel und Ergebnissicherung

Es sollte erkannt werden, wie intensiv Roosevelts angebliche „illustration" das Bewußtsein steuert, wie eng eigene Vorerfahrung der Zuhörer aus alltäglichen Situationen an die für ihn fremde Welt der politischen Entscheidung herangeführt wird. Die Logik des Bildes wirkt, weil beide Ebenen nicht nur über einen Vergleichspunkt verbunden sind, sondern auch in Teilelementen in manipulativer Absicht verzahnt werden:

- Der Vergleich Krieg–Feuer wäre an sich auch abstrakt möglich, aber Roosevelt bindet es sofort an eine sehr konkrete Erfahrungsebene an: „my neighbor's home catches fire".
- Die Distanz zum „Nachbarn" Großbritannien wird im Bild auf „four or five hundred feet away" verkürzt, wobei die Freiheit für das Bewußtsein, sich seine Länge zwischen 400 und 500 zu wählen, von einem Vergleich mit der Weite des Atlantik ablenkt.
- Das Bild des „hydrant" suggeriert, daß der „Nachbar" eigentlich alle wesentlichen Ressourcen hat, denn die Erfahrung wird im Wasser und nicht im Schlauch die Voraussetzung für den Erfolg gegen das Feuer sehen.
- Was Großbritannien fehlt, ist „nur" der Gartenschlauch, der in seiner Bedeutung dann auch durch die „$ 15" herabgestuft wird. Tatsächlich waren die britischen Ressourcen zu Ende, und die Höhe der notwendigen Kreditmittel für die Militärhilfe an die kriegführenden Alliierten überstieg damals jede Vorstellung.
- „If it goes through the fire all right, intact, without any damage to it, he gives it back to me. . ." Die im Bild evozierte Erfahrungswelt und die reale Welt des Krieges befinden sich im Widerspruch. Das Bewußtsein der Zuhörer wird dies aber kaum bemerken, denn die Ausführlichkeit und Plastizität der fiktiven Wirklichkeit des Brandes tut ihre Wirkung. Die inhaltliche Redundanz des ausführlichen Dialogs mit dem Nachbarn hat eine entscheidende Funktion: Der Hörer wird in der fiktiven Ebene festgehalten.
- Sollten dennoch Zweifel entstehen, betreffen sie die innere Logik der erzählten Geschichte: „But suppose it gets smashed up. . .", doch auch hier werden die Ängste sofort beruhigt, denn der Gesamtschaden wird auf „150 feet" begrenzt, und der hilfreiche Amerikaner kann sich sogar freuen: „Now, if I get a nice garden hose back, I am in pretty good shape." u. a. m.

Die Beispiele machen bewußt, wie durchgestaltet die Geschichte in Wirklichkeit ist, während der Plauderton des Vortrags eher Zufälligkeit suggeriert. Der methodische Weg der Verfremdung über Aussparung und Vergleich mit Eigenproduktionen der Schüler kann den Einstieg in diese Manipulationsmechanismen erleichtern.

III. Erweiterungs- und Vertiefungsmöglichkeiten

Zu Variante 1

Es muß offenbleiben, ob der Unterricht nach der Methode des darstellenden Vorlesens noch weitere kognitive Zugänge zum Text eröffnen möchte, etwa eine ideologiekritische Analyse. Sie könnte eingeleitet werden durch ein kurzes Textzitat von H. Brogan (1985, 577):

„It was a pious fraud: the hose was never likely to be returned"
(„Es war ein frommer Betrug: es war ganz unwahrscheinlich, daß der Gartenschlauch zurückgegeben würde")

Das mögliche Ergebnis der Untersuchung formuliert der Autor selbst im Folgesatz:

„The important thing about the Lend-Lease Act was that it authorized the President to give what military aid he liked to whom he liked ‚in the interest of national defence'."
(„Die wichtige Sache beim Leih- und Pachtgesetz war, daß es den Präsidenten ermächtigte, ‚im Interesse der nationalen Verteidigung' jedem, bei dem er wollte, nach seinem Belieben militärischer Unterstützung zu geben") (Brogan 1985, 577–578)

Eine weitere Möglichkeit wäre eine schriftliche Stiluntersuchung an einem anderen Quellentext aus dem gleichen sachlichen Zusammenhang. Vorgeschlagen wird u. a. eine Passage aus Roosevelts „Charlottesville Address" vom 10. Juni 1940 **(M 3)**.
Sachlich muß hier beachtet werden, daß F. D. Roosevelts Kritik an den Isolationisten im Vordergrund steht. Deren Argumente wurden vor allem von Detlef Junker (in: Trommler 1986, 28–30) ausführlich dargestellt. Zur Aufdeckung des propagandistischen Charakters der „Charlottesville Address" sollte man sie mit den sachlichen Zielen der Isolationisten konfrontieren.

Zu Variante 2

Auch bei Durchführung des alternativen Methodenkonzepts der Texterschließung nach der *Focusmethode* bieten sich mehrere Möglichkeiten einer Erweiterung und Vertiefung an. So können die gewonnenen Erkenntnisse durch die Arbeit an einem oder auch mehreren neuen Quellenbeispielen weiterentwickelt werden.
Besonders geeignet sind die „Four Freedom Speech" Roosevelts vom 6. Januar 1941 (Commager 1973, 446–449; Lautemann/Schlenke 1970, 490–491 u. a.) oder die „Atlantic Charter" vom 14. August 1941 (Commager 1973, 451; Düsterloh/Rohlfes 1980, 72 u. a.).
Die am Beispiel von Roosevelts Pressekonferenz vom 17. Dezember 1940 – oder weiterführend – an der „Charlottesville Address" vom 10. Juni 1940 gewonnenen Erkenntnisse über Textstruktur können dort auch in eine *themengeleitete Quelleninterpretation* oder in ein *Erleben und Analysieren ästhetischer Textqualitäten* (Grzesik 1990, 291–319) eingebracht werden. Durch die Vielfalt der Formen der Textverarbeitung werden die methodischen Fertigkeiten der Schüler in besonderem Maße geschult.

IV. Literaturhinweise für die Unterrichtsvorbereitung

1. Quellen

Angermann, E.: Die Vereinigten Staaten von Amerika als Weltmacht, Quellenheft Klett Tempora. Stuttgart 1987

Commager, H. St. (Ed.): Documents of American History, Vol. II, Englewood Cliffs. New Jersey 1973

Cotner, R. C./Ezell, J. S./Fite, G. C./Frantz, J. B.: Readings in American History, Fourth Edition, Vol. II, 1865 to the Present, Houghton Mifflin Company. Boston 1976

Düsterloh, D./Rohlfes, J.: Die Vereinigten Staaten von Amerika. Klett Politische Weltkunde II. Stuttgart 1980

Lautemann/Schlenke (Hrsg.): Geschichte in Quellen, Bd. V, Weltkriege u. Revolutionen 1914–1945. München 1970

Moltmann, G.: Die Vereinigten Staaten von Amerika von 1917 bis zur Gegenwart. Zeiten und Menschen. Ausgabe Q. Paderborn 1987

Renz, R./v. Schrötter, D./Vollmer, H.-J.: USA und UdSSR, Entstehung und Entwicklung der Weltmächte, Materialien für die Sekundarstufe II (Schroedel/Schöningh). Hannover 1986

2. Sekundärliteratur

Adams, W. P. (Hrsg.): Die Vereinigten Staaten von Amerika. Fischer WG Bd. 30. Frankfurt 1977

Angermann, E.: Die Vereinigten Staaten von Amerika seit 1917. 8. Aufl., München 1987

Czempiel, E. O.: Amerikanische Außenpolitik. Stuttgart 1979

Dallek, R.: Franklin D. Roosevelt and American Foreign Policy, 1932–1945, Oxford University Press. New York 1979

Junker, D.: Franklin D. Roosevelt und die nationalsozialistische Bedrohung der USA. In: Trommler, 1986, S. 27–40

Leigh, M.: Mobilizing Consent. Public Opinion and American Foreign Policy, 1937–1947, Westport. Connecticut 1976

Lösche, P.: Amerika in Perspektive. Darmstadt 1989

Schoental, K.: Amerikanische Außenpolitik. Köln/Berlin 1964

Spillmann, K. R.: Amerikas Ideologie des Friedens. Bern 1984

Trommler, F. (Hrsg.): Amerika und die Deutschen. Opladen 1986

Wasser, H.: Die USA – Der unbekannte Partner. Paderborn 1983

Weinberg, G. L.: Von der Konfrontation zur Kooperation, Deutschland und die Vereinigten Staaten 1933–1949. In: Trommler, 1986, S. 41–53

8 Deutsch-sowjetischer Nichtangriffspakt vom 23. August 1939

Integrationsmethode

Inhalt des Kapitels

Verzeichnis der Materialien zu diesem Kapitel

M 17: U. Schmiederer: Die Außenpolitik der Sowjetunion (1980)
M 18: B. Pietrow: Stalinismus, Sicherheit, Offensive (1983)
M 19: P. Fabry: Die Sowjetunion und das Dritte Reich (1971)
M 20: H.-U. Thamer: Verführung und Gewalt. Deutschland 1933–1945 (1986)
M 21: K. D. Erdmann: Deutschland unter der Herrschaft des Nationalsozialismus 1933–1939 (1980)
M 22: G. Mann: Deutsche Geschichte 1919–1945 (1961)

I. Didaktisch-methodischer Kommentar

Vertragstexte erfreuen sich gemeinhin nicht der besonderen Vorliebe von Schülern. Sie gelten als trocken, unanschaulich, von der Wirklichkeit abgehoben, sprachlich - weil oft diplomatisch oder juristisch verklausuliert - schwer verständlich. Zu zeigen wäre, daß eine aspektreiche Beschäftigung mit Vertragstexten dem Vorurteil der Schüler entgegenwirken und spannungsreichen Unterricht ermöglichen kann.

Wie wenige andere Texte dieser Art eignet sich der deutsch-sowjetische Nichtangriffspakt vom 23. August 1939 (**M 1**) zu diesem Unterfangen. Dafür sprechen mehrere Gründe:

- Die Nachricht vom Abschluß des Vertrags schlug im In- und Ausland wie eine Bombe ein.
- Die ersten Reaktionen europäischer und außereuropäischer Mächte verraten außerordentliche Bestürzung.
- Die Verständigung zwischen Deutschland und der Sowjetunion widersprach diametral allen bisherigen antikommunistischen Bekundungen Hitlers und der Nationalsozialisten.
- Das „Geheime Zusatzprotokoll" (**M 2**), das erst nach dem II. Weltkrieg an die Öffentlichkeit gelangte, ist an verhängnisvoller Brisanz kaum zu übertreffen.
- Die von den unmittelbar beteiligten Vertragspartnern vorgetragenen Begründungen für den Abschluß des Pakts stellen ein Musterbeispiel für ideologische Verschleierung politischer Interessen dar.
- Der Vertrag vom 23. 8. 1939 hat Hitler zuletzt die Hände freigegeben, den Angriff auf Polen zu wagen und damit den II. Weltkrieg zu beginnen, dessen Folgen bis in unsere Tage reichen.

Die historische Forschung hat sich intensiv mit dem deutsch-sowjetischen Nichtangriffspakt befaßt, die Hintergründe zu erhellen versucht und die verhängnisvolle Bedeutung dargestellt. Der Versuch der östlichen Geschichtsschreibung, die Existenz des Zusatzprotokolls überhaupt zu bestreiten, zeugt von erheblichem Rechtfertigungsnotstand.

Daß in Schulgeschichtsbüchern der ehemaligen DDR der Nichtangriffspakt entweder überhaupt nicht erwähnt oder aber das Zusatzprotokoll verschwiegen wurde, liegt auf der gleichen Linie. Zwei Textausschnitte **(M 3, M 4)** mögen dies belegen.

Themenspezifische Voraussetzungen

Die Behandlung des deutsch-sowjetischen Nichtangriffspakts gehört in den Zusammenhang der Außenpolitik Hitlers nach der Machtübernahme 1933. Üblicherweise wird der Außenpolitik des III. Reiches bis zum Ausbruch des II. Weltkriegs eine eigene, zusammenhängende Unterrichtseinheit gewidmet, die unter der Leitfrage steht: Wie kam es zum Ausbruch des II. Weltkriegs? Als Schwerpunkte dieser Sequenz lassen sich anführen:

- der Austritt Deutschlands aus dem Völkerbund im Herbst 1933,
- die Einführung der allgemeinen Wehrpflicht 1935,
- der Einmarsch ins Rheinland im März 1936,
- die Annäherung Deutschlands an Italien,

- das Antikomintern-Abkommen mit Japan 1936,
- die Unterstützung Francos im spanischen Bürgerkrieg,
- der Anschluß Österreichs 1938,
- die Sudetenkrise und das Münchener Abkommen vom September 1938,
- die Zerschlagung der Tschechoslowakei im März 1939.

Die unmittelbare Vorgeschichte des deutsch-sowjetischen Nichtangriffspakts ist außerordentlich spannungsgeladen. Nach Abschluß des Münchener Abkommens Ende September 1938 und der endgültigen Zerschlagung der Tschechoslowakei im März 1939 ist Hitler entschlossen, die „Polenfrage" zu lösen. Nach außen wird zunächst von einer Regelung für Danzig und den polnischen Korridor gesprochen, also von einer maßvollen Modifizierung des Bestimmungen des Versailler Vertrages. Die ersten diplomatischen Gespräche zwischen Deutschland und Polen im Spätherbst 1938 und Anfang 1939 werden noch in gemäßigtem Ton und mit dem Anschein der Verständigungsmöglichkeit geführt. Polen soll dem Antikominternpakt beitreten und sich in die antirussische Politik einordnen. Als die polnische Führung eine Eingliederung Danzigs ablehnt und auch auf die anderen Vorschläge Hitlers nicht eingeht, verschärft sich der Ton der Verhandlungen ab März 1939 erheblich. Der deutsche Außenminister Ribbentrop erklärt, daß eine Verletzung Danzigs durch polnische Truppen Krieg bedeute. Polen erklärt im Gegenzug, daß die Verletzung der Souveränität Danzigs durch deutsche Truppen einen Kriegsgrund darstelle. Anfang April 1939 teilt Ribbentrop dem deutschen Botschafter in Polen mit, daß keine weiteren Gespräche stattfinden werden.

Für die Vorgeschichte des deutsch-sowjetischen Nichtangriffspaktes ist des weiteren von entscheidender Bedeutung, daß England und Frankreich nach der Zerschlagung der Tschechoslowakei ihre Vorstellung aufgeben, Hitler sei durch Konzessionen zu befrieden. Nachdem der Versuch Englands und Frankreichs, mit Rußland gemeinsam zu einer Garantieerklärung für den Bestand Polens zu gelangen, am Widerstand der polnischen Führung scheiterte, kommt es Ende März zu einer entsprechenden Erklärung Englands und Frankreichs für Polen. Damit sind die Fronten für den Fall eines deutschen Angriffs auf Polen weitgehend abgesteckt. Offen bleibt, wie Rußland sich im Konfliktfall verhalten wird. Auch weitere Bemühungen Englands und Frankreichs um Einbeziehung der Sowjetunion in ein Garantiebündnis gegenüber Polen, Rumänien und den baltischen Staaten scheitern am Einspruch der zu schützenden Staaten. Die Vorstellung, im Zuge russischer „Hilfe" etwa den Durchmarsch sowjetischer Truppen durch eigenes Territorium hinnehmen zu müssen, ist für die betroffenen Länder nach den einschneidenden Entwicklungen in der Folge des I. Weltkriegs eine Schreckensvision.

Die Verhandlungen, die Stalin im Frühjahr und Sommer 1939 mit England und Frankreich führt, finden in der Presse beträchtlichen Niederschlag. Sie ziehen sich über Monate hin, und bis heute ist umstritten, ob Stalin an einem vertraglichen Abschluß interessiert war, der für die UdSSR den Einbezug in einen Krieg der Westmächte gegen Deutschland bedeutet hätte. Die gleichzeitig verlaufenden Gespräche zwischen der UdSSR und Deutschland werden weitgehend geheimgehalten. Auch sie ziehen sich zunächst ergebnislos in die Länge, bis es im August 1939 auf Drängen des deutschen Außenministers und Hitlers persönlich zu kurzfristig angesetzten Verhandlungen kommt, die mit dem Abschluß des deutsch-sowjetischen Nichtangriffspakts enden.

Sachlicher Gehalt der Quelle

Sieht man von den in derartigen Verträgen üblichen allgemeinen Friedensbeteuerungen ab, so enthält der Vertrag die folgenden gegenseitigen Verpflichtungen:
- Verzicht auf aggressive Handlungen gegenüber dem Vertragspartner.
- Verzicht auf Unterstützung einer dritten Macht gegen den Vertragspartner.
- Zusage ständigen Informationsaustauschs über gemeinsam interessierende Fragen.
- Verzicht auf Beteiligung an einer gegen einen der Vertragspartner gerichteten Mächtegruppierung.
- Bemühen um friedliche Lösungen bei Konflikten zwischen den Vertragspartnern.

Der Vertrag wird auf die Dauer von zehn Jahren geschlossen mit der Maßgabe automatischer Verlängerung um fünf Jahre, wenn nicht eine der vertragschließenden Parteien kündigt.

Das ausdrücklich als „streng geheim" deklarierte „Zusatzprotokoll" grenzt „für den Fall einer territorial-politischen Umgestaltung" die beiderseitigen Interessensphären in Osteuropa ab. Konkret geht es um die Abgrenzung der Interessen hinsichtlich der baltischen Staaten Finnland, Estland, Lettland und Litauen sowie um die Aufteilung der zum polnischen Staat gehörenden Gebiete. Die Grenzlinien werden geographisch weitgehend festgelegt. Die UdSSR erklärt zudem ihr Interesse an Bessarabien. Ob und in welchen Abgrenzungen ein polnischer Staat bestehen bleibt, soll „auf dem Wege einer freundschaftlichen Verständigung" endgültig „im Laufe der weiteren politischen Entwicklung" geklärt werden.

II. Methodenkonzept für den Unterricht

Begründung der Methodenwahl

Ausgangsbasis für die Unterrichtssequenz ist der Text des deutsch-sowjetischen Nichtangriffspakts vom 23. 8. 1939 **(M 1)**. Das vorrangige methodische Ziel liegt darin, den Schülern die Einsicht zu vermitteln, daß Textverstehen nicht allein dadurch zustande kommt, daß einzelne Texte für sich isoliert im Unterricht behandelt werden. Angebahnt werden muß die Erkenntnis, und das hier zugrunde gelegte Beispiel ist dazu besonders geeignet, daß einzelne Texte in ihrem Sinn nur dann umfassend zu entschlüsseln sind, wenn kontextuelle Zusammenhänge hergestellt werden, ja daß die einzelne Quelle – für sich allein betrachtet – historische Wahrheit geradezu zu verschleiern und den Leser auf eine falsche Spur zu lenken vermag. Insofern ist die Integrationsmethode insbesondere geeignet, als dabei die Herstellung übertragungsfähiger Bezüge zwischen den einzelnen Texten betont wird. Der Schüler vermag darin seine politische Urteilsfähigkeit zu entwickeln, wenn er die Bedeutung eines multiperspektivischen Zugangs zum Ausgangstext und die Notwendigkeit der Verarbeitung einer Vielzahl von Texten erkennt, um Indizien für die Beurteilung der Glaubwürdigkeit bzw. Unglaubwürdigkeit zu gewinnen. Für den konkreten Fall des

deutsch-sowjetischen Nichtangriffspakts bedeutet dies, daß das mit dem Wortlaut des Textes Gemeinte nur dann zureichend erfaßt werden kann, wenn einerseits aus weiteren historischen Quellen die wirklichen Motive der vertragschließenden Parteien erschlossen werden, andererseits aber an Zeugnissen der Rezeption und Reaktion deutlich gemacht wird, welche Bedeutung den vordergründig verklausulierten Aussagen des Vertragstextes in einer bestimmten historischen Situation tatsächlich zukommt. Dem Schüler wird bei diesem integrativen Verfahren der Texterschließung über die Verbindung von Textsinn mit anderweitig gewonnenen Informationen eine bereits entwickelte Lesekompetenz abverlangt, die es ihm ermöglicht, Zusammenhänge herzustellen und Textaussagen mit Hilfe von übergreifenden Kenntnissen zu relativieren und ihren Wahrheitsgehalt kritisch zu beurteilen. Dabei handelt es sich um einen sehr komplexen Vorgang, der hier nicht in allen Einzelheiten dargestellt werden kann.
In der hier skizzierten Unterrichtssequenz sollen dem Vertragstext des deutsch-sowjetischen Nichtangriffspaktes vor allem Texte zugeordnet werden, die zeigen,
- welche Bedeutung die Vertragspartner in offiziellen Verlautbarungen dem Abkommen zumessen,
- wie die Nachricht vom Abschluß des Vertrags aufgenommen wurde,
- welche wirklichen Beweggründe die vertragsschließenden Parteien hatten,
- über welch gegensätzliche ideologischen Positionen Hitler und Stalin sich beim Abschluß des Vertrages hinwegsetzten,
- wie der Nichtangriffspakt im Zusammenhang mit anderen vertraglichen Vereinbarungen zu beurteilen ist,
- wie das deutsch-sowjetische Abkommen in der historischen Forschung von West und Ost kommentiert und gewertet wird.

Aus Gründen der Zeitökonomie, aber auch, um den Schülern möglichst eigenständige Leistungen abzufordern, bietet sich ein methodisches Verfahren an, bei dem der ursprüngliche Vertragstext selbst im Plenum bearbeitet wird, die zugeordneten Texte dann aber überwiegend arbeitsteilig in Kleingruppen untersucht werden. Dies kann innerhalb des Unterrichts geschehen, ließe sich aber auch über vorbereitende Hausaufgaben leisten, wobei einzelne Schülergruppen jeweils bestimmte Texte bearbeiten. Alternativ ist selbstverständlich auch die gemeinsame Erschließung aller vorgesehenen Materialien möglich. In der Analyse der einzelnen Texte müssen die Schüler bereits erworbene methodische Fertigkeiten und Kompetenzen wie Unterstreichen, Gliedern, Exzerpieren, Visualisieren, Vergleichen u. a. - die wir in den vorangegangenen Beispielen bereits exemplarisch demonstriert haben - erneut einsetzen, weiterhin üben und festigen.

Verlaufsstruktur

1. Hinführung zum Text

Ist die Außenpolitik Hitlers bis zur Zerschlagung der Tschechoslowakei im März 1939 im Unterricht behandelt, so kann der Text des deutsch-sowjetischen Nichtangriffspaktes vom 23. August 1939 lediglich mit dem Hinweis, daß es sich um einen weiteren wichtigen Schritt in der Außenpolitik Hitlers handelt, den Schülern vorgelegt werden. Da die methodische

Zielsetzung darauf gerichtet ist, die Schüler an die Einsicht heranzuführen, daß Texte, sollen sie umfassend verstanden werden, einer Fülle von Kontextinformationen bedürfen, werden bewußt keine hinführenden und bereits erklärenden Informationen vorab gegeben.

2. Texterarbeitung in Stillarbeit

Die Schüler erhalten den Text des Nichtangriffspaktes ohne das „Geheime Zusatzprotokoll" mit dem Arbeitsauftrag, sich die wesentlichen Bestimmungen klarzumachen und den „Geist" des Vertrags aus dem Wortlaut zu erfassen.

3. Sammeln der Ergebnisse der Stillarbeit

Die wesentlichen Bestimmungen des Vertrags sind unschwer zu benennen und in Kurzform zu fixieren (Tafel, Overhead-Projektor). Eine entsprechende Zusammenstellung ist in den Ausführungen zum sachlichen Gehalt der Quelle zu finden.

Zur Frage nach dem „Geist" des Vertragstextes, so wie ihn der Wortlaut suggeriert, müßten die Schüler zumindest auf folgende Formulierungen verweisen:

„. . . die Sache des Friedens zu festigen",
„. . . sich jeden Gewaltaktes . . . zu enthalten",
„. . . fortlaufend in Fühlung miteinander bleiben",
... Konflikte zwischen den Vertragspartnern „ausschließlich auf dem Wege freundschaftlichen Meinungsaustausches" zu lösen.

4. Vorläufiges Fazit und Formulierung von Fragen

Mit dem Abschluß des Nichtangriffspaktes sind die Beziehungen zwischen Deutschland und der Sowjetunion, glaubt man dem Wortlaut des Textes, auf Dauer von Gewaltverzicht, Bereitschaft zur einvernehmlichen Lösung von Konflikten und Friedensliebe geprägt. Der Text wirft allerdings eine Fülle von Fragen auf, die textimmanent nicht zu beantworten sind. Die Schüler können eine Reihe dieser Fragen unter Rückbezug auf ihr Vorwissen selbst formulieren:

- Gegen wen ist der Vertrag konkret gerichtet („dritte Macht", „irgend eine Mächtegruppierung")?
- Was könnten „Fragen gemeinsamen Interesses" sein?
- Weshalb drängen beide Seiten auf schnellstmögliche Ratifizierung des Paktes?
- Wie verträgt sich das Abkommen mit dem erklärten Antikommunismus Hitlers?
- Wie war das Verhältnis Deutschland-Sowjetunion seit Ende des I. Weltkrieges?
- Wie ist der Vertrag zustandegekommen?
- Wie ist der Vertrag in der Öffentlichkeit aufgenommen worden?
- Wie kommt es trotz dieses Nichtangriffspaktes zwei Jahre später zum Überfall Deutschlands auf die Sowjetunion?

5. Organisation der weiteren Arbeit

Sollen die anhand des ursprünglichen Vertragstextes aufgeworfenen Fragen beantwortet werden, so müssen auf der Grundlage weiteren Materials Zusatzinformationen gewonnen werden. Der Vertragstext selbst gibt keine hinreichende Auskunft.

An dieser Stelle muß der Lehrer, will er wie vorgeschlagen verfahren, den Schülern sein

Konzept darlegen, seine Auswahl weiterer Quellen (vgl. **M 5** bis **M 15**) erläutern, Gruppenbildung ermöglichen, Textmaterial verteilen, Arbeitsaufträge formulieren, sich mit den Schülern über die Abfolge des Vorgehens verständigen. Dabei gibt es keine zwingende Reihenfolge. Das im weiteren vorgeschlagene Verfahren verträgt durchaus, je nach Vorkenntnis und Interesse der Schüler, Umstellungen, Auslassungen und Ergänzungen. Die im einzelnen ausgewählten Dokumente werden im folgenden nicht detailliert, sondern lediglich in ihrer Aussagetendenz analysiert.

6. Auswertung von Reaktionen auf den Abschluß des deutsch-sowjetischen Nichtangriffspaktes

Um die Anzahl der von Schülern zu bearbeitenden Texte zu begrenzen, könnte der Lehrer an dieser Stelle über Reaktionen im Ausland informieren, so etwa über die Ausführungen des englischen Ministerpräsidenten Chamberlain im Unterhaus am 24. August 1939, in denen der Kernsatz lautet: „ . . . Ich wünsche dem Haus nicht zu verheimlichen, daß diese Verkündigung für die Regierung als eine Überraschung kam, als eine Überraschung von sehr unerfreulichem Charakter. . .". Oder auch über japanische Reaktionen, aus denen erhebliche Empörung spricht, die vor dem Hintergrund des 1936 abgeschlossenen Antikomintern-Paktes nur zu verständlich ist. Eine anschauliche Schilderung der Bestürzung über den Abschluß des Nichtangriffspaktes findet sich auch in dem bekannten Werk Wolfgang Leonhardts („Die Revolution entläßt ihre Kinder", 1955, 56 f.): „Wir waren wie vom Donner gerührt. Fassungslos und schweigend saßen wir da. Das war ja nicht nur ein Nichtangriffspakt, das war eine völlige Änderung der gesamten sowjetischen Außenpolitik." Wolfgang Leonhardt lebte damals als Jugendlicher in der Sowjetunion und wurde kommunistisch erzogen.

Eine Schülergruppe sollte in jedem Fall die folgenden Texte auswerten:

- Ausführungen Barons von Stumm in der Pressekonferenz des Propagandaministeriums vom 22. August 1939 **(M 5)**,
- Auszug aus dem Tagebuch Alfred Rosenbergs **(M 6)**.

Der Analyse des Dokuments über die Pressekonferenz des Propagandaministeriums sollten die Schüler besondere Aufmerksamkeit widmen, läßt sich doch hier eindringlich zeigen, wie Nachrichten für Presse und Rundfunk in einem totalitären Staat kanalisiert und manipuliert werden. Es muß deutlich werden, daß die nationalsozialistische Regierung keinen Zweifel hegte, daß die Nachricht vom Abschluß des deutsch-sowjetischen Nichtsangriffspaktes im eigenen Volk wie im Ausland wie eine Bombe einschlagen würde. Also mußte es den Machthabern darum gehen, die Interpretation des Ereignisses durch genaue Vorgaben zu steuern:

- Der Abschluß des Abkommens kann als sensationeller Wendepunkt in der Geschichte der beiden Völker dargestellt werden.
- Die Übereinkunft steht in der Tradition einer langen Zusammenarbeit Deutschlands und Rußlands in der Vergangenheit.
- Diese Zusammenarbeit hat beiden Völkern wirtschaftliche und politische Vorteile gebracht und ist im Volk akzeptiert worden.
- Das Zustandekommen des Vertrags dokumentiert die Überlegenheit der deutschen Außenpolitik.

- Weltanschauliche Fragen sind in der Berichterstattung auszuklammern.
- Reaktionen des Auslands dürfen nur aus einer vorgegebenen Textauswahl veröffentlicht werden.
- Von einem „deutschen Triumph“ darf nicht die Rede sein; ebensowenig von einem Sieg Stalins.

Wie notwendig es war, eine einheitliche Sprachregelung vorzunehmen, wird den Schülern besonders deutlich, wenn den Regelungen für die Presse der Auszug aus dem Tagebuch Alfred Rosenbergs, eines der führenden Ideologen des Nationalsozialismus, gegenübergestellt wird. Wenn selbst aus seiner Feder von „moralischer Achtungsverminderung“, Verlust von Würde und Abgleiten in Peinlichkeit die Rede ist, können die Schüler annähernd ermessen, wie groß die Verunsicherung im Volk sein mußte und wieviel „Überzeugungsarbeit“ zu leisten war, um den Vertragsabschluß plausibel erscheinen zu lassen.

7. Analyse zweier Reichstagsreden Hitlers über den Bolschewismus

Hitlers unversöhnliche Gegnerschaft zum Bolschewismus zieht sich von Beginn seiner politischen Tätigkeit an durch Reden und Veröffentlichungen. Der Zulauf zur nationalsozialistischen Bewegung ist nicht zuletzt auch aufgrund dieses radikalen Anti-Bolschewismus zu erklären. Es wundert nicht, daß ein Abkommen mit dem erklärten ideologischen Gegner international, aber gerade auch in den eigenen Reihen der Nationalsozialisten Aufsehen, Befremden und Bestürzung hervorrief. Den Schülern muß im Zusammenhang mit dem deutsch-sowjetischen Nichtangriffspakt Hitlers bisherige kompromißlose Gegnerschaft zum Bolschewismus mit seinen Begründungen noch einmal vor Augen gestellt werden, damit sie die öffentliche Überraschung nachempfinden können und zu weiterführenden Fragen motiviert werden.

Aus der Fülle der Dokumente, in denen Hitlers Weltanschauung zum Ausdruck kommt, sind zwei Reichstagsreden aus den Jahren 1935 **(M 7)** und 1938 **(M 8)** ausgewählt, weil ihnen ein hohes Maß an Öffentlichkeit zukommt und sie im In- und Ausland bekannt wurden.

Der Redeauszug vom 21. Mai 1935 eignet sich vorzüglich dazu, eine antithetische Gegenüberstellung von Nationalsozialismus und Bolschewismus vorzunehmen, wie sie von Hitler selbst in seinen Ausführungen angelegt ist. Der Auftrag an die Arbeitsgruppe müßte entsprechend lauten, diese Gegenüberstellung in kurzgefaßten, abstrahierenden Formulierungen auszuarbeiten und für die Gesamtgruppe zu visualisieren.

Ohne den Wahrheitsgehalt der einzelnen Thesen an dieser Stelle genauer zu befragen – dies verlangte eine eigene Unterrichtssequenz –, muß den Schülern deutlich werden, daß Hitler alles darangesetzt hat, dem eigenen Volk wie der Weltöffentlichkeit klarzumachen, daß zwischen Nationalsozialismus und Bolschewismus „ . . . eine niemals zu überbrückende Weltentfernung liegt“.

Die Reichstagsrede Hitlers vom 20. Februar 1938 wiederholt noch einmal die Kernthese: Der Bolschewismus ist die „Inkarnation des menschlichen Zerstörungstriebes“, bringt aber gegenüber der Rede vom Mai 1935 vor allem noch zwei weitere Aspekte ins Spiel:

a) Verantwortlich für den „Zustand des Wahnwitzes“, in dem sich das russische Volk befindet, ist eine „kleine jüdisch-intellektuelle Oberschicht“.
b) Dieser „jüdisch-internationale Bolschewismus“ versucht von seiner sowjetischen Zen-

trale aus „die Völker der Welt innerlich auszuhöhlen, die Gesellschaftsordnung zum Einsturz zu bringen und das Chaos an die Stelle der Kultur zu setzen"...

Damit wird ein Erklärungsmuster angesprochen, das Hitler in vielfältigen Zusammenhängen heranzieht und den Schülern schon bekannt sein dürfte.

Im Zusammenhang mit der Behandlung des deutsch-sowjetischen Nichtangriffspakts muß den Schülern nach der Analyse beider Reichstragsreden der eklatante Widerspruch zwischen Ideologie und konkretem außenpolitischem Handeln Hitlers bewußt sein. Das Beiseiteschieben aller für unüberbrückbar erklärten Gegensätze ist überhaupt nur zu begreifen, wenn sich beide Seiten vom Abschluß des Vertrages bedeutsame und greifbare Vorteile versprechen konnten. Schon beim Bekanntwerden des Abkommens gab es im westlichen Ausland Vermutungen, der veröffentlichte Text enthielte nicht alle wirklich getroffenen Vereinbarungen. Diese Vermutungen waren, wie wir heute wissen, richtig, sie waren aber nicht zu beweisen.

8. Analyse des „Geheimen Zusatzprotokolls"

An dieser Stelle kann das Zusatzprotokoll **(M 2)** in den Unterricht eingebracht werden. Der Lehrer muß vorab über den Charakter dieser Ergänzung („streng geheim"), ihr Bekanntwerden nach dem II. Weltkrieg und der offiziellen Verneinung ihrer Existenz im Ostblock bis in die Zeit Gorbatschows (vgl. **M 3** und **M 4**) informieren. Um die Überraschung zu steigern, kann der Lehrer den Wortlaut des Textes zunächst vorlesen und erst anschließend den Schülern aushändigen. Auf Polen bezogen, müssen die Schüler als entscheidende Aussagen des Zusatzprotokolls formulieren:

- Deutschland und die Sowjetunion fassen eine territorial-politische Umgestaltung des polnischen Staates ins Auge.
- Für den Fall der Umgestaltung Polens werden die gegenseitigen Interessensphären geographisch abgegrenzt.
- Ob überhaupt ein irgendwie gearteter unabhängiger polnischer Staat bestehen bleibt, machen die vertragschließenden Parteien von der weiteren politischen Entwicklung abhängig.

Anhand einer entsprechenden Wandkarte wird die Abgrenzung der beiderseitigen Interessensphären aufgezeigt.

9. Zwischenbilanz

An dieser Stelle muß eine Zwischenbilanz, bezogen auf die methodische Zielsetzung der Unterrichtssequenz, erfolgen. Im Sinne einer vertiefenden Betrachtung des bisher Erarbeiteten können die Schüler in einem problemorientierten Gespräch zu der Erkenntnis gelangen, daß der Text des Nichtangriffspaktes – dem Wortlaut nach bestimmt von Gedanken der Friedenssicherung, des Abbaus von Gewalt, der friedlichen Lösung von Konflikten, des Ausgleichs zwischen Deutschland und der Sowjetunion – in Wirklichkeit der kalkulierten Vorbereitung eines Krieges gegen Polen und der gewaltsamen Veränderung der nach dem I. Weltkrieg entstandenen Verhältnisse diente. Das Zusatzprotokoll läßt keinen Zweifel an den wirklichen Absichten der vertragschließenden Parteien. In Kenntnis dieser Absichten können die Schüler nun mit Blick auf den ursprünglichen Vertragstext sehr viel konkreter sagen, wo die „gemeinsamen Interessen" (Artikel 3) liegen und was mit „Fragen dieser oder jener Art" (Artikel 5) gemeint ist.

Artikel 1) und 2) sichern die Sowjetunion vor der Beteiligung Deutschlands an einer antirussischen Koalition Frankreichs und Englands, und sie verhindern für Deutschland den Zweifronten-Krieg gegen die Westmächte und die Sowjetunion.
Bereits die Konfrontation des Vertragstextes mit Äußerungen Hitlers zum Verhältnis von Nationalsozialismus und Bolschewismus sowie die Analyse von Reaktionen auf das Bekanntwerden des Abkommens ermöglichte es den Schülern, den zu untersuchenden Text mit anderen Augen zu sehen. Das Geheime Zusatzprotokoll enthüllte dann vollends die wirklichen Absichten Hitlers und Stalins. Kontextuelle Zusammenhänge haben also wesentlich zur sachgerechten Erschließung des Ursprungstextes beigetragen.

10. Analyse von Überlegungen Hitlers und Stalins *vor* Abschluß des Nichtangriffspaktes

Die eindeutige Stoßrichtung des Vertrags, wie sie den Schülern im Verlauf des bisherigen Unterrichts klar geworden ist, wird noch verstärkt, wenn die Schüler mit den Dokumenten **(M 9, M 10)** konfrontiert werden.
Hitler trifft bereits Anfang April 1939 Angriffsvorbereitungen gegen Polen trotz des noch bestehenden Vertrags mit Polen aus dem Jahr 1934, den er erst kurze Zeit später kündigt. Die „endgültige Abrechnung“ wird zwar von einer „das Reich bedrohenden Haltung“ Polens abhängig gemacht, wobei diese Aussage sich jedoch mit Blick auf die Kräfteverhältnisse selbst entlarvt. Auffallend ist, wie Hitler bereits jetzt das Verhalten der anderen europäischen Großmächte im Konfliktfall einschätzt und mit dem Nichteingreifen Frankreichs und Englands rechnet: eine verhängnisvolle Fehleinschätzung, der Hitler noch beim Beginn des Polenfeldzugs anhängt. Daß Hitler in Rußland einen Verbündeten haben würde, konnte er zu diesem Zeitpunkt noch nicht absehen.
Die Beweggründe Stalins für den Abschluß des Nichtangriffspaktes, soweit sie nicht schon erörtert sind, können der veröffentlichten Version seiner Rede vor den Mitgliedern des Politbüros entnommen werden. Ohne jeden Skrupel setzt er auf den Krieg der Westmächte gegen Deutschland, der der Ausbreitung des Kommunismus um so mehr Vorschub leisten wird, je länger er dauert und die Kräfte der beteiligten Völker schwächt. Der Abschluß des Nichtangriffspaktes mit Hitler hat demnach für Stalin auch strategische Bedeutung im Zusammenhang der Ausbreitung des Weltkommunismus.
In der Konfrontation einiger offizieller Stellungnahmen **(M 11–13)** der politisch Verantwortlichen zum Vertragsabschluß mit den eigentlichen Beweggründen wird die Verlogenheit der für die Öffentlichkeit bestimmten Aussagen um so deutlicher.

11. Analyse des Vertrags von Rapallo (M 14) sowie des deutsch-russischen Vertrags von 1926 (M 15)

Zum weiteren Verständnis des deutsch-sowjetischen Nichtangriffspaktes trägt die Einordnung dieses Abkommens in die Entwicklung des deutsch-russischen Verhältnisses seit Ende des I. Weltkriegs bei, aufgezeigt im vorliegenden Zusammenhang am deutsch-russischen Vertrag von Rapallo vom 16. April 1922 und dem deutsch-russischen Vertrag vom 24. April 1926. Die Schülergruppe, die diese beiden Texte bearbeitet, muß den wesentlichen Inhalt der Verträge vermitteln, muß sich aber vor allem mit den Hintergründen des Zustandekommens vertraut machen, um die Gesamtgruppe informieren zu können.
Zum Inhalt des **Rapallo-Vertrags** ist darzulegen:

- Es geht um die Regelung von Folgeproblemen des I. Weltkrieges.
- Im Mittelpunkt steht die Verständigung über finanzielle, wirtschaftliche und rechtliche Angelegenheiten.
- Die wirtschaftlichen Beziehungen sollen für die Zukunft vom Grundsatz der Meistbegünstigung bestimmt sein.
- Es wird die sofortige Wiederaufnahme diplomatischer Beziehungen vereinbart.

Um den außenpolitischen Zusammenhang zu verstehen, muß das Folgende in die Erinnerung zurückgerufen werden: Das deutsch-russische Verhältnis war seit dem I. Weltkrieg außerordentlich belastet. Rußland hatte die harten Bedingungen des Friedens von Brest-Litowsk erst nach langem Zögern und in einer wirtschaftlich wie militärisch katastrophalen Lage akzeptiert (März 1918). Die Aktivitäten der Kommunisten in der deutschen Innenpolitik nach Ende des I. Weltkrieges mit dem Ziel einer Umwandlung der politischen Verhältnisse nach sowjetischem Muster verschärften die Gegensätze noch erheblich. Trotz dieser Spannungen aber bot sich die Sowjetunion für die Regierung der Weimarer Republik auch als möglicher Vertragspartner an. Das Interesse der deutschen Regierung lag darin, gegenüber den Westmächten, die auf der Erfüllung der Vertragsbestimmungen von Versailles bestanden, durch eine Verständigung mit Rußland außenpolitisch Spielraum zu gewinnen. Aus der Sicht der sowjetischen Regierung ging es darum, Deutschland nach Möglichkeit im Gegensatz zu den Westmächten zu halten und eine antikommunistische Einheitsfront in Europa zu verhindern.

Der **deutsch-russische Vertrag** vom 24. April 1926 beruft sich ausdrücklich auf den Vertrag von Rapallo, der Grundlage der Beziehungen bleiben soll. Darüber hinaus verpflichten sich die beiden vertragschließenden Parteien zur Wahrung der Neutralität bei einer Kriegs- oder Wirtschaftskoalition anderer Mächte gegen einen der Vertragspartner.

In einem auswertenden Gespräch muß deutlich werden, daß es in beiden Verträgen um die Normalisierung der durch den I. Weltkrieg gestörten deutsch-russischen Beziehungen geht. Im Gegensatz zum Vertrag vom August 1939 ist aber weder eine grundlegende Abkehr Deutschlands von den Westmächten noch gar eine Vernichtung des polnischen Staates mit einer Revision der Ergebnisse des I. Weltkrieges intendiert.

12. Auswertung einiger Auszüge aus historischen Darstellungen mit dem Ziel einer Urteilsbildung

Die Schüler müssen auch hier und gerade bei einem derartig bedeutsamen und folgenreichen Ereignis in die Lage versetzt werden, sich aufgrund breiter Informationen und gründlichen Nachdenkens ein argumentativ vertretbares Sach- und Werturteil zu bilden. Über die bisher gewonnenen Informationen hinaus kann die Auseinandersetzung mit Auszügen aus historischen Darstellungen, in denen die Verfasser sich mit den Ereignissen um den deutsch-sowjetischen Nichtangriffspakt beschäftigen und Stellung beziehen, zur eigenen Urteilsbildung beitragen. Zugleich intensiviert diese Auseinandersetzung die angestrebte Erkenntnis, daß Texte erst aus kontextuellen Zusammenhängen umfassend verstanden werden können.

Die Textauszüge **(M 16–22)** sind aus einer Fülle von Möglichkeiten so ausgewählt, daß unterschiedliche Aspekte und Perspektiven zu Wort kommen und die Schüler sich auch mit

voneinander abweichenden Akzentuierungen in der Bewertung der Vorgänge auseinandersetzen müssen.
Die Deutung des russischen Historikers Medwedew **(M 16)** verdient dabei besondere Beachtung. Obwohl er sich in seinem Werk deutlich von Stalins Politik absetzt, nimmt er ihn hinsichtlich des Vertragsabschlusses vom August 1939 in Schutz. Schmiederer **(M 17)** kritisiert vor allem die Appeasement-Politik der Westmächte in den Jahren 1938/39, die Hitlers Aggressionspolitik erst ermöglicht habe. Pietrow **(M 18)** hebt besonders auf die wirtschaftlichen Interessen der Sowjetunion ab und ihr Bestreben, eine Situation zu schaffen, in der sich der Sozialismus in Rußland und Europa festigen und ausbreiten kann. Die internationalen Auswirkungen des Abkommens mit einer deutlichen Schwächung der deutschen Position in den Beziehungen zu Japan und Italien stehen im Zentrum der Ausführungen Fabrys **(M 19)**. H. U. Thamer **(M 20)** stellt den deutsch-sowjetischen Nichtangriffspakt in den größeren Zusammenhang der Lebensraum-Ideologie Hitlers und bezieht auch den bereits ins Auge gefaßten Überfall auf die Sowjetunion mit ein. Während Erdmann **(M 21)** in sachlicher Darstellung den Vertrag im Zusammenhang der außenpolitischen Situation 1939 erläutert, wirft Golo Mann **(M 22)** in seinen pointiert wertenden Ausführungen den Blick auch auf die Persönlichkeiten der Akteure Hitler und Stalin.

III. Literaturhinweise für die Unterrichtsvorbereitung

Grundlegende Informationen zur Außenpolitik der europäischen Mächte in den Jahren 1933 bis 1939 finden sich u. a. in folgenden Werken:

Erdmann, K. D.: Deutschland unter der Herrschaft des Nationalsozialismus 1933–1939. In: Gebhardt: Handbuch der deutschen Geschichte. Hrsg. von Herbert Grundmann. Bd. 20. 8. Aufl., München 1990 (dtv)

Hildebrand, K.: Das Dritte Reich. In: Grundriß der Geschichte. Bd. 17. 4. Aufl., München/ Wien 1991

Mann, G.: Deutsche Geschichte des 19. und 20. Jahrhunderts. Frankfurt 1992 (Sonderausgabe)

Parker, R. A. C.: Das Zwanzigste Jahrhundert I. Europa 1918–1945. In: Fischer-Weltgeschichte. Bd. 34. Frankfurt 1992 (Neuauflage)

Thamer, H. U.: Verführung und Gewalt. Deutschland 1933–1945. In: Die Deutschen und ihre Nation. Bd. 5, Berlin 1986

Vogt, M. (Hrsg.): Deutsche Geschichte. Stuttgart 1987 (Fortführung des „Rassow-Handbuches")

Eingehendere **Gesamtuntersuchungen** liegen u. a. vor von:

Bracher, K. D., Funke, M., Jacobsen, H.-A. (Hrsg.): Nationalsozialistische Diktatur 1933–1945. Schriftenreihe der Bundeszentrale für politische Bildung, Bonn. Darmstadt 1983
Fabry, Ph. W.: Die Sowjetunion und das Dritte Reich. Stuttgart 1971
Medwedew, R. A.: Die Wahrheit ist unsere Stärke. Frankfurt 1973
Nolte, E.: Der Europäische Bürgerkrieg 1917–1945. Nationalsozialismus und Bolschewismus. Frankfurt/Berlin 1987
Pietrow, B.: Stalinismus, Sicherheit, Offensive. Das Dritte Reich in der Konzeption der Sowjetischen Außenpolitik 1933 bis 1941. In: Kasseler Forschung zur Zeitgeschichte. Bd. 2., Melsungen 1983
Schmiederer, U.: Die Außenpolitik der Sowjetunion. Stuttgart 1980

Spezielle Untersuchungen zur unmittelbaren Vorgeschichte des II. Weltkrieges und zum deutsch-sowjetischen Nichtangriffspakt:

Fleischhauer, I.: Der Pakt. Hitler, Stalin und die Initiative der deutschen Diplomatie 1938–1939. Berlin/Frankfurt 1990
Hillgruber, A.: Der Hitler-Stalin-Pakt und die Entfesselung des zweiten Weltkrieges. HZ 1980 (230)
Hofer, W.: Die Entfesselung des Zweiten Weltkriegs. Eine Studie über die internationalen Beziehungen im Sommer 1939. Frankfurt 1964
Kalisch, J.: Von der „Globallösung" zum „Fall Weiß". Die deutsch-polnischen Beziehungen 1938/39. In: Eichholtz, D. und Pätzold, K.: Der Weg in den Krieg. Studien zur Geschichte der Vorkriegsjahre 1935/36–1939. Köln 1989
Rosenfeld, G.: Die Sowjetunion und das faschistische Deutschland am Vorabend des zweiten Weltkriegs. In: Eichholtz/Pätzold: Der Weg in den Krieg (s. o.)
Michalka, W.: Ribbentrop und die Deutsche Weltpolitik 1933–1940. München 1980
Ders. (Hrsg.): Nationalsozialistische Außenpolitik. Darmstadt 1978

Eine Anregung für eine Unterrichtssequenz bietet:

Jung-Paarmann, H.: Zweckbündnis oder Teufelspakt? Der deutsch-sowjetische Vertrag vom 23. August 1939. In: Geschichte lernen. Heft 20. März 1991

Die **wichtigsten Quellen**, soweit sie nicht in den gängigen Quellensammlungen für den Unterricht zu finden sind, sind u. a. veröffentlicht in:

Hohlfeld, J. (Hrsg.): Dokumente der Deutschen Politik und Geschichte von 1848 bis zur Gegenwart. Bd. 5, Berlin (o. J.)
Michaelis, H., – Schraepler, E. (Hrsg.): Ursachen und Folgen. Bd. 13: Das Dritte Reich. Berlin (o. J.)
Lautemann, W. – Schlenke, M. (Hrsg.): Geschichte in Quellen. Bd. 5: Weltkriege und Revolutionen 1914–1945. Bearbeitet von Günter Schönbrunn. München 1961
Freund, M.: Weltgeschichte der Gegenwart in Dokumenten. Bd. III: Der Ausbruch des Krieges 1939. Freiburg, München 1956